WORKSHOP
KREATIVE NATUR-FOTOGRAFIE

BETTINA DITTMANN

humboldt

INHALT

Kreative Makrofotografie 137

Kreative Tierportraits 195

VORWORT

Du liebst außergewöhnliche Natur- und Tieraufnahmen, möchtest aber nicht Hunderte Kilometer für ein tolles Motiv zurücklegen? Dann komm einfach mit auf meine Bilderreise. Ich zeige dir Motive, die du auch vor deiner Haustür findest!

Ist dir das auch schon passiert? Du sitzt nach Feierabend im Auto auf dem Heimweg und siehst den Sonnenuntergang deines Lebens. Und er sieht wahnsinnig gut aus. Er ist so schön, dass es völlig nebensächlich ist, ob du gerade auf die Berge oder den Ruhrpott schaust.

Und so verhält es sich mit fast allen Motiven, die ich dir in diesem Buch zeigen werde. Dem Betrachter ist es letztendlich egal, ob der einsame Baum auf deinem Bild vor deiner Haustür oder in den kanadischen Wäldern steht. Hauptsache, er wirkt!

Ansprechende Motive findest du bei jedem Sonntagsspaziergang – du musst nur ein wenig genauer hinsehen. Bis auf wenige Ausnahmen sind die Bilder für dieses Buch in meinem näheren Umfeld entstanden. Viele Motive laufen mir im eigenen Garten oder beim Waldspaziergang mit meinem Vierbeiner über den Weg. Wenn ich das Haus verlasse, ist die Kamera mein ständiger Begleiter, damit ich keine Gelegenheit verpasse.

Aber es gibt auch Motive, die man planen muss und deren Gelingen ein wenig vom Wetter abhängig ist. Nachtaufnahmen sind beispielsweise nur bei klarem Himmel sinnvoll, auf einem mystischen Waldbild hingegen macht sich ein wenig Nebel nicht schlecht. Auch das Ablichten eines kleinen Wasserfalls während der Sommerhitze ist meist nicht von Glück gekrönt und sollte eher auf den regenreichen Herbst verschoben werden.

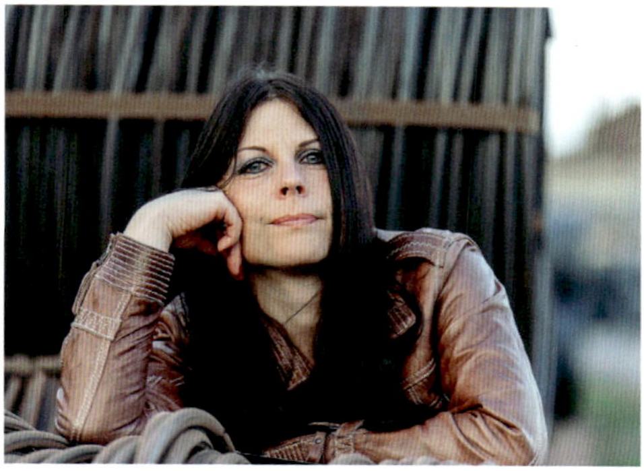

Natur- und Tieraufnahmen sind oft wie kleine Wundertüten. Der gewünschte Sonnenuntergang bleibt aus, der Eisvogel hält heute Siesta oder die Orchideen haben ihre Blüten noch nicht geöffnet. Es wird vorkommen, dass du für dein Wunschmotiv mehrfach ausrücken musst.

Manchmal ist es am besten, sich ein wenig treiben zu lassen. Sollte die Heide noch nicht blühen, findest du in den Gräsern daneben vielleicht ein hübsches Spinnennetz. Dann soll eben das heute dein Motiv werden. Mach dich frei von fixen Ideen, denn die Natur ist oft für eine Überraschung gut. Sich immer auf eine bestimmte Bildidee festzulegen, kann gerade bei Tieraufnahmen schnell zu Frust führen.

Aus diesem Grund nehme ich alle meine Lieblingsobjektive mit, wenn ich auf Motivjagd gehe. Ein Teleobjektiv für Tiere, ein Weitwinkelobjektiv für Landschaftsaufnahmen und ein Makroobjektiv, sollte mir eine schöne Blüte über den Weg laufen. Mit dieser Ausrüstung kann ich die Umgebung entspannt auf mich wirken lassen.

Oft finden sich interessante Motive am unscheinbaren Wegesrand. Wie oft schon bin ich ohne den Hauch einer Bildidee losgezogen und habe genau deshalb eine meiner schönsten Aufnahmen machen können. Manchmal braucht es einfach einen freien Kopf, um die Schätze der Natur entdecken zu können.

Um deinen Bildern einen gewissen WOW-Effekt zu verleihen, wirst du um ein wenig Bildbearbeitung nicht herumkommen. Natürlich gibt es auch viele Liebhaber der authentischen und unbearbeiteten Naturfotografie, dazu zähle ich mich allerdings nicht. Ich finde es unheimlich spannend, auch noch das letzte Fünkchen Farbe und Schärfe aus einer – vielleicht ursprünglich eher tristen – Fotografie herauszukitzeln.

Wie tief du in die Bildbearbeitung eintauchen möchtest, sei dir überlassen. Die zahlreichen kleinen Schritte, die ich bei meinen Fotografien bis zum fertigen Bild anwende, würden den Rahmen dieses Buches sprengen. Trotzdem möchte ich dir im Kapitel „Die Bildbearbeitung“ ein paar Tipps mit an die Hand geben, wie du deine Aufnahmen schnell und unkompliziert optimieren kannst.

Im ersten Teil dieses Buches bekommst du ein paar hilfreiche Informationen zur Ausrüstung sowie zur Technik. Das Herzstück ist jedoch der Workshopteil. Dort findest du Ideen und Inspirationen sowie jede Menge Tipps zur Vorbereitung und Umsetzung der Motive.

Ich hoffe, dich durch dieses Buch ein wenig inspirieren zu können, und wünsche dir nun viel Spaß beim Lesen und Ausprobieren.

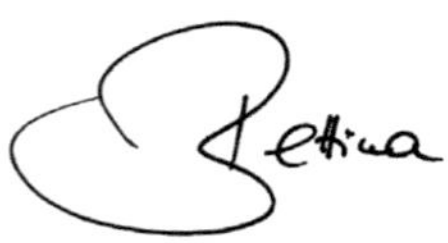

Deine Bettina

DIE AUSRÜSTUNG

Gerade Neulinge auf dem Gebiet der Naturfotografie sind schnell mit der Auswahl an Zubehör überfordert. In diesem Kapitel möchte ich dir zeigen, welche Ausrüstung und Hilfsmittel du wirklich brauchst und wie du sie für verschiedene Motive sinnvoll einsetzen kannst.

Kameratyp

Bitte verabschiede dich von dem Gedanken, die perfekte Kamera zu finden, die alle Bereiche der Fotografie abdeckt. Ich selbst fotografiere mit einer Spiegelreflexkamera, will aber nicht ausschließen, in naher Zukunft auf ein spiegelloses Modell umzusteigen. Noch vor kurzer Zeit hätte ich mir das nicht vorstellen können, mittlerweile gibt es aber einige sehr ausgereifte Systeme mit reichlich Zubehör auf dem Markt.

Du solltest vor der Anschaffung deiner Ausrüstung nur auf eine Sache wirklich achten: Wenn du dein Hobby dauerhaft betreiben möchtest, dann entscheide dich für einen Kameratyp und Hersteller mit Zukunft. Achte darauf, dass für das System deiner Wahl ausreichend Wechselobjektive zur Verfügung stehen und dass der Hersteller seine Kameras stetig weiterentwickelt. So kannst du sicher sein, nicht in ein paar Jahren einen teuren Systemwechsel durchführen zu müssen. Bei ausreichender Objektivauswahl kannst du dir außerdem nach und nach für jeden Einsatz die passende Brennweite zulegen und bleibst somit flexibel.

Liegt dein Fokus auf Makroaufnahmen, wirst du oft bodennah fotografieren. Ein Klappdisplay kann dir hier die Arbeit um ein Vielfaches erleichtern. Es ist allerdings anfällig für mechanische Beschädigungen, weshalb du mit ausgeklapptem Display besser nicht über einen Ast stolpern solltest.

Jedes Kamerasystem hat seine Vor- und Nachteile. Spiegellose Kameras sind aufgrund ihrer Bauweise meist kleiner und leichter als eine Spiegelreflexkamera (DSLR). Dank der leichteren Objektive kann man sich zudem eine Menge Gewicht im Fotorucksack ersparen. Bei weiten Wegstrecken und im Urlaub ist dies eine große Erleichterung.

Spiegelreflexkameras verfügen über einen optischen Sucher, der dir zeigt, wie das Motiv vor deinem Objektiv tatsächlich aussieht. Spiegellose Kameras hingegen arbeiten mit einem elektronischen Sucher, der nicht das reale, sondern das fertige Bild zeigt. Er zeigt dein Motiv so, wie es mit den von dir vorgenommenen Einstellungen aufgenommen wird. Böse Überraschungen beim Sichten der Bilder am PC bleiben deshalb im Allgemeinen aus. Diese Technik verbraucht allerdings jede Menge Energie, und das schlägt sich in deutlich kürzeren Akkulaufzeiten nieder.

Die größten Pluspunkte der spiegellosen Vertreter sind meiner Meinung nach die zahlreichen Zusatzfunktionen der Kamerasoftware: Focus-Peaking, Focus-Stacking (siehe Seite 141) sowie ein Autofokus mit Augenerkennung sind bei den meisten Modellen mittlerweile Standard. Dafür hinken sie der Spiegelreflexkamera oft in der Geschwindigkeit des Autofokus hinterher.

FOCUS-PEAKING

Gerade bei Makroaufnahmen wählt der Autofokus der Kamera nicht immer den vom Fotografen gewünschten Schärfepunkt aus. Doch auch beim manuellen Fokussieren ist die Schärfeebene schnell aus Versehen verschoben. Ärgerlich, wenn man das erst zu Hause bei der Durchsicht der Bilder bemerkt. Hier kann der Einsatz von Focus-Peaking leicht Abhilfe schaffen. Bei dieser Funktion filtert die Kamera harte Konturen des Motivs heraus und zeigt sie im Sucher als farblich abgesetzte Linien an. Dies erleichtert das Scharfstellen erheblich.

	Spiegelreflexkamera	Spiegellose Kamera
Vorteile	große Auswahl an Objektiven & anderem Zubehör	leichte Ausrüstung
	schneller Autofokus	Autofokusfunktion mit Augenerkennung
	lange Akkulaufzeiten	großes Sucherbild
	günstigere Objektive	elektronischer Sucher
		leise beim Auslösen
		Funktionen wie Focus-Peaking und Focus-Stacking
Nachteile	schwere Ausrüstung	weniger Auswahl an Objektiven und Zubehör
	weniger Funktionen	Objektive derzeit noch sehr teuer
	kein Eye-Tracking beim Autofokus	hoher Akkuverbrauch
	laut beim Auslösen	

Du siehst, es ist gar nicht so einfach, sich für ein System zu entscheiden. Letztendlich wirst du einen guten, für dich und dein Anliegen passenden Kompromiss aus Haptik, Funktionalität und Preis finden müssen.

Sensorgröße

Am häufigsten beantworte ich wohl die Frage, ob ich mit Vollformat fotografiere. Und ja, momentan habe ich eine Vollformat-DSLR im Einsatz. Aber das war nicht immer so. Bis vor etwa vier Jahren habe ich ausnahmslos im sogenannten APS-C-Format fotografiert. Und ganz ehrlich: Es gibt Situationen, in denen ich genau das vermisse.

Eine Vollformatkamera bietet einen größeren Bildausschnitt, was bei Landschaften sehr willkommen ist. Dafür kommst du dank des Crop-Faktors einer APS-C-Kamera optisch deutlich näher an das Motiv heran. Das kann vor allem bei Wildlife-Aufnahmen von Vorteil sein. Im Makrobereich hast du die Qual der Wahl: Den kleineren Sensor (APS-C) für einen größeren Abbildungsmaßstab, oder den größeren Sensor (Vollformat) für eine stärkere Weichzeichnung.

Als Freund der maximalen Bildqualität kommen für mich nur noch Vollformatkameras in Frage. Je kleiner der Sensor ist, desto schlechter wird die Qualität eines Bildes, wenn es im Nachhinein vergrößert wird. Eine Vollformatkamera gibt dir mehr Freiheiten, um den Bildausschnitt einer Fotografie zu skalieren.

Was ist eigentlich der „Crop-Faktor"?

Aus dem Englischen übersetzt heißt *to crop* so viel wie „beschneiden". Durch einen kleineren Sensor wird der Bildausschnitt also beschnitten. Ein 80-mm-Objektiv zeigt auf einer APS-C-Kamera mit dem Crop-Faktor 1.6 den gleichen Bildausschnitt wie ein 50-mm-Objektiv auf einer Vollformatkamera. Der Crop-Faktor der einzelnen Systeme ist unterschiedlich.

Im Vergleich zum Vollformatsensor hat ein APS-C-Sensor einen Crop-Faktor von 1.5 oder 1.6. Noch kleiner ist der Sensor einer Micro-Four-Thirds-Kamera. Dieser beträgt nur etwa die Hälfte im direkten Vergleich zum Vollformat, hat also den Crop-Faktor 2.0.

Kleinere Sensoren zeigen dementsprechend bei gleicher Brennweite – im Vergleich zum Vollformat – einen kleineren Ausschnitt der Landschaft. Wie sich das auswirkt, möchte ich dir anhand dieser Beispielbilder zeigen. Sie zeigen den Bildausschnitt einer Brennweite von 15 mm an verschiedenen Systemen:

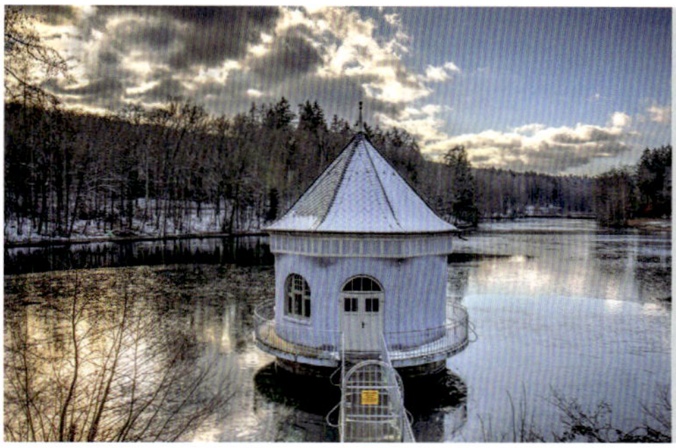

15 mm Brennweite, Micro-Four-Thirds-Sensor, Crop-Faktor 2.0

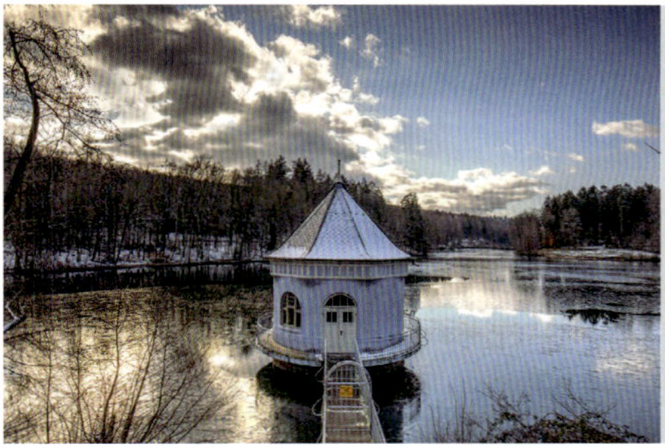

15 mm Brennweite, APS-C-Sensor, Crop-Faktor 1.5

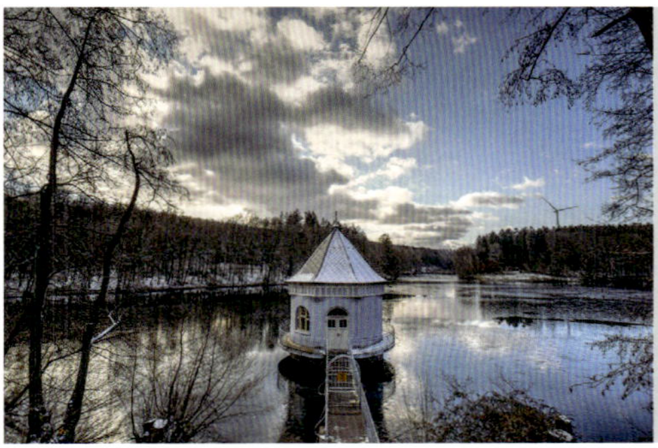

15 mm Brennweite, Vollformatsensor

Objektive

Objektive wirst du im Normalfall sehr viel länger im Einsatz haben als deine Kamera. Hier gilt: Wer billig kauft, kauft zweimal! Viel wichtiger als eine kostspielige Kamera ist also ein richtig gutes Objektiv. Während deine Kamera nach drei bis vier Jahren vielleicht schon dem Nachfolgemodell weichen muss, werden deine Optiken immer noch ihren Platz in deiner Ausrüstung finden. Es muss jedoch nicht immer das Originalobjektiv des Kameraherstellers sein. Allerdings kannst du dir dabei sicher sein, dass die Linsen absolut kompatibel mit deinem System sind.

Wann immer möglich, solltest du dich für ein vollformattaugliches Exemplar entscheiden. Diese sind zwar in der Anschaffung etwas teurer, dafür ist ihre Abbildungsleistung deutlich besser. Zudem kannst du diese Objektive auch auf einer APS-C-Kamera nutzen. Andersherum ist dies leider nicht möglich. Im Umkehrschluss heißt das, dass du dir alle vorhandenen Objektive neu zulegen müsstest, solltest du irgendwann einmal von APS-C auf Vollformat umsteigen. Unterm Strich fällt ein Systemwechsel dann sehr viel teurer aus.

Da die Kosten für qualitativ hochwertige Objektive nicht außer Acht zu lassen sind, gilt am Anfang: Weniger ist mehr! Überlege, wo dein Fokus in der Fotografie liegen wird, und gönne dir das dafür passende Objektiv. Wenn du dich später in anderen Themengebieten austoben möchtest, kannst du immer noch eine andere Brennweite dazukaufen.

Generell gilt: Je kürzer die Brennweite, desto mehr von der Umgebung kannst du auf deinem Bild festhalten. Lange Brennweiten dienen dazu, weit entfernte Dinge näher heranzuholen.

Damit du einen Eindruck davon bekommst, welches Objektiv für welche Art von Motiv am besten geeignet ist, werde ich dir im Folgenden die unterschiedlichen Objektivarten vorstellen.

Weitwinkelobjektiv

Als Weitwinkelobjektive bezeichnet man Objektive mit besonders kurzen Brennweiten. Sie werden hauptsächlich in der Landschaftsfotografie eingesetzt und zeichnen sich durch eine große Schärfentiefe aus. Durch ihren großen Bildwinkel erfassen sie ein Maximum der Umgebung. Gängige Brennweiten sind etwa 12–24 mm (Superweitwinkelobjektiv) oder 16–35 mm (Weitwinkelobjektiv).

Fisheye

Vom Fisheyeobjektiv spricht man bei Brennweiten unter 20 mm. Es nimmt unter den Weitwinkelobjektiven eine Sonderstellung ein. Wegen der besonderen Art der Projektion und der damit einhergehenden Verzerrung wird es gerne für kunstvolle Projekte eingesetzt. Aber auch für Nachtschwärmer, die gerne die Milchstraße oder den Sternenhimmel einfangen möchten, ist dieses Objektiv eine Überlegung wert. Durch einen abgebildeten Blickwinkel von 150° bis 180° finden – im wahrsten Sinne des Wortes – galaktisch viele Sterne den Weg auf deinen Chip.

Makroobjektiv

Makroobjektive gibt es in verschiedenen Brennweiten. Du setzt sie immer dann ein, wenn du kleine Dinge, wie zum Beispiel Insekten oder Blumen, ganz groß rausbringen willst. Im Gegensatz zu Normalobjektiven erreichst du mithilfe dieser Speziallinsen einen Abbildungsmaßstab von 1:1 oder mehr. Makroobjektive sind stets Festbrennweiten und lösen im Nahbereich höher auf als andere Optiken.

Am meisten verbreitet sind Brennweiten um die 100 mm. Ich selbst nutze im Makrobereich eine Brennweite von 150 mm. Diese erlaubt auch das Ablichten sehr scheuer Tiere, da ein deutlich größerer Abstand zum Motiv eingehalten werden kann. Außerdem lässt die optische Vergrößerung des Motivs bei langen Brennweiten den Hintergrund unschärfer erscheinen. Das Hauptmotiv ist somit schöner freigestellt, worauf ich persönlich sehr viel Wert lege.

Teleobjektiv

In der Natur- und Tierfotografie sind Teleobjektive ab einer Brennweite von 100 mm sinnvoll. Sie holen weit entfernte Objekte näher heran und lassen durch die verdichtende Wirkung den Hintergrund verschwimmen. Ein gutes Teleobjektiv zeichnet sich durch eine hohe Lichtstärke aus, verfügt also über kleinere Blendenzahlen (mehr zum Thema Blende findest du im gleichnamigen Kapitel auf Seite 32). Das schlägt sich leider auch im Preis nieder.

Je größer die Brennweite ist, mit der du fotografierst, desto kürzer muss die Belichtungszeit sein, um verwacklungsfreie Aufnahmen zu bekommen. Für Freihandaufnahmen mit langer Brennweite empfehle ich deshalb ein Objektiv mit eingebautem Bildstabilisator.

Festbrennweite

Festbrennweiten nennt man Objektive, deren Brennweite nicht veränderbar ist. Man kann also nicht mit ihnen zoomen. Durch ihre Bauart sind Festbrennweiten lichtstärker und besser in der Abbildungsleistung als Zoomobjektive. Das macht sie sehr beliebt, auch wenn sie im Einsatz weniger flexibel sind als beispielsweise ein Telezoom.

Filter

Filter sind aus der Landschaftsfotografie kaum wegzudenken. Mithilfe der kleinen Glasscheiben lassen sich Farben intensivieren, Belichtungszeiten verändern oder Spiegelungen beeinflussen. Es gibt sie als Schraub- oder als Steckfilter. Schraubfilter werden auf das Gewinde des Objektivs gedreht und sind rund. Steckfilter sind viereckig und werden in eine spezielle Halterung geschoben. Das ist umständlicher, hat aber Vorteile: Im Gegensatz zu Schraubfiltern erlaubt der Einsatz von Steckfiltern die gleichzeitige Nutzung mehrerer Filterscheiben. So können zum Beispiel Pol- und Graufilter miteinander kombiniert werden, um die Belichtungszeit und gleichzeitig die Farben zu beeinflussen. Die wichtigsten Filter möchte ich dir kurz vorstellen.

Grauverlaufsfilter

Du kennst bestimmt das Problem: Du stehst mit deiner Ausrüstung auf dem Feld und möchtest diesen großartigen Sonnenuntergang fotografieren. Die Sache hat nur einen Haken: Wenn du die Landschaft korrekt belichtest, ist der Himmel farblos und zu hell. Von den prächtigen Farben des Sonnenuntergangs ist nachher leider nichts mehr zu sehen. Belichtest du den Himmel richtig, ist hingegen die Landschaft unbrauchbar unterbelichtet.

Keine Sorge, es liegt nicht an dir! Die Kontraste sind einfach zu stark und deine Kamera ist entsprechend heillos überfordert. Um dieses Problem aus der Welt zu schaffen, kannst du dich eines Grauverlaufsfilters bedienen. Er wird auch *Graduated-Neutral-Density-Filter* oder kurz GND-Filter genannt. Vor das Objektiv geschraubt, dunkelt der Filter den Himmel so weit ab, dass du nun Landschaft und Himmel in Einklang bringen kannst. Gerade bei Sonnenauf- oder -untergängen ist er unverzichtbar.

Als ambitionierter Landschaftsfotograf solltest du dafür Sorge tragen, dass verschiedene Ausführungen des Filters einen Platz in deiner Fototasche finden. Es gibt ihn in verschiedenen Stärken, mit weicher und mit harter Kante. Ich persönlich bevorzuge Verlaufsfilter mit weicher Kante, da sie für einen unauffälligeren Übergang sorgen.

Graufilter

Er wird auch Neutraldichtefilter oder *Neutral-Density-Filter* (kurz ND-Filter) genannt. Es handelt sich hierbei um einen farbneutralen, abdunkelnden Filter, der immer dann zum Einsatz kommt, wenn die Belichtungszeit künstlich verlängert werden soll. Am Tag zum Beispiel, wenn du vorbeiziehende Wolken oder einen Wasserfall fotografieren möchtest. Beide Szenen erfordern eine längere Belichtungszeit, die bei Tageslicht auch mit geschlossener Blende zu Überbelichtung führen würde. Um die Szene abzudunkeln und Zeit zu gewinnen, wird daher der Graufilter vor das Objektiv gesetzt.

Je nach gewünschtem Effekt stehen dir Graufilter in verschiedenen Ausführungen zur Verfügung. Die Stärke des Filters gibt dir Auskunft darüber, wie viel länger du ein Bild belichten musst, um die gleiche Belichtung zu erzielen, die ohne Filter zu einem korrekt belichteten Bild führen würde.

ND-Filter-App

Wer sich das Leben etwas leichter machen möchte, installiert sich auf dem Smartphone eine App zur Ermittlung der Belichtungszeit. Nach Eingabe der Zeit ohne Filternutzung berechnen die Anwendungen im Handumdrehen, wie lange mit welchem Filter belichtet werden muss. Für Androidgeräte empfehle ich die App „ND Filter Calc“. Die App erlaubt bei der Berechnung auch die Kombination mehrerer Filterstärken. IOS-Nutzer können auf die App „Long Exposure Calculator“ zurückgreifen.

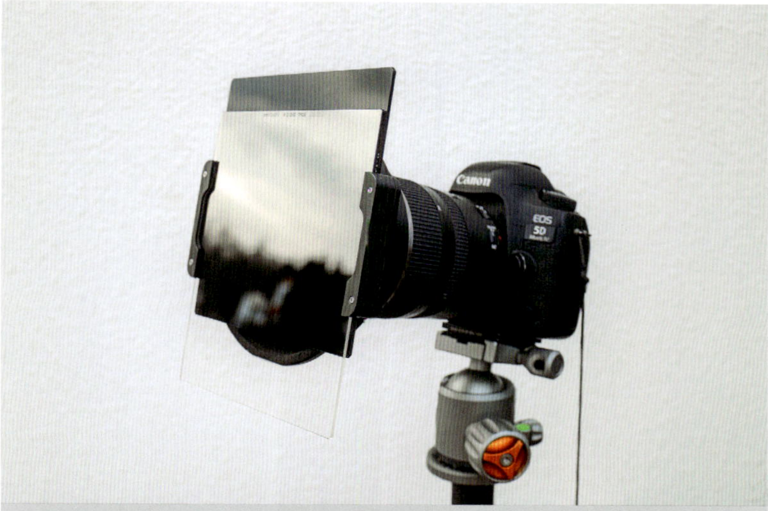

Bei der Verwendung von Steckfiltern lassen sich verschiedene Filter kombinieren. Hier im Bild ein Graufilter und ein Grauverlaufsfilter.

Polarisationsfilter

Der Polarisationsfilter (kurz Polfilter) sorgt für kräftige Farben in deinen Bildern. Das satte Grün von Wald und Wiesen oder das Blau des Himmels lassen sich mit dieser kleinen Scheibe intensivieren. Dabei sollte man den Bogen allerdings nicht überspannen, denn schnell wirken die so erzeugten Farben unnatürlich und übertrieben.

Auch am Bach leistet der Filter hervorragende Arbeit. Der Polfilter lässt sich gut einsetzen, um Reflexionen auf der Wasseroberfläche zu verstärken oder abzuschwächen. Je nachdem, wie du ihn am Objektiv drehst, verändert er seine Wirkung. Du kannst ihn so drehen, dass du durch das Wasser bis auf den Grund schauen kannst. Du kannst ihn aber auch in die andere Richtung drehen und forcieren, sodass sich die Umgebung auf der Wasseroberfläche spiegelt. Aber Vorsicht: Der Filter hat am Wasser Suchtpotenzial!

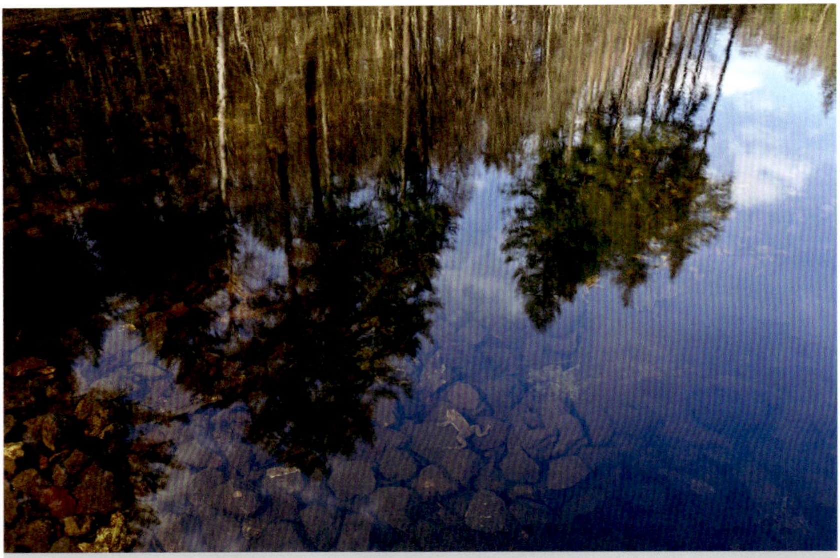

Die Reflexion kann mithilfe des Polfilters verstärkt ...

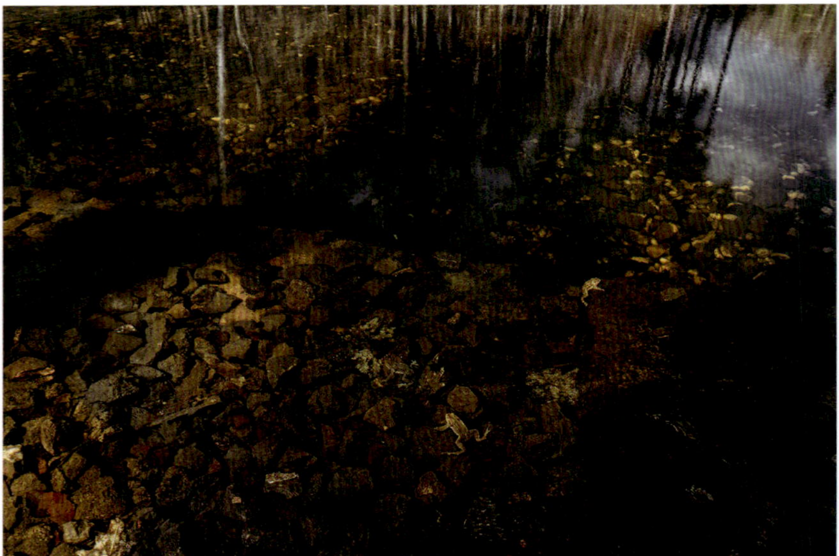

... oder minimiert werden.

UV-FILTER

Ich persönlich nutze den UV-Filter lediglich bei ein paar ausgewählten Objektiven als Schutz der Linse, habe aber ansonsten keine nennenswerten Effekte bemerkt. Er ist also kein Must-have. Wenn du dir einen UV-Filter zulegst, dann greife nicht zum günstigsten Modell. Ich habe die Erfahrung gemacht, dass Billigfilter für Verzerrungen und milchige Aufnahmen sorgen.

Gitterfilter

Der Gitterfilter (auch Sternfilter genannt) ist ein Effektfilter. Vor das Objektiv gesetzt, zaubert er aus kleinen punktförmigen Lichtquellen (Laternen, Kerzen etc.) Sterne, ohne dass stark abgeblendet werden muss. Es gibt ihn in verschiedenen Ausführungen. Je nach Filter lassen sich Bilder mit 4, 6, 8 oder 12 kreuzförmigen Strahlen erzeugen.

Stativ

Bei Schummerlicht und langen Verschlusszeiten ist ein gutes Stativ dein treuer Weggefährte und der Garant für verwacklungsfreie Aufnahmen. Für die meisten Landschafts- und einige Makroaufnahmen ist ein solides Stativ somit unverzichtbar. Sonnenaufgang, Dämmerung, Nachtaufnahmen und einige künstlerische Spielereien verlangen lange Verschlusszeiten. Hierbei ist es von Vorteil, ein schwingungsarmes Stativ zu nutzen.

Im Idealfall verfügt ein Stativ über Spikes, die mit Gummikappen abgedeckt sind. So verkratzt du bei Innenaufnahmen nicht den Fußboden, kannst das Stativ aber für den Outdooreinsatz fest auf den Boden stecken.

Dank Karbonfaser müssen stabile Dreibeine heute zudem keine Schwergewichte mehr sein. Bei längeren Wegstrecken zahlt sich der Aufpreis gegenüber einem günstigeren Alustativ aus. Absolut schwingungsarm sind Stative aus Holz, leider aber oft sehr teuer und weniger flexibel. Achte beim Kauf eines Stativs darauf, dass du die Mittelsäule mindestens bis auf Augenhöhe ausziehen kannst, damit du bequem arbeiten kannst.

Für Makroaufnahmen empfiehlt sich zudem der Einsatz eines sogenannten GorillaPods. Das ist ein kleines, sehr flexibles Klemmstativ, das an Ästen, Laternen, Zäunen und dergleichen angebracht werden kann. Zudem ist es klein, handlich und passt in jeden Fotorucksack.

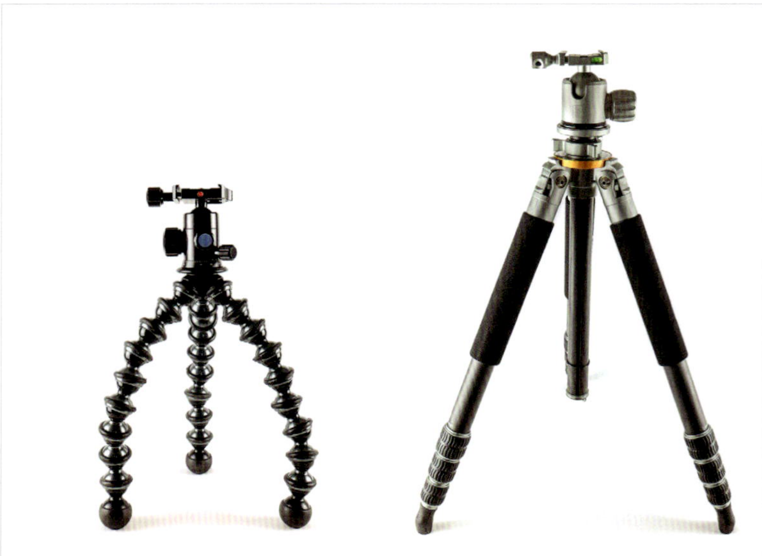

GorillaPod vs. Dreibeinstativ

Stativkopf

Als ich mir meinen ersten Kugelkopf zulegte, war sofort klar: Der Dreiwegeneiger hat in meiner Ausrüstung ausgedient. Vorbei waren die Zeiten, in denen ich minutenlang den Bildausschnitt zurechtpfriemelte und der gesamte Aufbau beim Loslassen der Kamera wieder komplett absackte. Kommt dir das bekannt vor? Dann kann ich dir nur empfehlen, umzusteigen.

Ein gut verarbeiteter Kugelkopf hält deine Kamera bombenfest – und zwar in der Position, die du eingestellt hast. Dank der Kugel kannst du die Kamera zudem in alle erdenklichen Positionen kippen und bist viel flexibler als mit einem herkömmlichen Neiger. Kugelköpfe gibt es in verschiedenen Größen und Ausführungen. Um böse Überraschungen zu vermeiden, achte beim Kauf darauf, dass der Kugelkopf für das Gewicht deiner Kameraausrüstung geeignet ist.

Nivellierbasis

Eine Nivellierbasis ist nicht zwingend notwendig, wird dir aber die Ausrichtung deiner Kamera erleichtern. Sie wird unter den Stativkopf auf das Stativ geschraubt. So kannst du deine Bildkomposition präzise ausrichten und ersparst dir bei der Entwicklung der Bilder eine Menge Zuschneidearbeit. Besonders praktisch ist der Einsatz einer Nivellierbasis in unebenem Gelände, wenn die Beine deines Stativs auf verschiedene Längen ausgezogen werden müssen.

Praktische Helfer

Die Fototasche ist deine geheime Schatzkammer! Neben Kamera, Objektiven und Filtern finden dort auch allerlei andere nützliche Dinge Platz, durch die sich schöne Naturaufnahmen einfacher umsetzen lassen. Denn wie so oft sind es die kleinen Dinge, die das Leben schöner machen. Im Folgenden stelle ich dir einige sinnvolle Helferlein vor, die das Abenteuer Fotografie abrunden und für entspanntes Arbeiten sorgen.

Bohnensack

Der Bohnensack ist das ultimative Helferlein für bodennahe Aufnahmen ohne Stativ. Mithilfe des Säckchens lässt sich die Kamera gut ablegen und in Position bringen. Sie bleibt anschließend stabil in der Stellung, die du dir ausgesucht hast, ohne dass du sie festhalten musst. Das gibt dir die Freiheit, dich in Ruhe um die Kameraeinstellungen zu kümmern.

Wenn dir die handelsüblichen Modelle nicht zusagen, kannst du dir auch deinen eigenen „Bohnensack" basteln. Einfach ein Kissen aus Kunstleder nähen und mit Dekogranulat aus der Floristikabteilung füllen. Dadurch wird der Stativersatz zwar etwas schwerer als ein handelsüblicher Bohnensack, dafür aber auch deutlich fülliger. So lässt sich die Kamera noch genauer ausrichten.

Reflektor

Egal ob du ein Motiv aufhellen oder beschatten willst: Ein Reflektor hilft dir dabei. Für meine Aufnahmen habe ich ausschließlich weiße Faltreflektoren im Einsatz. Im Sommer nutze ich sie oberhalb des Motivs als Diffusor und seitlich davon als Aufheller. Faltreflektoren sind in verschiedenen Größen erhältlich und lassen sich platzsparend verstauen. Durch das geringe Gewicht stören sie kaum.

Abgesehen von der weißen Variante gibt es Reflektoren noch mit Silber- und Goldbeschichtung. Diese finden allerdings mehr in der Peoplefotografie Verwendung, wobei der silberne Reflektor für hellere Augen und der goldene Reflektor für wärmeres Licht sorgt.

Sitzgelegenheit

Wenn deine Fototour mal wieder etwas länger dauert, sind Dreibeinhocker und Campingstuhl großartige Begleiter. Besonders begeistert bin ich von meiner neuen Errungenschaft – einem Teleskophocker. Er kann in verschiedene Höhen ausgefahren werden und lässt sich zusammengeschoben leicht am Fotorucksack befestigen. Gerade bei umfassenden Nachtaufnahmen bin ich für einen Sitzplatz sehr dankbar.

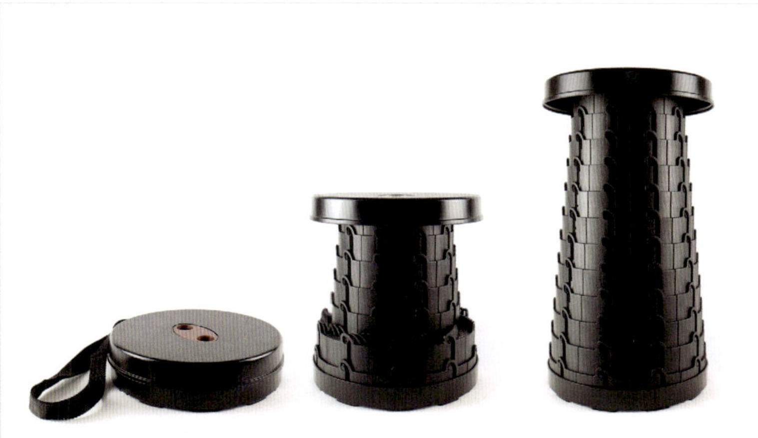

Teleskophocker

Isomatte

Mein persönliches Must-have! Als bekennende „Auf-dem-Bauch-Fotografin“ ist die Verwendung einer Isomatte bei Matsch, Regen oder Schnee für mich absolut unverzichtbar. Wenn du also nicht zu den ganz Harten gehörst, wirst du mit der praktischen Schaumstoffmatte sehr glücklich werden. Es gibt sie in verschiedenen Stärken und Ausführungen. Die Matte sollte für eine gute Isolierung mindestens einen Zentimeter dick sein. Zu dicke Isomatten lassen sich schlecht zusammenrollen und sind daher eher unpraktisch. Teure Modelle halten steinige Böden auch nicht länger aus als die günstigen Vertreter, deshalb musst du in diesem Fall nicht unbedingt auf teure Markenprodukte zurückgreifen.

Fernauslöser

Fernauslöser gibt es kabelgebunden oder als Infrarot- bzw. Funkauslöser. Mit einem kabelgebundenen Auslöser bist du weniger flexibel, allerdings funktionieren diese oft auch ohne Batterie. Einfache Modelle sind schon für wenig Geld zu haben.

Ein Fernauslöser ist gleich für mehrere Dinge hilfreich: Da die Kamera beim Auslösen nicht berührt werden muss, ermöglicht er verwacklungsfreie Aufnahmen. Er erlaubt dir zudem stressfreie Selfies aus der Entfernung.

Wasserwaage

Sofern du keine Nivellierbasis besitzt, ist eine kleine Aufsteckwasserwaage sehr praktisch. Sie wird in den Blitzschuh der Kamera geschoben und passt zudem in jede Hosentasche. Ein kleines Accessoire mit großem Effekt, das in keinem Fotorucksack fehlen sollte.

Akkus und Speicherkarten

Eigentlich eine Selbstverständlichkeit, und dennoch erlebe ich es immer wieder, dass meinen Workshopteilnehmern der Saft ausgeht. Ja, mir selbst ist das auch schon passiert. Dabei ist doch nichts ärgerlicher, als das Motiv des Lebens vor sich zu haben und die Speicherkarte ist voll. Oder (noch schlimmer) der Akku ist leer.

Deshalb bitte immer reichlich (geladene) Ersatzakkus und Speicherkarten einpacken. Hier gilt: Je mehr, desto besser – auch wenn das Gewicht des Fotorucksacks natürlich nicht Überhand nehmen sollte. Ich empfehle Speicherkarten ab einer Größe von 64 GB. Dort finden etwa 1.200 Bilder im RAW-Format oder 4.300 Bilder im JPG-Format Platz. Das mag zunächst überdimensioniert wirken, aber bereits beim Einsatz der Serienbildfunktion reicht der Platz unter Umständen nicht aus. Zur Sicherheit habe ich deshalb immer zwei bis drei Speicherkarten dieser Größe als Reserve dabei.

Bei der Stromversorgung greife ich gerne zu Markenprodukten, um mich auf hohe Qualität und Leistung verlassen zu können. Ich achte bei Speicherkarten zudem auf eine schnelle Schreibgeschwindigkeit (ca. 160 MB/s), damit die Kamera bei Serienaufnahmen keinen Zwangsstopp einlegen muss.

Schwanenhals

Der Schwanenhals ist ein sehr praktisches Werkzeug. Es gibt Klemm- oder Schraubvorrichtungen, die sich direkt am Stativ anbringen lassen. Das ist sehr praktisch, um beispielsweise einen Reflektor oder eine Taschenlampe zu befestigen. Mit speziellen Handyhaltern kannst du sogar dein Smartphone am Stativ festmachen und hast die Hände frei. Dies ist besonders praktisch, wenn du dein Smartphone als Fernsteuerung oder Monitor deiner Kamera einsetzt.

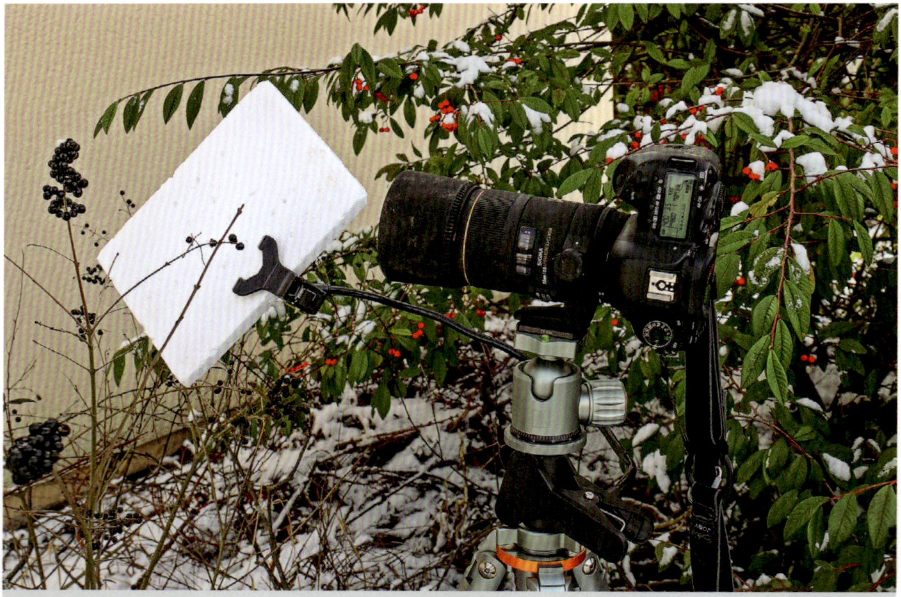

Praktisch, um Aufheller zu halten: der Schwanenhals.

Kleinkram

Die Natur ist nicht immer so gewachsen, wie du sie gerne ablichten möchtest. Um ihr ein wenig auf die Sprünge zu helfen, finden sich in meinem Fotorucksack unter anderem eine kleine Gartenschere und etwas Draht. Wofür genau ich diese beiden Helferlein verwende, zeige ich dir im Kapitel „Kreative Makrofotografie“.

Außerdem ihren festen Platz in meiner Fototasche haben: Reinigungsutensilien wie Mikrofasertuch, Blasebalg und einfache Brillenreinigungstücher für den Notfall. Wenn man mit dem Mikrofasertuch gut nachpoliert, eignen sich die Brillenputztücher gut, um Wasserflecken von der Linse zu entfernen.

Wer es etwas professioneller mag, holt sich speziellen Flüssigreiniger für Objektive. Mit dem Blasebalg kannst du unterwegs schnell mal ein paar Fussel oder Staub vom Spiegel oder Sensor deiner Kamera pusten. Bei häufigem Objektivwechsel findet unliebsamer Schmutz schnell den Weg auf die empfindlichen Kamerastellen.

Außerdem immer dabei sind eine Taschenlampe für die Nacht und eine große Plastiktüte, falls ich meine Ausrüstung vor plötzlich einsetzendem Regen schützen muss.

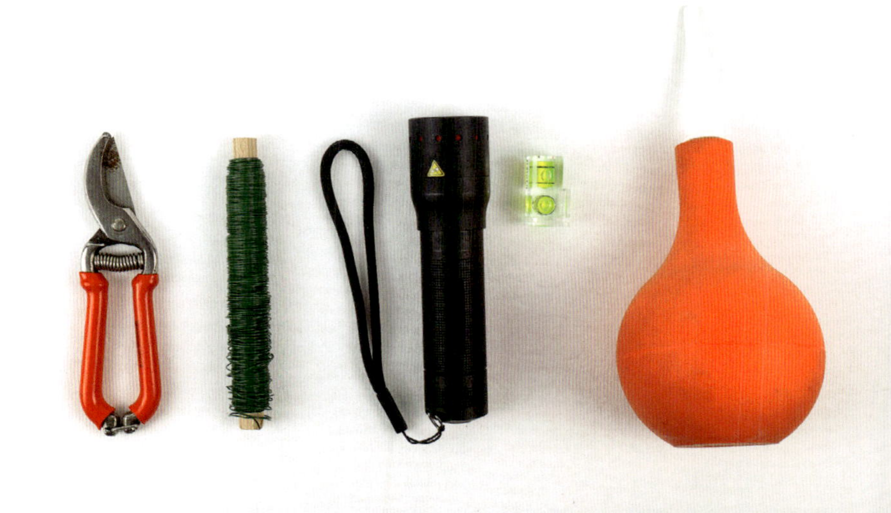

Kleine Helfer

AUFNAHMETECHNIK

Ein gutes Auge und eine hochwertige Ausrüstung reichen für ein ansprechendes Bild nicht aus. Es gibt noch ein paar Kleinigkeiten zu beachten, zum Beispiel das Bildformat und bestimmte Kameraeinstellungen. In diesem Kapitel gebe ich dir das wichtigste Handwerkszeug mit auf den Weg.

RAW vs. JPG

Für mich persönlich gilt: Ganz klar RAW! Auch wenn du die Fotografie gerade erst für dich entdeckt hast und momentan mit all den Begriffen und Möglichkeiten überfordert bist, empfehle ich dir, von Anfang an im RAW-Format zu fotografieren. Damit bist du in jedem Fall auf der sicheren Seite.

Der Begriff *raw* stammt aus dem Englischen und heißt übersetzt „roh“. Das Format sagt also lediglich aus, dass die Kamera die Daten ohne jegliche Verarbeitung auf das Speichermedium schreibt. Alle Bildinformationen liegen in einer Rohfassung vor und müssen in einem Bildbearbeitungsprogramm wie zum Beispiel Lightroom oder Photoshop entwickelt werden. Das hat den entscheidenden Vorteil, dass dein Bild nicht komprimiert ist und das Maximum an Bildinformationen enthält, die du nach Belieben für die Bildbearbeitung nutzen kannst.

Du kommst dadurch also in den Genuss, dass dir sowohl der komplette Tonwertumfang als auch der vollständige Farbraum bei der

Entwicklung deiner Bilder zur Verfügung steht. Kleine Fehler, die dir z. B. beim Belichten unterlaufen sind, können dadurch leicht ausgebügelt werden. So lässt sich zum Beispiel ein vermurkster Weißabgleich auf Knopfdruck korrigieren – im komprimierten JPG steht dir diese Option leider nicht mehr zur Verfügung.

Wenn du wie ich Wert auf einen eigenen Look legst, ist die Bearbeitung deiner Bilder umso wichtiger. Die individuelle Note geht bei komprimierten JPG-Dateien leider komplett verloren. Selbst wenn du anfangs mit der Entwicklung deiner Bilder noch nicht so gut zurechtkommst oder die Bildbearbeitung zu Beginn noch nicht unbedingt nutzen möchtest, kannst du eine RAW-Datei auch noch in fünf Jahren von der Festplatte holen und bei der Entwicklung wieder bei null anfangen.

Adobe RGB vs. sRGB

Die Sache mit den Farben ist gar nicht so einfach. Eigentlich würde ich – wegen besserer Möglichkeiten – auch hier gerne zu dem großen Adobe-RGB-Farbraum raten. Ich erinnere mich allerdings an meine Anfänge. Es war zum Haareraufen: Die teils immens abweichende Farbdarstellung meiner Bilder auf unterschiedlichen Geräten hat mich an den Rand der Verzweiflung gebracht. Nichts ist frustrierender, als wenn du tagelang an dem saftigen Gelb deiner Sonnenblume herumdokterst, und sie dann auf einem anderen Endgerät einen Grün- oder Orangestich hat.

Der Adobe-RGB-Farbraum ist deutlich größer als der sRGB-Farbraum. Dadurch können mehr und lebendigere Farben dargestellt und behandelt werden. Allerdings können nicht alle Endgeräte den großen Farbraum von Adobe anzeigen. Wenn du ein Bild im Adobe-Farbraum bearbeitet hast und es anschließend auf einem nicht kompatiblen Endgerät anzeigen lässt, führt dies also zu einer falschen

Farbdarstellung. Umgekehrt wird der sRGB-Farbraum immer richtig angezeigt, da alle Farben des kleinen Farbraums in den großen hineinpassen.

Wenn du dich also mit Farbmanagement wenig bis gar nicht auskennst, rate ich dir zum kleineren, aber sicheren sRGB-Farbraum. Ganz egal, für welche Möglichkeit du dich entscheidest: Achte immer ganz genau darauf, dass Monitor, Software und Kamera den gleichen Farbraum nutzen. Sind nicht alle Geräte aufeinander abgestimmt, kommt die böse Überraschung spätestens mit den Papierabzügen.

Blende

Die Blende des Objektivs (auch Irisblende genannt) besteht aus mehreren Lamellen, die sich kreisförmig öffnen oder schließen lassen. Da sie die Schärfentiefe und den Lichteinfall steuert, ist sie maßgeblich an der Bildgestaltung beteiligt. Je kleiner du die Blendenzahl einstellst, desto mehr Unschärfe erhältst du auf deinem Bild. Im Umkehrschluss bedeutet dies, dass du für durchgängig scharfe Bilder eine höhere Blendenzahl auswählen musst.

Ähnlich verhält es sich mit dem Lichteinfall: Je kleiner die Blendenzahl ist, desto mehr Licht fällt auf den Sensor. Je größer sie ist, desto länger muss das Foto belichtet werden. Um bei schlechten Lichtbedingungen und geschlossener Blende ein ausreichend belichtetes Bild zu erhalten, müssen andere Parameter, wie Belichtungszeit oder der ISO-Wert, verändert werden.

Auf den folgenden drei Bildern kannst du erkennen, wie sich die Schärfentiefe durch verschiedene Blendenwerte verändert:

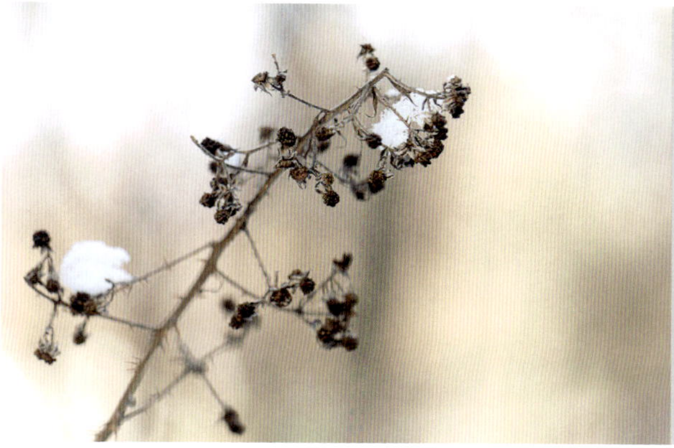

Freistellung bei Blende f/2.8: Der Hintergrund wirkt wie eine einheitliche Farbfläche.

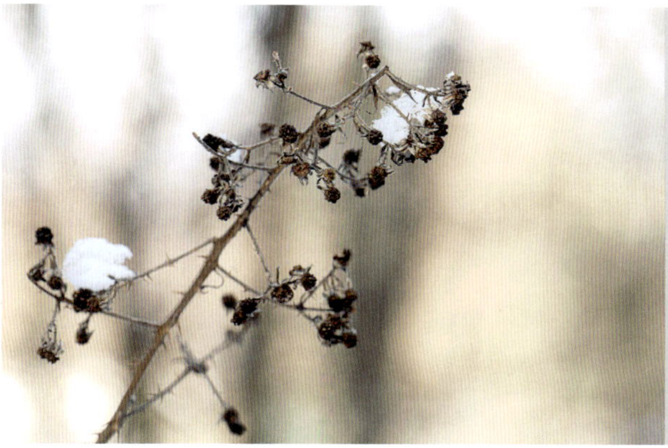

Freistellung bei Blende f/5: Im Hintergrund sind leichte Konturen zu erkennen.

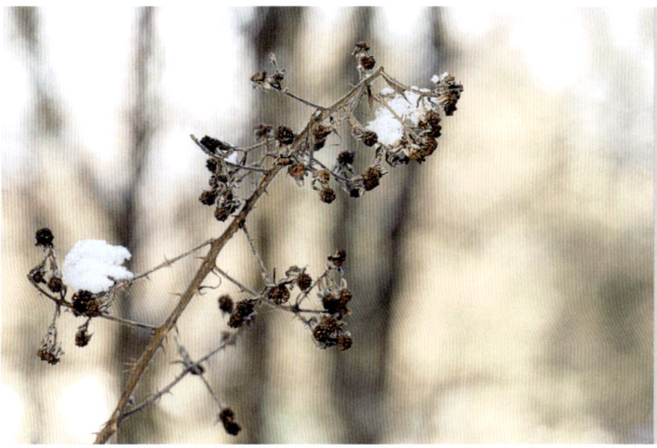

Freistellung bei Blende f/8: Man erkennt die einzelnen Baumstämme im Hintergrund.

Verschlusszeit

Mithilfe der Verschlusszeit wird gesteuert, wie lange Licht auf den Sensor fällt. Durch das Verwenden einer langen Verschlusszeit kann also fehlendes Licht kompensiert werden, denn dadurch, dass der Verschluss lange offen ist, fällt viel Licht auf den Sensor.

Allerdings besteht bei langen Verschlusszeiten – je nach Brennweite – ohne die Verwendung eines Stativs die Gefahr von Bewegungsunschärfen. Je länger die verwendete Brennweite ist, desto kürzer sollte daher für ein unverwackeltes Bild belichtet werden. Kurze Verschlusszeiten werden eingesetzt, um schnelle Bewegungen einzufrieren oder lange Brennweiten verwacklungsfrei nutzen zu können.

Manchmal wird allerdings gerade der Effekt der Bewegungsunschärfe kreativ eingesetzt. Bei sogenannten Mitziehern zum Beispiel, also wenn der Fotograf dem bewegten Objekt beim Fotografieren mit der Kamera folgt, wird das Hauptmotiv scharf, der Hintergrund aber in einer Bewegungsunschärfe abgelichtet.

BILDSTABILISATOR

Der Bildstabilisator gleicht leichte Vibrationen wie zum Beispiel das Zittern der Hände aus. Bei Freihandaufnahmen ist er sehr hilfreich und seine Verwendung empfehlenswert. Auf dem Stativ ist er hingegen eher kontraproduktiv. Hier versucht er, Erschütterungen auszugleichen, die es gar nicht gibt, und erzielt dadurch das genaue Gegenteil.

ISO

Manchmal sind schlechte Lichtverhältnisse unausweichlich. In der Dämmerung zum Beispiel oder auch im Inneren von Tierhäusern eines Zoos. Mit Anheben des ISO-Wertes kann schlechtes Licht ausgeglichen werden. Der ISO-Wert sorgt dafür, dass dein Sensor lichtempfindlicher wird und deine Bilder somit insgesamt aufgehellt werden. Das hat allerdings den Haken, dass hohe ISO-Werte zu unerwünschtem Bildrauschen und einer damit einhergehenden Verschlechterung der Bildqualität führen.

Ab welchem ISO-Wert die Bilder unbrauchbar werden, ist kameraabhängig. Eine nachträgliche Rauschunterdrückung bei der RAW-Entwicklung ist zwar möglich, aber nur bis zu einem gewissen Grad sinnvoll. Zu viel des Guten macht das Bild matschig und unansehnlich. Versuche deshalb, nach Möglichkeit immer mit niedrigen ISO-Werten zu arbeiten.

Kameramodus

Der richtige Umgang mit einer Kamera ist gar nicht so schwer. Viele Einstellungen wirst du vermutlich nie vornehmen müssen, weil sie lediglich für sehr spezielle Anwendungen notwendig sind. Welche Einstellmöglichkeiten du als Naturfotograf dennoch kennen solltest, werde ich dir im Folgenden zeigen.

Zeitautomatik

Bei der Einstellung Av (bzw. A, je nach Kamerahersteller) gibst du der Kamera eine feste Blende sowie eine ISO-Empfindlichkeit vor. Die Verschlusszeit, die nötig ist, um das Bild korrekt zu belichten, errechnet sich die Software der Kamera selbst.

Mithilfe der Blendenvorwahl steuerst du den Schärfebereich und musst dich um nichts anderes mehr kümmern. Am häufigsten wirst du diesen Modus bei Landschaftsaufnahmen nutzen.

Blendenautomatik

Im Modus Tv (bzw. S oder T, je nach Kamerahersteller) gibst du die Belichtungszeit und die ISO-Empfindlichkeit vor. In diesem Fall errechnet die Kamera die nötige Blendenzahl. Somit hast du keinen Einfluss auf den Schärfebereich, kannst aber über die Dynamik in deinen Bildern bestimmen. Diesen Modus kannst du zum Beispiel für Flugaufnahmen von Vögeln gut einsetzen. Je nach vorgewählter Belichtungszeit kannst du so die Bewegung eines Vogels einfrieren oder den Flügelschlag in romantischer Unschärfe ablichten.

Manueller Modus

Die Automatik deiner Kamera wird ein Bild nicht immer entsprechend deiner Bildidee auf den Chip schreiben. Das gilt zum Beispiel für Nachtaufnahmen oder solche mit Gegenlicht. Je nach Beschaffenheit des Hauptmotivs kann der Einsatz des Modus M also durchaus sinnvoll sein. Wann immer du besondere Ansprüche hast, erlaubt dir dieser Modus durch das manuelle Einstellen von ISO, Blende und Zeit ein Bild nach Maß zu erschaffen.

BULB-Modus

Die längste Belichtungszeit, die man direkt in der Kamera auswählen kann, beträgt 30 Sekunden. Im BULB-Modus lässt sich dieses Problem umgehen. Er kann nur im manuellen Modus der Kamera genutzt werden und ermöglicht Verschlusszeiten von über 30 Sekunden. Durch seine Verwendung bleibt der Verschluss so lange geöffnet, wie du den Auslöser der Kamera gedrückt hältst.

In der Praxis verwendet man beim Einsatz überlanger Belichtungszeiten in der Regel einen Fernauslöser, um Verwacklungen zu vermeiden. Je nach Funktionsumfang können damit sogar feste Zeiten oder Intervalle einprogrammiert werden. Die beliebtesten Aufnahmesituationen für den BULB-Modus sind:

- Nachtaufnahmen mit und ohne Sternspuren
- Feuerwerke
- Lichtmalereien
- das Einfangen von Blitzen

Bei allem Eifer rate ich aber davon ab, es mit überlangen Belichtungszeiten zu übertreiben: Mit zunehmender Belichtungsdauer erhitzen sich die Sensoren der Kamera, was zu einem deutlich höheren Rauschen führt. Zudem treten bei sehr langen Belichtungszeiten Pixelfehler – sogenannte Hotpixel – auf. Sie zeigen sich als kleine helle Punkte auf der Fotografie.

Programmautomatik

Die Programmautomatik ist für Neulinge auf dem Gebiet der Fotografie zwar sehr komfortabel, lässt aber keinerlei gestalterische Möglichkeiten zu. Wenn du in diesem Modus fotografierst, wirst du in den meisten Fällen ein korrekt belichtetes, scharfes Bild bekommen. Der Preis dafür ist allerdings der Verlust jeglicher Kontrolle über die Lichtstimmung oder das Bokeh, also die bewusst eingesetzte Unschärfe des Hintergrunds (mehr dazu im Kapitel „Das Bokeh“).

In Situationen mit unzureichendem Licht kommt zudem häufig sehr unschönes Bildrauschen aufgrund zu hoher ISO-Werte dazu. Der Kamera kann man keinen Vorwurf machen – sie macht nur ihren Job und belichtet korrekt. Auf die Bildqualität achtet sie dabei nun mal nicht.

Die Programmautomatik eignet sich gut, wenn du dich mit der Kamera ein wenig vertraut machen möchtest, und lässt dir den nötigen Freiraum, um dich in der Bildgestaltung zu üben. Wenn du dich um die Technik nicht kümmern musst, kannst du zum Beispiel ausprobieren, wie sich die Wirkung einzelner Motive bei der Verwendung verschiedener Brennweiten verändert.

Auch die Bildkomposition und die Motive selbst können in der Vollautomatik erprobt werden. Welches Motiv wirkt interessant? Aus welcher Perspektive wirkt es am besten? Vor welchem Hintergrund sieht es gut aus? Wie gefällt dir die Landschaft besser: Soll mehr Himmel oder doch lieber ein größerer Teil der schönen Wiese auf dem Bild zu sehen sein? Magst du Blumen lieber solitär oder wirken sie in der Gruppe besser? Probiere es einfach für dich aus. Wenn du dann einen Blick für deine Motive entwickelt hast, kannst du dir die einzelnen Modi deiner Kamera etwas genauer ansehen.

DER BILDAUFBAU

Ein gut gewählter Bildausschnitt trägt einen erheblichen Anteil zur Bildharmonie bei. Die Positionierung des Hauptmotivs zum Umfeld kann spannend oder auch langweilig wirken. Je nach Aufteilung der Flächen, dem Setzen des Horizonts und der Gestaltung des Vordergrunds kannst du die Wirkung deiner Fotografie beeinflussen. Die folgenden Gestaltungsregeln gelten für alle Motive, ganz egal, ob du Landschaften, Pflanzen, Tiere oder Menschen in Szene setzen möchtest.

Goldener Schnitt

Die wohl bekannteste Gestaltungsregel, der „Goldene Schnitt", ist seit der Antike bekannt und bezeichnet das Proportionsverhältnis zweier Strecken zueinander. Hinter einer komplizierten mathematischen Formel zur Berechnung der Strecken verbirgt sich nicht mehr als die folgende Aussage:

> Die längere Teilstrecke „ab" steht zur kürzeren Strecke „bc" im gleichen Verhältnis wie die Gesamtstrecke „ac" zu „ab".

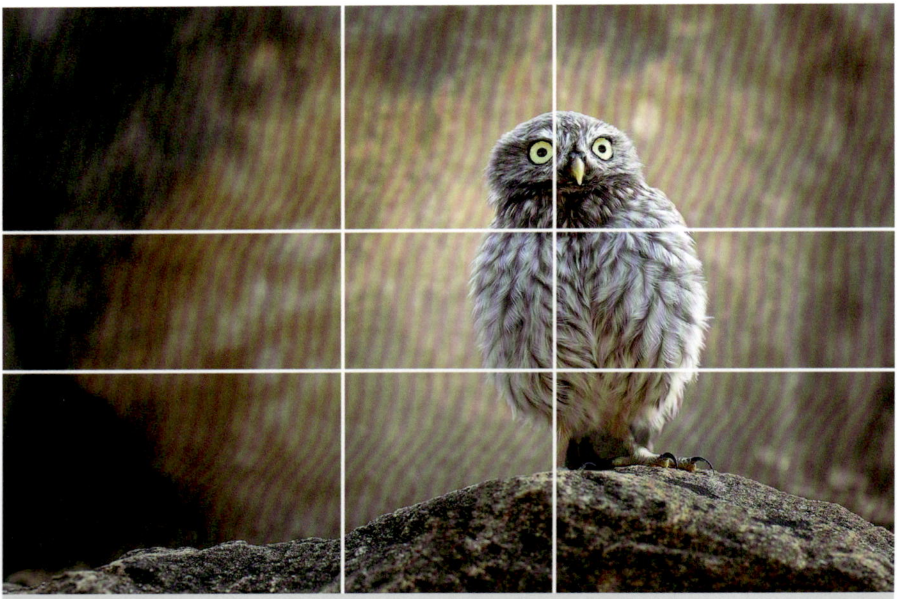

Der kleine Steinkauz macht sich im Goldenen Schnitt sehr schön.

Da der Goldene Schnitt auch in der Natur häufig vorzufinden ist, wird er von uns Menschen als besonders harmonisch empfunden. Um die Gestaltungsregel in deinen Fotografien anzuwenden, muss das Bild zunächst mit zwei waagerechten und zwei senkrechten Linien im Verhältnis des Goldenen Schnittes in neun Felder aufgeteilt werden. Die Ausrichtung des Hauptmotivs erfolgt nun an den Schnittpunkten des entstandenen Rasters.

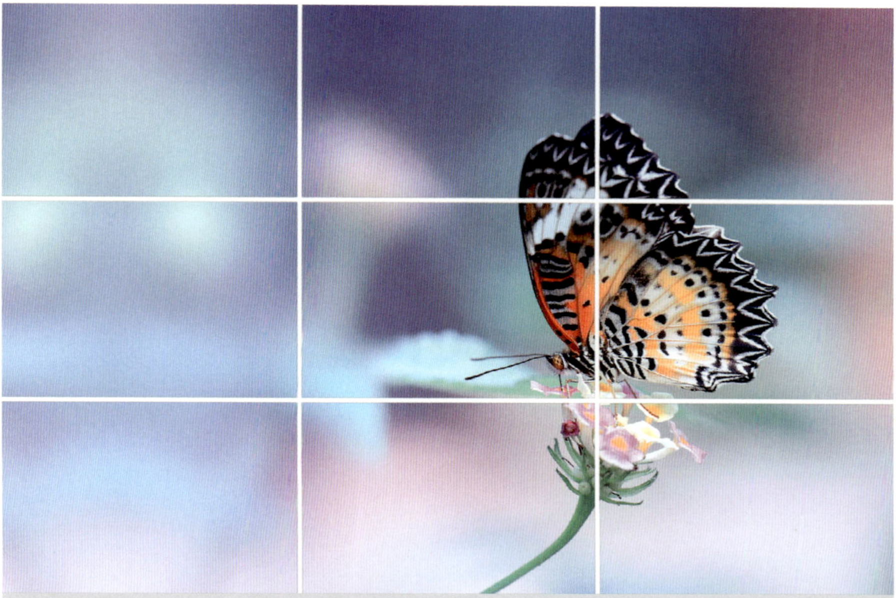

Auch die Drittelregel sorgt für ein harmonisches Gesamtbild.

Drittelregel

Nicht minder beliebt, aber etwas einfacher umzusetzen, ist die Drittelregel. Auch hier wird das Bild in neun Felder unterteilt und das Hauptmotiv an einem der Schnittpunkte ausgerichtet. Im Gegensatz zum Goldenen Schnitt sind hier jedoch alle Felder gleich groß. Für das Raster werden also zwei senkrechte und zwei waagerechte Linien mit gleichem Abstand durch das Bild gezogen. Glücklicherweise musst du dich mit der genauen Berechnung der Strecken nicht auseinandersetzen: Die meisten Kameras können das Raster auf Wunsch im Sucher oder auf dem Display automatisch einblenden.

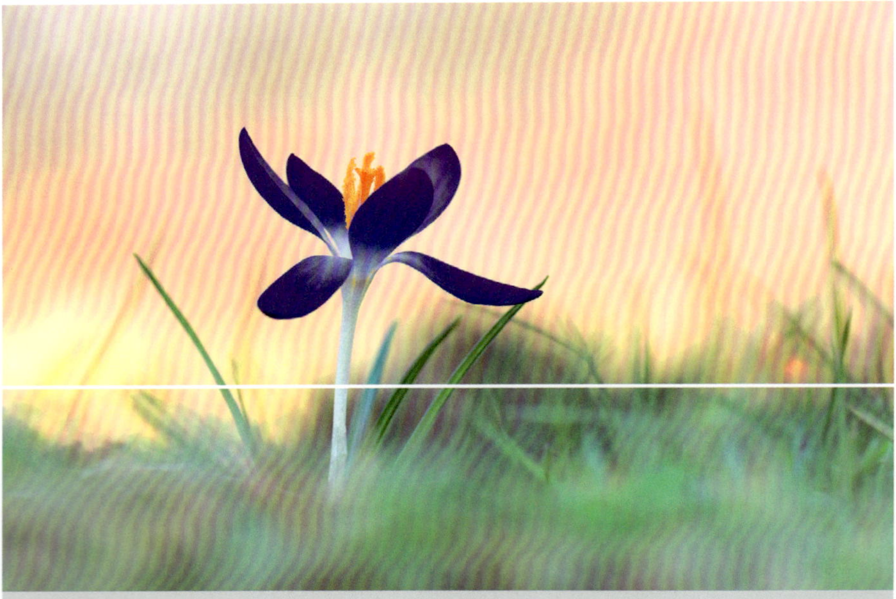

Das Gras (der Vordergrund) nimmt nur 1/3 des Bildes in Anspruch.

Die 1/3-2/3-Regel

Diese Regel ist am einfachsten umzusetzen. Um sie anzuwenden, wird das Bild in zwei Abschnitte im Verhältnis 1/3 zu 2/3 aufgeteilt. Du hast nun die Wahl, entweder den Himmel oder den Vordergrund stärker zu gewichten. Ist dir der Vordergrund wichtig, räumst du ihm bei der Bildkomposition 2/3 und dem Hintergrund 1/3 ein. Um den Blick mehr auf den Hintergrund zu lenken, gestaltest du die Aufnahme genau andersherum. Bei Landschaftsaufnahmen steht der Vordergrund meist für die Landschaft, der Hintergrund für den Himmel. Diese Regel lässt sich jedoch auch vorzüglich auf Pflanzen- und Tiermotive anwenden.

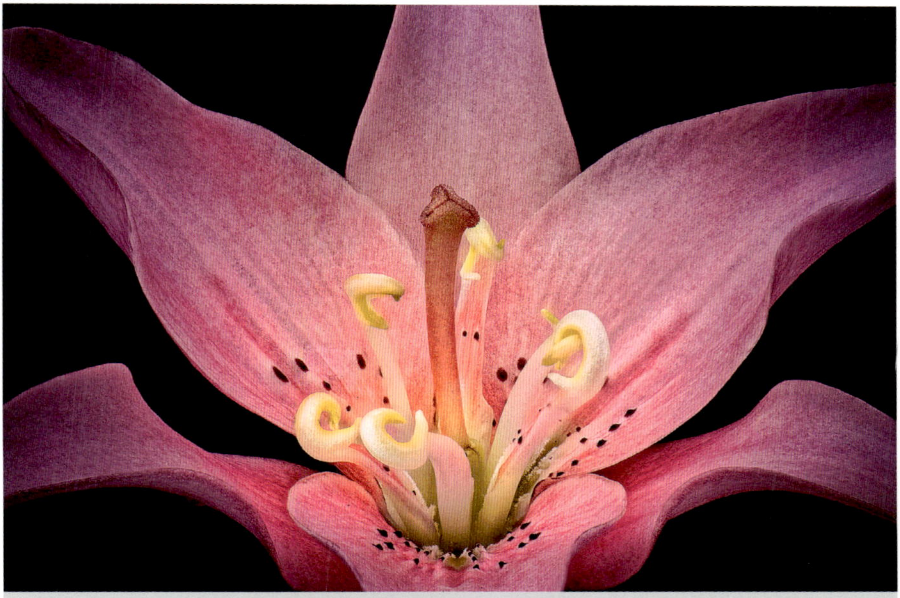

Symmetrie sorgt für Harmonie.

Symmetrie

Ein symmetrischer Bildaufbau muss nicht zwangsläufig langweilig sein. Es gibt Motive, die erst im gleichmäßigen Bildaufbau ihre volle Wirkung entfalten können. Ich denke da zum Beispiel an Spiegelungen, insbesondere auf Wasseroberflächen. Um möglichst viel der schönen Reflexion zu zeigen, bietet sich ein mittiger Horizont geradezu an. Doch auch manche Blüten oder Tiere erlangen mit dieser Gestaltungsform erst das gewisse Etwas.

DIE BILDBEARBEITUNG

Ich persönlich bin ein absoluter Liebhaber der Bildbearbeitung. Stelle dir die RAW-Datei einfach als Rohdiamanten vor, der in einem Bildbearbeitungsprogramm von dir geschliffen werden möchte.
In diesem Kapitel bekommst du Anregungen und wertvolle Tipps zum Thema Bildbearbeitung.

Bildbearbeitung in Lightroom

Bevor du startest:

Die digitale Anfertigung von Fotografien verleitet dazu, viel zu oft auf den Auslöser zu drücken. Am Ende einer langen Fototour wirst du wahrscheinlich eine Unmenge an Bildern auf dem Chip haben. Mit Sicherheit findest du ganze Bildserien, die sich weder im Motiv noch in ihrer Bildqualität wirklich voneinander unterscheiden.

Um die Übersicht auf der Festplatte nicht zu verlieren, rate ich dir zur strengen Selektion. Trenne dich von Bildern, die nicht zu 100 Prozent deinem Anspruch entsprechen, und konzentriere dich auf das, was übrig bleibt. Lege dir außerdem eine Ordnerstruktur an, in die du die passenden Motive schiebst, wie zum Beispiel Landschaften, Blumen, Wasserfälle usw. So findest du deine Fotografien auch noch lange nach der Aufnahmezeit problemlos wieder.

RAW-Entwicklung in Lightroom

Welchen RAW-Converter du zur Entwicklung deiner Dateien verwendest, ist zweitrangig. Die meisten Grundeinstellungen können in jeder beliebigen Software vorgenommen werden.

Ich selbst arbeite ausschließlich mit Lightroom, weil ich dieses Programm in der Bedienung und im Funktionsumfang einfach ungeschlagen finde. Wenn du nicht tiefer in die Materie der Bildbearbeitung einsteigen möchtest, dann wird dir die Verwendung von Lightroom wahrscheinlich schon ausreichen. Zusätzlich zu den Entwicklungsmöglichkeiten dient der Converter außerdem als sehr übersichtliches Archivierungsprogramm.

Neben den Standardfunktionen wie Kontrastanpassung, Weißabgleich, Nachschärfen und Tonwertkorrektur kannst du auch einzelne Farbwerte verschieben (zum Beispiel Grün in Gelb oder Blau in Lila), stürzende Linien begradigen oder verschiedene Farbverläufe aufziehen. Außerdem verfügt Lightroom über einen sehr guten Bereichsreparaturpinsel, mit dem sich zum Beispiel Sensorflecken ganz einfach wegstempeln lassen.

Der Converter kommt mit einer Reihe von Voreinstellungen daher und lässt sich beliebig erweitern. Die dafür notwendigen sogenannten Presets sind im Internet meist für kleines Geld zu erwerben. Selbstverständlich kannst du auch deine eigenen Voreinstellungen als Preset abspeichern und für andere Bilder auf Knopfdruck anwenden. Bei großen Bildserien, die alle den gleichen Look haben sollen, ist dies eine enorme Erleichterung.

> Sämtliche in Lightroom vorgenommenen Änderungen lassen sich wieder auf null zurücksetzen, da niemals die Originaldatei verändert wird.

Die Grenze von Lightroom beginnt da, wo du sehr detailliert oder mit mehreren Ebenen arbeiten möchtest. Dafür muss die grundentwickelte Datei in Photoshop – oder ein anderes Bildbearbeitungsprogramm – exportiert werden.

Bildbearbeitung in Photoshop

Grundsätzliches

Die einen lieben sie, die anderen verteufeln sie: die komplexe Bildbearbeitung. Darunter verstehe ich nicht die Basisentwicklung einer Fotografie. Es geht für mich darum, das Maximum aus einem Bild herauszuholen. Ich bin nicht der Auffassung, dass ein Bild immer zu 100 Prozent authentisch sein muss. Mein Bestreben ist es, das zu kommunizieren, was ich empfunden habe.

Viele denken, dass mit der Bearbeitung in Photoshop schlechtes Ausgangsmaterial aufgewertet wird. Dem kann ich guten Gewissens widersprechen: Wenn die Basis nicht stimmt, ist das Bild auch mit allen Mitteln der Bearbeitung nicht zu retten. Wirklich gut wird das Ergebnis nur dann, wenn es die RAW-Datei auch hergibt.

Alle Arbeitsschritte in diesem kleinen Ratgeber zu erklären würde den Rahmen sprengen. Ich gehe davon aus, dass du dich bereits ein wenig in Photoshop und Lightroom eingearbeitet hast und mit den wichtigsten Werkzeugen vertraut bis. Auch das Arbeiten mit Ebenen und Masken sollte dir bekannt sein, um meine Anleitungen nachvollziehen zu können. Solltest du Neuling auf dem Gebiet sein, findest du zu diesen Themen im Internet jede Menge Informationen und Videotutorials.

Nützliche Werkzeuge

Was genau geschieht eigentlich mit meinen Aufnahmen in Photoshop? Die Antwort lautet: eine ganze Menge! Zunächst nutze ich sehr oft die **Weichzeichnungsfilter**, um den Hintergrund abzusoften. Nicht immer kann so offenblendig fotografiert werden, wie man das gerne möchte. Damit der Hintergrund nicht vom Hauptmotiv ablenkt, stelle ich deshalb vorwiegend Tiere im Nachhinein künstlich frei. Zu diesem Thema findest du unzählige, gut verständliche Anleitungen im Internet.

Häufig fallen mir beim weiteren Betrachten meiner Fotografien zudem Bildelemente auf, die mich in der Ästhetik stören. Ein welkes Blatt neben einer Blume, Taubenkot auf dem Ast, eine Zigarettenkippe im Gras oder ein Krümel auf der Tiernase. Damit muss man nicht leben. Mit dem **Bereichsreparaturpinsel** sind kleine Auffälligkeiten schnell behoben – für größere „Reparaturen“ nimmst du am besten das **Klonen Werkzeug**.

Nachdem ich die Retuschearbeiten erledigt habe, geht es ans Nachschärfen. Selten sind die Dateien frisch aus der Kamera so knackig, wie ich mir das wünsche. Zum Schärfen dupliziere ich meine Bildebene im Modus „Weiches Licht“ und wende den **Hochpassfilter** mit einer Stärke zwischen 1,5 und 2,9 an. Besonders deutlich zeigt der Filter seine Wirkung bei Tierhaaren und Augen. Um den Effekt noch zu verstärken, kannst du auch andere Ebenenmodi wie „Hartes Licht“, „Lineares Licht“, „Strahlendes Licht“ oder „Ineinanderkopieren“ ausprobieren.

Doch Achtung: Hier ist es schnell zu viel des Guten. Bei einer Überschärfung bilden sich unschöne weiße Ränder an den Kanten, die sich nur sehr aufwendig wieder entfernen lassen. Im Zweifelsfall erhöhst du einfach die Transparenz der Schärfungsebene und schwächst damit den Hochpassfilter wieder etwas ab.

Als Nächstes wird der Bildausschnitt unter die Lupe genommen. Eventuell sitzt der Vogel etwas zu mittig oder es ragen störende Elemente wie Wohnhäuser ins Bild. Auch hier gibt es wieder zwei Möglichkeiten, um schnell Abhilfe zu schaffen: Entweder du beschneidest das Bild mit dem **Zuschneidewerkzeug**, oder du skalierst es in die gewünschte Größe. Hierfür stehen dir in Photoshop eine Vielzahl von **Skalierungswerkzeugen** zur Verfügung. Ich skaliere lieber, da so die ursprüngliche Bildgröße erhalten bleibt.

Wie sehr du eine Datei „aufblasen" kannst, hängt allerdings von der vorhandenen Bildinformation ab. Das Foto einer 50-Megapixel-Kamera verliert wesentlich weniger Qualität beim Skalieren als eine Datei mit 20 Megapixeln.

Im Prinzip kannst du dich mit diesen Arbeiten schon zufriedengeben. Aber natürlich bietet dir Photoshop noch sehr viel mehr Möglichkeiten, um dein Bild aufzuwerten. Egal ob du den Himmel austauschen, Sonnenstrahlen hinzufügen oder ganze Personen wegretuschieren möchtest: Nichts ist unmöglich.

Fünf-Minuten-Rezepte für bessere Bilder

Nicht immer ist der Himmel blau oder die Farbe des Grases nach deinem Geschmack. Wie du ganz schnell etwas mehr aus deinen Fotografien machen kannst, möchte ich dir an ein paar Beispielen zeigen:

Den Himmel austauschen

Wie ärgerlich: Die Landschaft ist so schön, aber der Himmel hat keine Gnade mit dir. Ein leeres weißes Etwas ziert den oberen Rand deiner Aufnahme und will das Bild nicht wirklich schick aussehen lassen. Es gibt zwei Methoden, wie du schnell Abhilfe schaffen kannst.

Himmel manuell einfügen

- Öffne zunächst das Originalbild in Photoshop.
- Nun öffnest du ein Himmelsbild mit passender Perspektive und legst es als neue Ebene über die Hintergrundebene.
- Stelle den Modus der Himmelsebene auf „Multiplizieren“.
- Lege über die Himmelsebene eine weiße Maske.
- Aktiviere die Maske und male darauf mit einem schwarzen Pinsel die Stellen nach, an denen der Himmel wieder entfernt werden soll.

Damit der Übergang nicht zu hart wird, stellst du die Deckkraft oder den Fluss des Pinsels beim Übergang von Himmel zu Erde auf etwa zehn bis 20 Prozent.

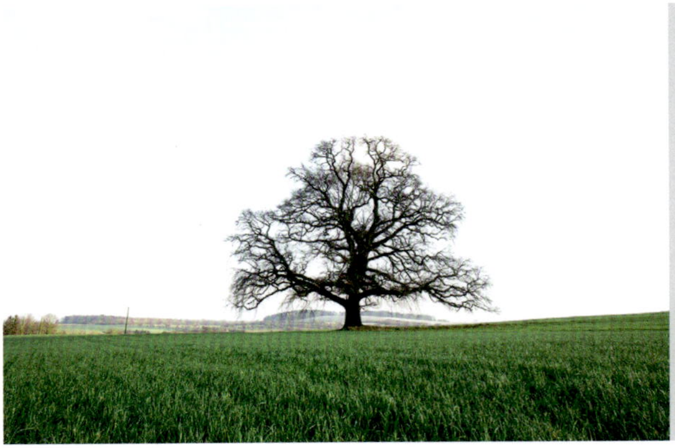

Der Himmel auf dem Originalbild ist eher unspektakulär.

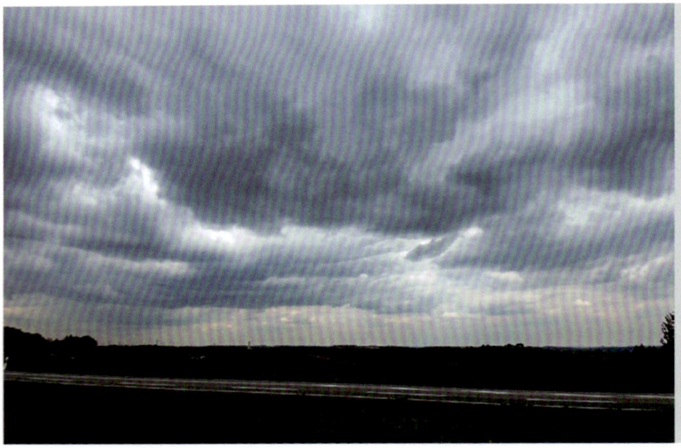

Zur Bearbeitung habe ich diesen Himmel in passender Perspektive ausgewählt.

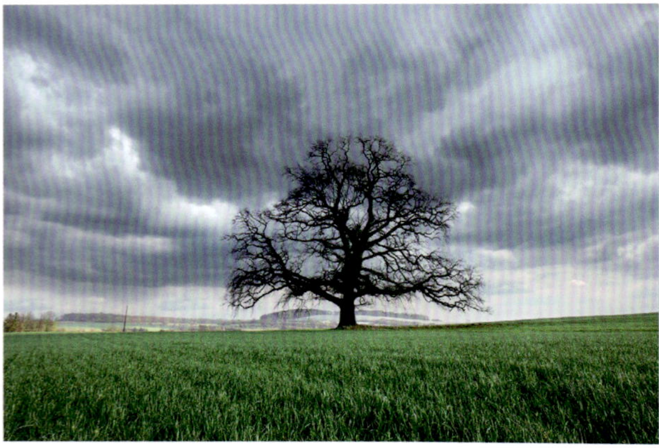

Die Kombination ergibt ein wesentlich ansprechenderes Resultat.

Die „Himmel austauschen" Funktion

Wer es noch einfacher haben möchte, kann den Himmel auch auf Knopfdruck von Photoshop austauschen lassen. Ich persönlich bevorzuge den zuvor beschriebenen Weg, um feiner arbeiten zu können. Die schnelle Lösung funktioniert wie folgt:

- Gehe auf Bearbeiten > Himmel austauschen.
- Wähle einen Himmel aus den Vorgaben oder füge mit Klick auf das Pluszeichen einen eigenen Himmel hinzu.
- Passe die Einstellungen im Eigenschaftsfenster an und bestätige mit „OK".

Overlays einfügen

Wenn dir der Hintergrund zu monoton und langweilig erscheint, kannst du ihn in ein paar einfachen Schritten mit sogenannten Overlays aufpeppen. Du wirst überrascht sein, wie schnell und einfach du damit eine Fotografie aufwerten kannst.

Overlays gibt es in vielen verschiedenen Ausführungen zu kaufen. Egal ob Schneeflocken, Regen, Sonnenstrahlen oder Lens Flares (Linsenreflexionen) – es ist für jeden Geschmack etwas dabei. Du bekommst sie in zwei verschiedenen Bildformaten. Schneeflocken- oder Blumen-Overlays werden meistens als PNG-Dateien angeboten und bestehen aus freigestellten Objekten. Sie werden einfach als neue Ebene über die Hintergrundebene gelegt.

Leaks (übermäßiger Lichteinfall) und Flares hingegen sind als JPG erhältlich. Hierbei handelt es sich um abfotografierte Lichteffekte vor schwarzem Hintergrund. Auch sie werden einfach als neue Ebene über die Hintergrundebene deines Originalbildes gelegt. Stellst du den Modus der Overlay-Ebene auf „Negativ multiplizieren", werden nur die Lichter auf der Hintergrundebene sichtbar. Die schwarzen Bildanteile werden ausgeblendet.

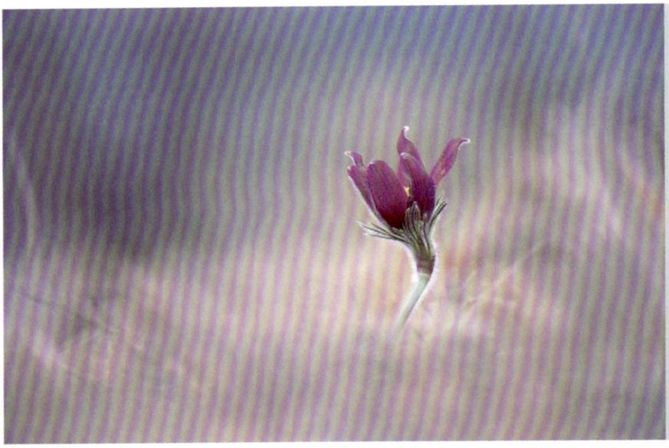

Das Originalbild ohne Overlay

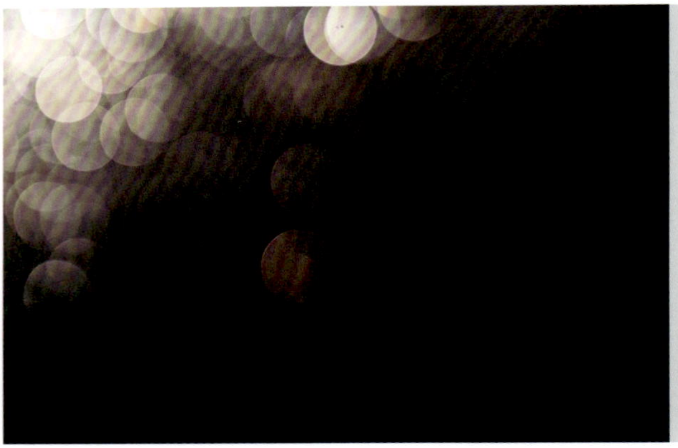

Der ausgewählte Overlay: sogenannte Flares

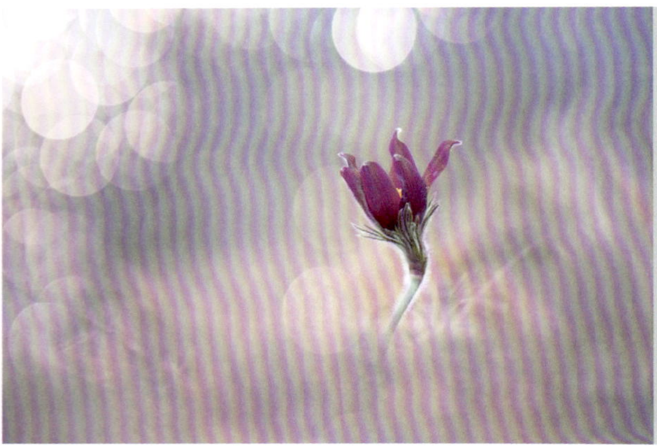

Das kombinierte Endergebnis

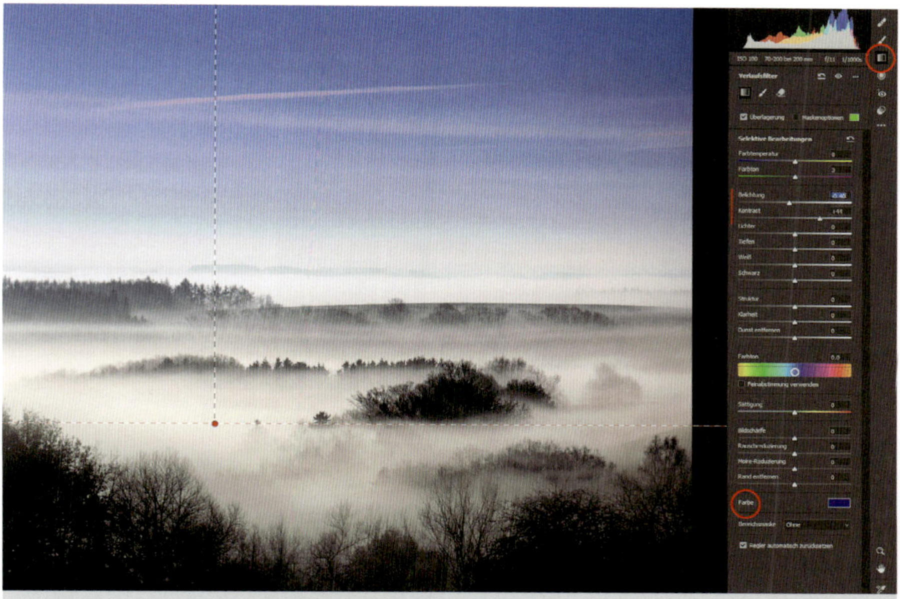

So sieht der Arbeitsbereich des Farbverlaufs in Photoshop aus.

Farbverlauf einfügen

Nicht immer muss der Himmel vollständig ausgetauscht werden. Manchmal gibt die RAW-Datei noch genügend Bildinformationen her, um den Himmel mithilfe eines Farbverlaufs aufhübschen zu können. Gehe dabei wie folgt vor:

- Öffne dein Bild in Photoshop.
- Dupliziere die Ebene.
- Klicke auf die duplizierte Ebene und gehe auf: Filter > Camera RAW Filter.
- Ziehe einen linearen Verlaufsfilter auf und färbe ihn blau ein.
- Verringere die Belichtungswerte leicht und erhöhe den Kontrast.
- Bestätige und kehre zu Photoshop zurück.
- Maskiere den Verlaufsfilter am unteren Teil des Bildes.

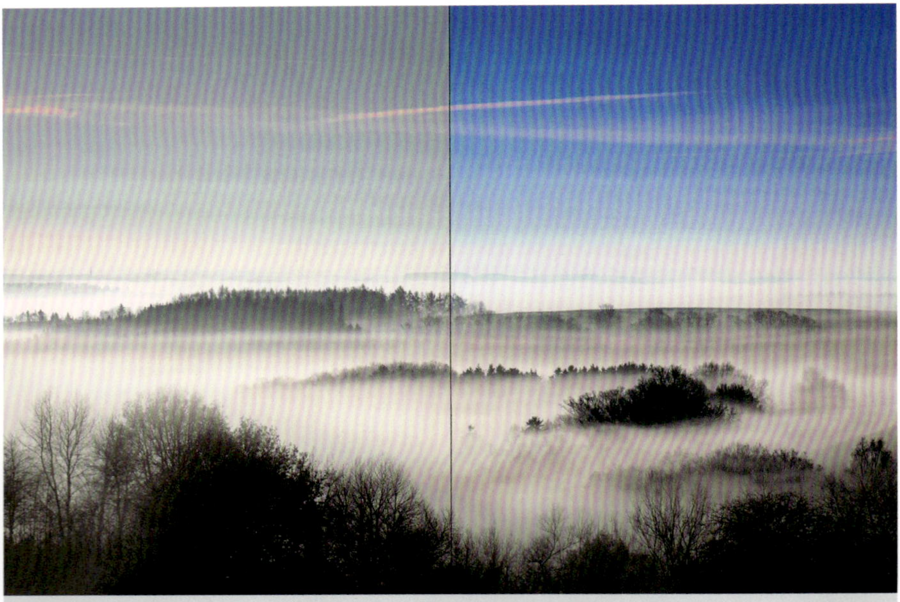

Ein direkter Vergleich: links die Originaldatei, rechts die Version inklusive Verlaufsfilter.

Farben verändern

Es gibt viele Wege, um in Photoshop eine bestimmte Farbe zu verändern. Ich möchte hier nur auf die Methode eingehen, mit der du Farbwerte über den Farbregler verschieben kannst. Gehe dazu wie folgt vor:

- Öffne das Bild in Photoshop.
- Dupliziere die Ebene.
- Klicke auf die duplizierte Ebene und gehe auf: Filter > Camera RAW Filter.
- Wähle „Farbmischer“ aus.
- Nun kannst du Farbton, Sättigung und Luminanz der einzelnen Farben verändern.

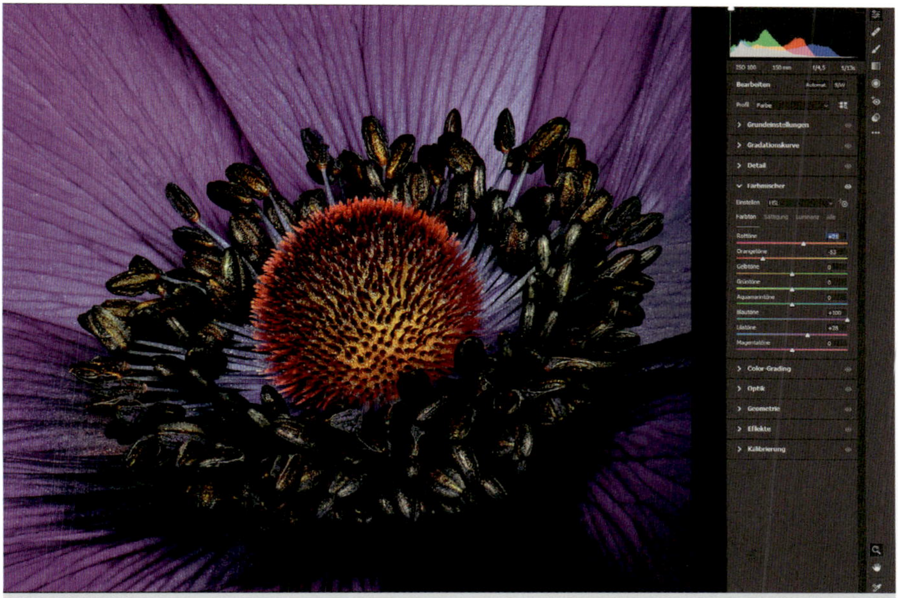

So sieht der Arbeitsbereich des „Farbmischers“ in Photoshop aus.

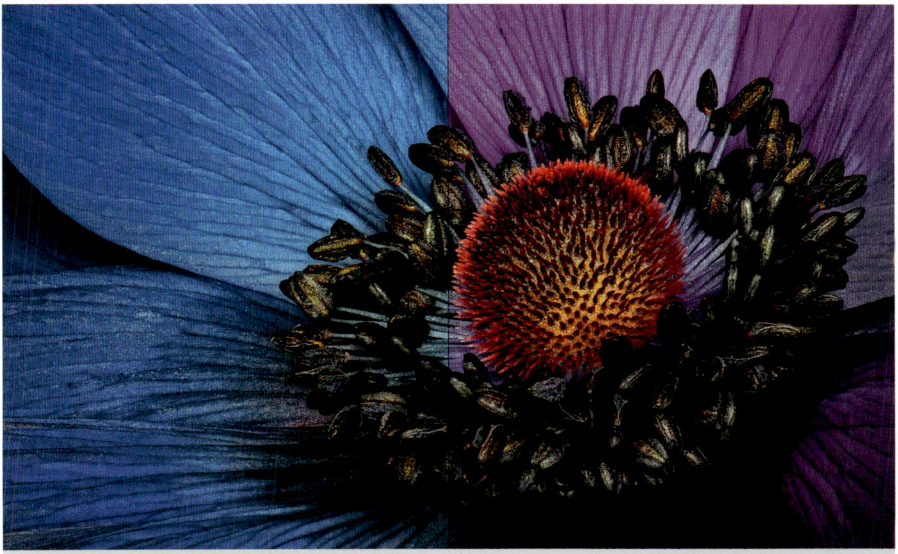

Ein direkter Vergleich: links die Originaldatei, rechts die Version mit geänderter Farbe.

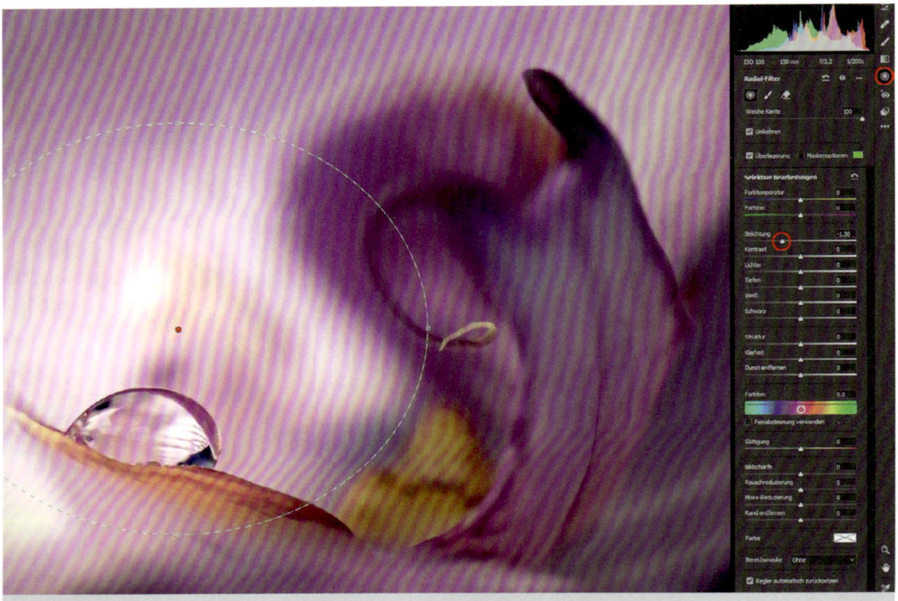

Mit dem radialen oder linearen Verlaufsfilter sind Vignetten schnell erstellt.

Eine Vignette erstellen

Eine Vignette dient dazu, den Blick des Betrachters auf das Hauptmotiv zu lenken. Man versteht darunter eine Abschattung zum Bildrand hin. Eigentlich eine ungewünschte Eigenart günstiger Objektive, wird sie doch von vielen Fotografen als Stilmittel eingesetzt. Du kannst sie in Photoshop leicht künstlich erzeugen:

- Öffne das Bild in Photoshop.
- Gehe nun auf Filter > Camera RAW Filter.
- Wähle den Verlaufs- oder Radialfilter aus und ziehe ihn in dem Bild auf.
- Nun reduzierst du die Belichtung, bis dir die Abschattung gefällt.
- Du kannst zudem mit der Einstellung „Weiche Kante“ spielen sowie den Filter in Form, Position etc. anpassen.
- Wenn dir das Ergebnis gefällt, klickst du auf „OK“. Das Bild kann nun weiterbearbeitet werden.

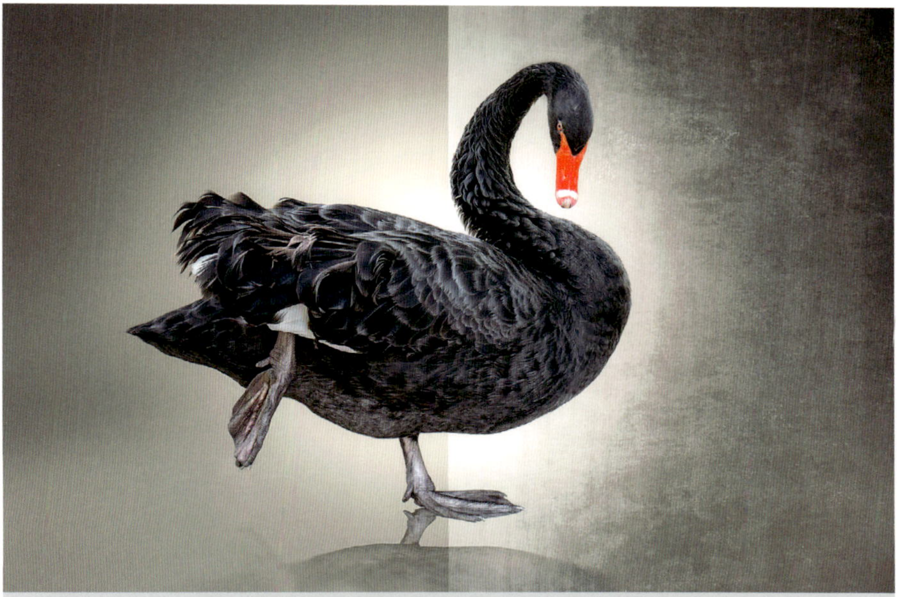

Die Textur rechts im Bild verleiht der Fotografie eine ganz neue Wirkung.

Bilder mit einer Textur überlagern

Geeignete Blumen- oder Tierbilder peppe ich gerne mit einer Textur auf. Diese verleiht einem einfarbigen Hintergrund etwas mehr Spannung und erzeugt einen künstlerischen Look. Besonders gerne mache ich davon bei den Bildern Gebrauch, die im Heimstudio vor einem farbigen Stück Tonpapier entstehen, ebenso wie bei freigestellten Tieren.

Texturen können wie Overlays bei verschiedenen Anbietern käuflich erworben werden. Du kannst sie auch ganz leicht selbst erstellen, indem du Fotografien von zerknittertem Papier, Steinmauern und Holz- oder Roststrukturen anfertigst. Je mehr Texturen du sammelst, desto abwechslungsreicher kannst du deine Arbeiten gestalten.

Um die Fotografien als Textur anzuwenden, gehe folgendermaßen vor:

- Öffne zunächst das Originalbild in Photoshop.
- Nun öffnest du ein Bild mit einer passenden Textur und legst es als neue Ebene über die Hintergrundebene.
- Stelle den Modus der Texturebene auf „Multiplizieren".
- Lege eine weiße Maske über die Texturebene.
- Aktiviere die Maske und male darauf mit einem schwarzen Pinsel die Stellen nach, an denen die Textur wieder entfernt werden soll. Ich persönlich male sie generell aus dem gesamten Hauptmotiv wieder heraus und nutze sie lediglich zum Strukturieren des Hintergrunds.

Sternenhimmel einfügen

Du kennst das vielleicht: Du ziehst bei kristallklarem Himmel los, um ein Landschaftsbild mit Sternenhimmel zu schießen, doch vor Ort erwarten dich nur noch dunkle Wolken. Auch im Hochsommer, wenn es sehr spät dunkel wird, ist nicht jeder gewillt, sich für ein paar Sterne bis spät in die Nacht die Beine in den Bauch zu stehen. Sehr ärgerlich, wenn du dann umständehalber auf dein Traummotiv verzichten musst. Doch wer nicht unbedingt Wert auf authentische Bilder legt, dem kann auch hier schnell geholfen werden. Ich habe für diesen Fall eine kleine Sammlung verschiedener Sternenbilder auf meiner Festplatte. Im Winter, wenn es früh dunkel wird, sind im Garten oder auf dem Feld schnell ein paar Aufnahmen gemacht. Meine Sternensammlung beinhaltet Aufnahmen verschiedener Brennweiten und Himmelsrichtungen. So kann ich bei Bedarf immer einen passenden Himmel aus meiner Schatzkiste zaubern.

Das Einfügen ist denkbar einfach:

- Öffne das Landschaftsbild in Photoshop.
- Öffne das Sternenbild in Photoshop.
- Ziehe das Sternenbild als neue Ebene in das Landschaftsbild.
- Stelle den Ebenenmodus der Sternenebene auf „Negativ multipizieren".
- Lege eine neue Einstellungsebene „Tonwertkorrektur" mit Schnittmaske auf die Sternenebene und ziehe die Lichter etwas nach oben.

Das Ganze funktioniert übrigens auch mit sogenannten Startrails, also mit Lichtspuren von Sternen.

Diesen Sternenhimmel habe ich mir ausgesucht.

Links im Bild sieht man die frisch hinzugefügten Sterne.

BEVOR DU LOSLEGST

Bei der Anfertigung, Veröffentlichung und ggf. Vermarktung deiner Bilder gibt es einiges zu beachten, damit dein Hobby sowohl für die Natur als auch für dich keine negativen Auswirkungen hat. Über ein paar grundlegende Dinge, die du berücksichtigen solltest, möchte ich in diesem Kapitel sprechen.

Umgang mit der Natur

Leider gibt es immer noch eine Menge Fotografen, die ihr Bedürfnis nach dem ultimativen Bild über das Wohl von Tieren und Pflanzen stellen. Da wird der Schmetterling mit Eisspray traktiert, über Blumenwiesen getrampelt oder das brütende Vogelpaar aufgeschreckt.

Eine Bitte: Sei anders!

Wenn du im Herzen ein aufrichtiger und verantwortungsbewusster Naturfotograf bist, dann wirst du die Natur mit all ihren wundervollen Lebewesen achten und schützen wollen. Bleibe in Naturschutzgebieten auf den Wegen und hinterlasse stets so wenig Verwüstung wie möglich. Dies gilt natürlich auch für jeden anderen Wald- oder Feldweg. Jeder Schritt, den wir in der Natur tun, hinterlässt eine Spur. Da reicht oft schon der menschliche Geruch, um das Wild zu vertreiben. Aber nicht nur Tiere verdienen deinen Respekt: Es gibt eine Vielzahl geschützter Pflanzen, mit denen du sorgsam umgehen solltest. Gerade die seltenen Mager- und Orchideenwiesen erleiden derzeit einen wahren Fototourismus. Dabei weiß nicht jeder die seltenen Schönheiten zu schätzen. Für Fotografen, die rücksichtslos eine Isomatte über die zarten Pflänzchen rollen, um zeckenfrei an das perfekte Bild zu kommen, habe ich leider kein Verständnis.

Diese Regeln solltest du unbedingt beachten

- Achte darauf, Vögel und Wild nicht an ihren Brut-, Nahrungs- und Ruheplätzen zu stören.
- Bleibe in Naturschutzgebieten auf dem Weg und laufe nicht querfeldein.
- Betritt Natur- und Vogelschutzgebiete nur unter sachkundiger Führung oder mit Erlaubnis.
- Hast du ein Gebiet mit einer seltenen Tier- oder Pflanzenart entdeckt, dann posaune es nicht heraus, um Fototourismus zu vermeiden.
- Verhalte dich stets unauffällig und ruhig.
- Quäle und töte keine Insekten mit Eisspray, um ein perfektes Bild zu bekommen.
- Hinterlasse keinen Müll.

Der Wert deines Bildes

Dank der vielen Online-Communitys finden täglich Abermillionen neue Bilder den Weg in soziale Netzwerke. Wem schmeichelt es da nicht, wenn plötzlich zum Frühstück eine Bildanfrage ins Haus flattert? Doch Vorsicht: Auch als Hobbyfotograf solltest du deine Fotografien niemals und niemandem kostenlos zur Verfügung stellen.

Unseriöse Firmen sind meist an der kommerziellen Verwertung deiner Fotografien interessiert und locken nur zu gerne mit der Aussage, dass eine Veröffentlichung für dich doch sehr werbewirksam sei. Ganz schlaue Vertreter möchten dich sogar kostenlos für Auftragsarbeiten buchen. Sie erzählen dir das alte Märchen, dass du dank dieser unglaublich wertvollen Arbeiten dein Portfolio sowie deine Referenzen aufwerten kannst. Mit der Aussicht auf gut vergütete Folgeaufträge versuchen sie dich zu ködern. Auch die übliche Aussage, dass bei der Veröffentlichung dein Name genannt wird, sollte kein Lockmittel sein – denn das ist eine Selbstverständlichkeit!

Mach dir bewusst, dass jede Fotografie, die angefragt wird, für dein Gegenüber einen Wert hat. Natürlich kommt es vor, dass Interessenten abspringen oder ein anderer Fotograf sein Bild kostenlos zur Verfügung stellt. Aber mal ehrlich: Was hast du davon, wenn irgendwo im Bildnachweis auf der letzten Seite dein Name in winziger Schrift geschrieben steht?

Zudem hast du sicher eine Menge Geld in deine Ausrüstung und noch viel mehr Zeit in dein Hobby investiert. Da ist es nur gerecht, wenn du für all deine Mühen entlohnt wirst. Wenn du dir bezüglich der Preisgestaltung deiner Arbeiten unsicher bist, informiere dich. Auch ich habe nicht alle Preise im Kopf und mir deshalb die Tabelle „Bildhonorare" der Mittelstandsgemeinschaft Foto-Marketing zugelegt. In dieser Broschüre findest du für alle erdenklichen Lizenzen die gängigen Honorare. Die Preisempfehlungen sind aufgegliedert nach Verwendungszweck, Auflage und Lizenzdauer. Bestellen kannst du diese praktische Broschüre bei Interesse unter https://bvpa.org/mfm/.

Abgesehen davon haben unseriöse Anfragen nur in dem Maße Erfolg, wie Fotografen es zulassen. Langfristig führt das zu absoluten Dumpingpreisen auf dem Bildermarkt, wie sie heute teilweise schon vertreten sind. Viele Fotografen und auch andere Künstler können deshalb nicht mehr von ihrer Arbeit leben. Also sei stolz auf deine wunderschönen Bilder, stehe zu ihrem Wert und trage so deinen Teil dazu bei, dass alle Fotografen wieder eine angemessene Wertschätzung erfahren.

Die Rechte anderer

Auch wenn du als Naturfotograf wahrscheinlich wenig an Menschen oder ihren Behausungen auf deinen Bildern interessiert bist, möchte ich das Thema kurz ansprechen. In Zeiten, in denen jeder auf das Recht am eigenen Bild pocht, ist Vorsicht geboten. Achte insbesondere darauf, dass keine Menschen auf deinen Bildern erkennbar sind, deren Einverständnis du nicht hast. Dies gilt auch, wenn das Gesicht nicht erkennbar ist. Personen sind – laut verschiedener

Gerichtsurteile – auch durch ihre Körperhaltung, ihren Gang, Frisuren, Kleidung und sogar von hinten zu identifizieren.

Gerade wenn du ein Teleobjektiv auf der Kamera hast, fühlen sich jede Menge Leute ungefragt abgelichtet, auch wenn dem gar nicht so ist. Unzählige Male habe ich Spaziergängern schon meine Aufnahmen vor Ort gezeigt, um sie zu beruhigen. Aufgrund der immer enger werdenden Vernetzung bleibt im Internet zudem nichts unentdeckt. Ein falsches Bild, das in die Online-Community hochgeladen wird, kann schnell kostspielig werden. Sollten sich ungeplant oder ungewollt doch einmal Personen in deinem Motiv wiederfinden, dann zeige ihnen das Bild und frage um Erlaubnis. Auf Nummer sicher gehst du mit einem schriftlichen Einverständnis.

Das Gleiche gilt für das Betreten und Ablichten von Privat- oder Firmengrundstücken. Die Panoramafreiheit erlaubt es dir zwar, vom Weg aus zu fotografieren, aber wehe du betrittst ein Gelände, um das dort umtriebige Spechtpaar zu erwischen. Wenn die Location auf dem Foto eindeutig erkennbar ist, kann es schon mal eng werden. Halte dich an Regeln, um unnötigem Ärger aus dem Weg zu gehen. Und Achtung: Privatgrundstücke finden sich auch mitten im Wald! Informiere dich also vorher so gut wie möglich über die Locations auf deiner geplanten Fototour.

DIE PANORAMAFREIHEIT

Die Panoramafreiheit, auch Straßenbildfreiheit genannt, erlaubt es Fotografen, ausgewählte Motive wie Gebäude oder Kunstobjekte abzulichten, zu vervielfältigen und kommerziell zu verwerten. Dafür müssen folgende Voraussetzungen erfüllt sein:

- Der Standort, von dem aus die Aufnahme erfolgt, muss öffentlich und ohne Hilfsmittel zugänglich sein.
- Alle Kunstwerke und Gebäude dürfen nur von außen fotografiert werden.
- Nur Kunstwerke, welche dauerhaft an besagtem Standort bleiben, fallen unter die Panoramafreiheit.

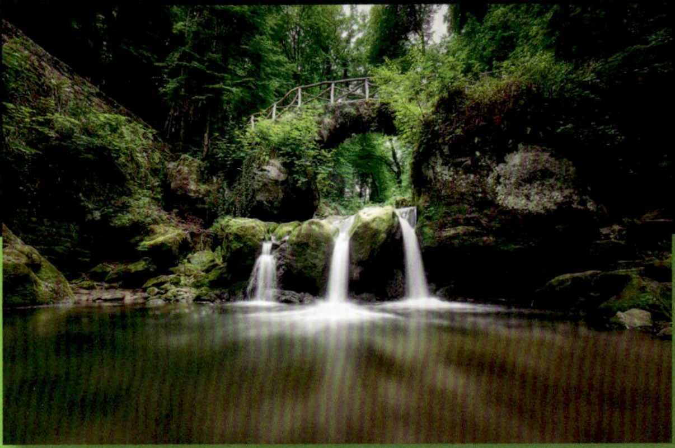

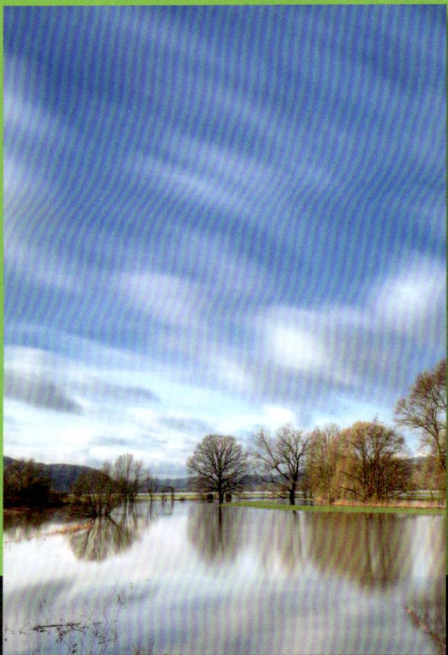

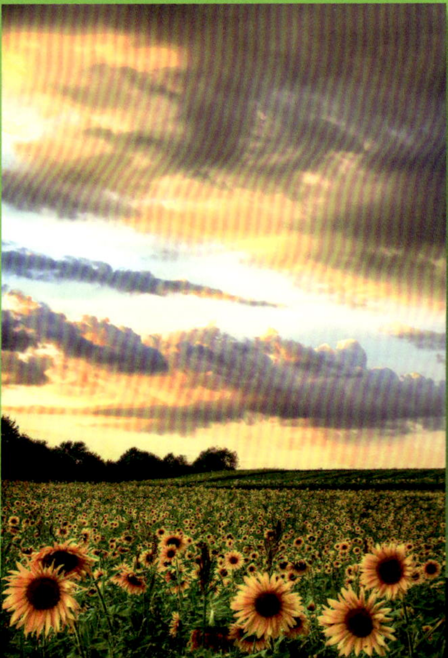

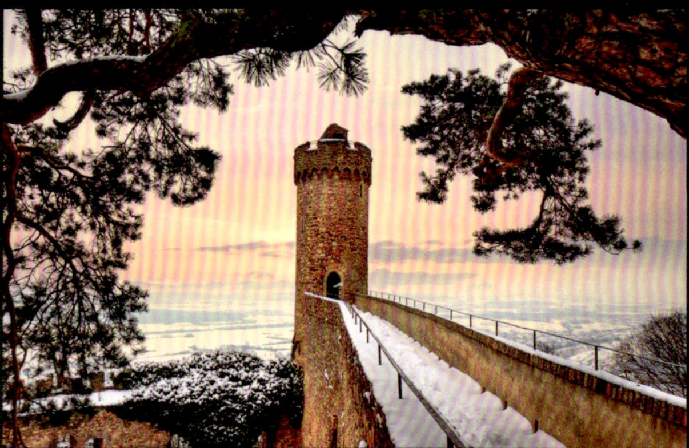

KREATIVE LANDSCHAFTEN

Wald und Wiesen findest du nahezu überall, auch in deiner unmittelbaren Nähe. Sie sind dankbare Motive, die du mit ein wenig außergewöhnlichem Licht oder einer interessanten Perspektive spannend in Szene setzen kannst. Dazu ist nicht unbedingt eitel Sonnenschein nötig. Auch bei Regen, Sturm und Nebel lassen sich beeindruckende Bilder einfangen. Dramatische Wolkengebilde am Himmel oder eine überschwemmte Frühlingswiese sind einzigartige Motive, die den Betrachter fesseln.

Zubehör

Für einen möglichst großen Ausschnitt der Landschaft greifst du am besten zu einem Weitwinkel- oder Superweitwinkelobjektiv. Je kleiner du die Brennweite wählst, desto größer wird der Bildausschnitt. Durchgehende Schärfe wird durch hohe Blendenzahlen zwischen f/8 und f/16 erreicht. Ein sehr lichtstarkes Objektiv ist deshalb für die Landschaftsfotografie nicht zwingend notwendig.

Für etwas mehr Flexibilität bei der Reisefotografie empfehle ich einen Standardzoom von 24–70 mm. Damit bist du für die meisten Motive wie Landschaften, Portraitaufnahmen oder Stadtszenen gut gerüstet. Wenn du Landschaften gerne verdichtest und kompakt darstellst, wirst du mit einem 70–200 mm Teleobjektiv glücklich werden. Dies wird immer dann der Fall sein, wenn du die Insel vor dir, den entfernten Leuchtturm oder die Burg auf dem gegenüberliegenden Berg besonders herausstellen möchtest.

Das Stativ ist dein vielleicht wichtigstes Werkzeug. Abgesehen davon, dass es verwacklungsfreie Aufnahmen ermöglicht, sorgt es auch dafür, dass deine Hände frei sind. So kannst du in aller Ruhe die Kamera ausrichten und dich um die Bildkomposition kümmern. Es erlaubt außerdem das Abschalten des Autofokus, nachdem du den Schärfepunkt gesetzt hast. Das ist besonders hilfreich, wenn du mit Filtern arbeitest oder Belichtungsreihen anfertigen möchtest.

Gerade beim Hantieren mit sehr dunklen ND-Filtern ist das Festlegen von Bildausschnitt und Schärfepunkt nicht mehr möglich, wenn der Filter erst einmal vor das Objektiv geschraubt wurde. Da ist es von großem Vorteil, wenn du bereits vorab alles eingestellt hast und nur noch auslösen musst.

Was alles in deinen Fotorucksack gehört

- Kamera
- Stativ
- Fernauslöser
- Wasserwaage oder Nivellierbasis
- ND-Filter in verschiedenen Stärken
- Grauverlaufsfilter in verschiedenen Stärken
- Polfilter

Kameraeinstellungen und Bildaufbau

Schärfentiefe

Als Schärfentiefe wird der Bereich eines Bildes bezeichnet, der auf den Betrachter scharf wirkt. Sie ist besonders in der Landschaftsfotografie von Bedeutung und ein wichtiges Gestaltungsmittel.

Wie scharf ein Bild wird, ist von drei Parametern abhängig: Blende (siehe Seite 32), Brennweite und Entfernung der Kamera zum Motiv. Die Schärfentiefe beschreibt den Bereich, der vor und hinter dem eigentlichen Fokuspunkt noch immer scharf abgelichtet wird.

Je geringer die Brennweite ist, desto größer ist die Schärfentiefe, je größer die Brennweite ist, desto geringer ist sie. Die maximale Schärfentiefe, die erreicht werden kann, ist von Objektiv zu Objektiv unterschiedlich. Bei allen gleich ist aber der Umstand, dass sich die Schärfentiefe reduziert, je näher man an den eigentlichen Fokuspunkt herangeht.

FAUSTREGEL FÜR DIE SCHÄRFENTIEFE

Die Schärfentiefe liegt bei kurzen Brennweiten etwa zu einem Drittel vor und zu zwei Dritteln hinter dem Fokuspunkt. Bei langen Brennweiten liegt sie ungefähr zur Hälfte davor und zur Hälfte dahinter.

Wer es ganz genau wissen will, muss sich mit der Berechnung der hyperfokalen Distanz befassen. Als hyperfokale Distanz bezeichnet man die Entfernungseinstellung, die am Objektiv vorzunehmen ist, um eine maximale Schärfentiefe vom fokussierten Objekt bis ins Unendliche zu erzielen.

Da die Fokusdistanz für jede Brennweiten-Blenden-Kombination eine andere ist, ist sie leider keine feste Größe, sondern muss für unterschiedliche Szenarien umständlich berechnet werden. Obwohl es mittlerweile sehr gute Apps (z. B. HyperFocal Pro für Android oder FocusFinder für IOS) gibt, welche die nötigen Werte auf Knopfdruck ausspucken, ist die genaue Berechnung meiner Meinung nach eher etwas für absolute Experten auf dem Gebiet. Ich bevorzuge hingegen leichte Kost und halte mich deshalb lieber an folgende Faustregel:

FAUSTREGEL HYPERFOKALE DISTANZ

Die Brennweite des Objektivs geteilt durch zehn entspricht der Entfernung in Metern. Der Schärfebereich beginnt bei der halben Fokusdistanz.

Beispiel:
Brennweite 30 mm : 10 = Entfernung 3 Meter
Entfernung 3 Meter : 0,5 = 1,5 Meter

Das Bild ist ab einer Entfernung von 1,5 Metern scharf und reicht bis ins Unendliche.

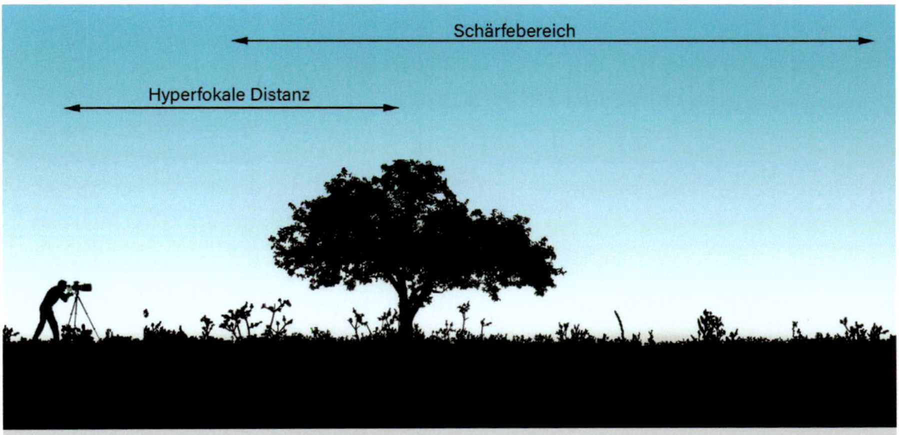

Die hyperfokale Distanz

Autofokus

Bei Landschaften handelt es sich um unbewegte Motive. Der Autofokus wird deshalb auf AF One Shot (AF-S) gestellt. Mit dieser Einstellung fokussiert die Kamera genau einmal.

Möchtest du Belichtungsreihen anfertigen (siehe Abschnitt „Exposure-Bracketing"), ist es sinnvoll, den Autofokus abzuschalten, nachdem du einmal den Schärfepunkt festgelegt hast. So wird verhindert, dass sich die Kamera bei den Folgeaufnahmen einen neuen Fokuspunkt sucht. Nur so entstehen zu 100 Prozent deckungsgleiche Fotografien, die du zum Beispiel zur Erstellung von HDR-Bildern brauchst – das sind Fotos mit extrahohem Kontrast.

Belichtungsmessung

Im Normalfall liefert die Matrix- oder auch Mehrfeldmessung bei Landschaftsaufnahmen die besten Ergebnisse. Bei dieser Messung wird das Bild in verschiedene Zonen aufgeteilt, von denen jede einzeln ausgewertet wird. Aus den Messwerten aller Zonen ermittelt die Kamera dann den richtigen Belichtungswert.

Legst du besonderes Augenmerk auf ein Objekt in der Bildmitte, kommt für dich auch die sogenannte „mittenbetonte Integralmessung" infrage. Mithilfe dieser Methode ermittelt die Kamera die Helligkeit über das gesamte Bild hinweg, gewichtet aber die Mitte des Motivs stärker als den Rest. Manchmal kommt auch die sogenannte Spotmessung zum Einsatz, bei der nur ein sehr kleiner Teil des Bildes ausgemessen wird. Wenn du z. B. nachts eine beleuchtete Burg auf einem dunklen Berg fotografieren möchtest, dann richtest du den Bereich der Spotmessung auf die Burg. Diese wird dann richtig belichtet und das Umfeld wird außer Acht gelassen.

Exposure-Bracketing

Als Exposure-Bracketing bezeichnet man das Anfertigen von Belichtungsreihen. Sie werden immer dort eingesetzt, wo der Dynamikumfang bzw. Kontrast eines Bildes so hoch ist, dass mit einer einzelnen Belichtung kein korrekt belichtetes Bild zu erwarten ist. Diese Funktion ist nahezu bei jeder Kamera zu finden.

Man lichtet das gleiche Motiv mehrmals hintereinander mit unterschiedlichen Belichtungseinstellungen ab. Um in den Genuss des vollen Dynamikumfangs zu kommen, werden die Einzelaufnahmen später in einer HDR-Software oder einem Bildbearbeitungsprogramm miteinander verrechnet. Falls du deine Filter zu Hause vergessen hast, kannst du dir mit dieser Methode zudem aushelfen, wenn sich Himmel und Landschaft zu sehr in der Helligkeit unterscheiden.

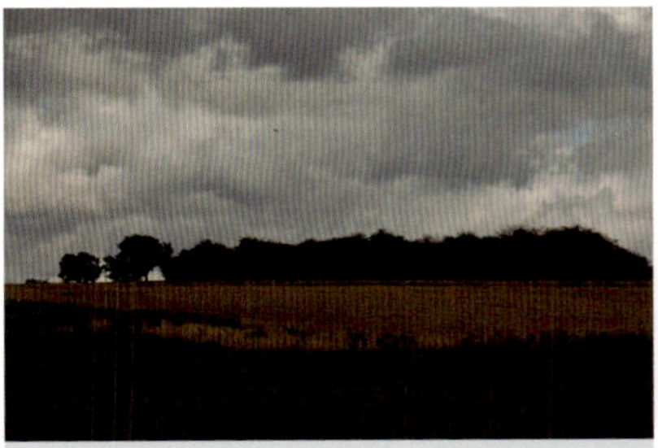

Das unterbelichtete Bild

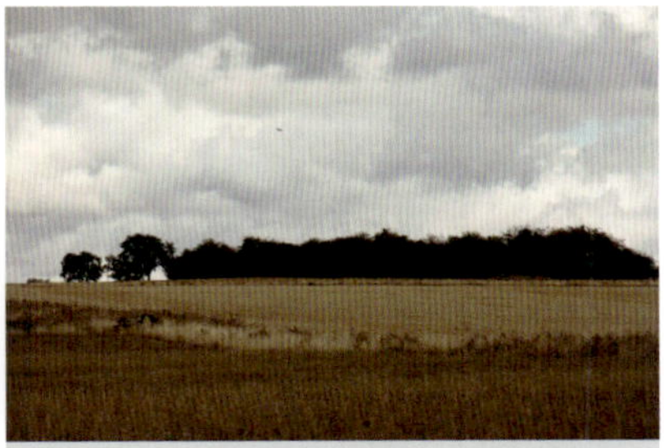

Eine normal belichtete Aufnahme

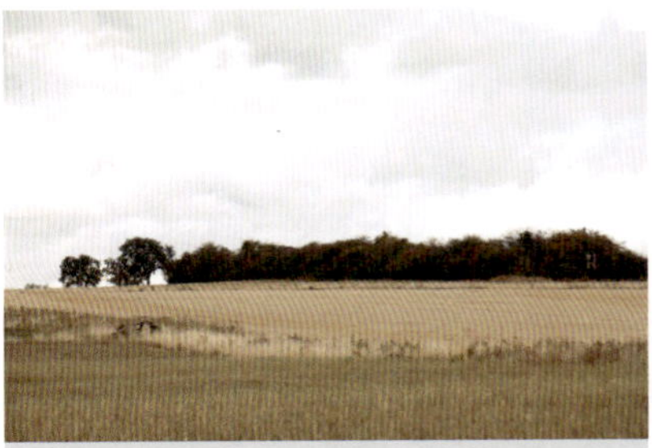

Eine überbelichtete Version

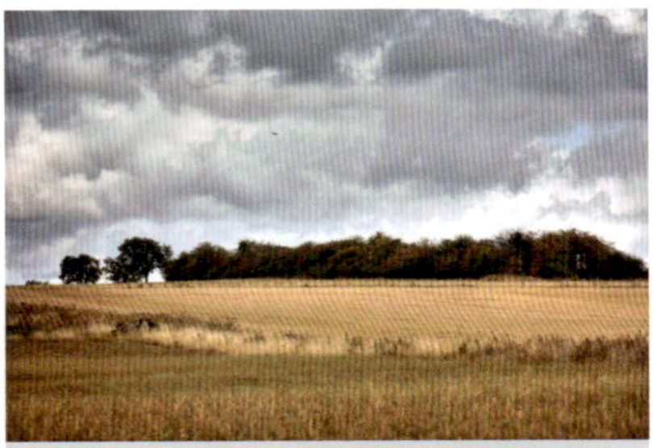

Die verrechnete HDR-Aufnahme

Das Bildformat

Erlaubt ist, was gefällt. Am häufigsten wird in der Landschaftsfotografie vom Querformat Gebrauch gemacht. Es kommt unseren Sehgewohnheiten am nächsten und strahlt Ruhe und Sicherheit aus. Während hier die horizontalen Linien betont werden, lebt das Hochformat eher von senkrechten Linien. Es bietet andere Möglichkeiten der Bildaufteilung und wirkt dadurch dynamischer und lebendiger. Aus diesem Grund ist das Hochformat insbesondere in der Werbung und auch in der Foodfotografie vorherrschend.

Landschaften lassen sich gut in verschiedene Bildkomponenten aufteilen: zum Beispiel in Boden, Berge und Himmel. Da im Hochformat nach oben hin deutlich mehr Luft ist, lassen sich einzelne Bildteile anders gewichten. Ist der Himmel atemberaubend schön, dann gib ihm zwei Drittel des Bildes. Stehst du vor einem idyllischen See, wirkt das Foto eventuell mit einem großen Wasseranteil schöner. Mehr zum Thema Bildgestaltung findest du im Kapitel „Der Bildaufbau“.

Natürlich ist eine spannende Bildkomposition auch im Querformat umsetzbar, aber vielleicht nicht mit der gleichen Dramatik. Wenn du dir einmal nicht ganz sicher bist, dann hat deine Speicherkarte mit Sicherheit für beide Formate ein Plätzchen frei. Je nach gewünschter Bildwirkung kannst du also mit dem Format spielen und verschiedene Bildkompositionen ausprobieren. Die unterschiedliche Wirkung desselben Motivs im Hoch- und Querformat möchte ich dir anhand eines Beispiels zeigen.

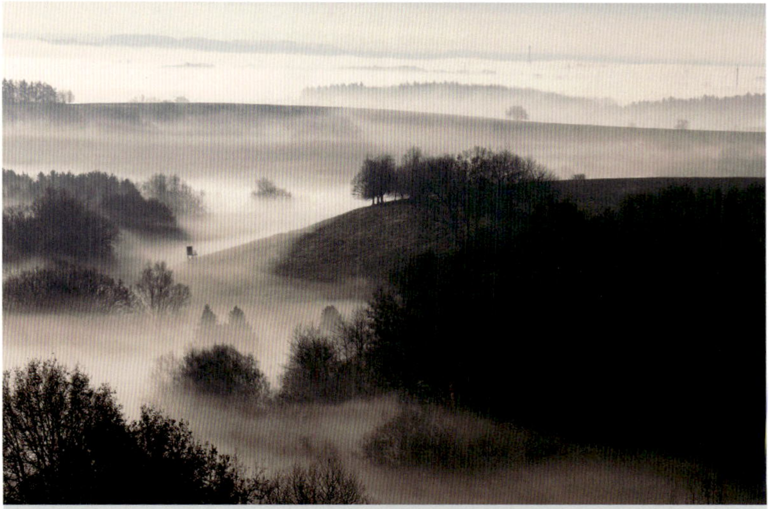

Durch das Querformat wirkt die Landschaft insgesamt ruhig und friedlich.

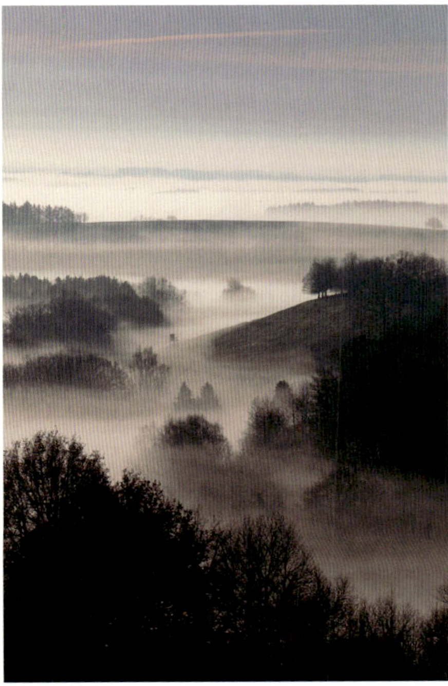

Durch den großen Anteil des Himmels im Hochformat wirkt das Motiv offener und macht den Betrachter neugierig.

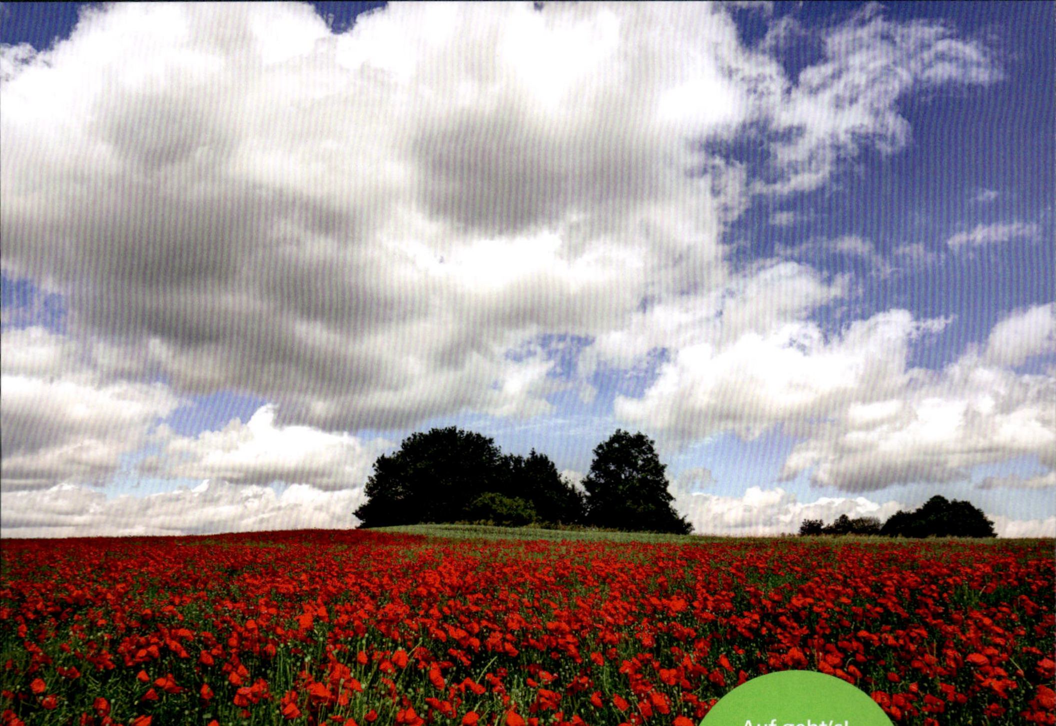

Auf geht's!
Lasst uns
zusammen schöne
Landschaftsbilder
machen!

WORKSHOP LANDSCHAFTEN

Sonnenaufgang in der Heide

PACKLISTE

- Kamera
- Superweitwinkelobjektiv oder Fisheye
- Grauverlaufsfilter ND 0.6 oder 0.9
- Stativ
- Fernauslöser

Zum Bild

Wenn die Sonne hinter den Baumwipfeln erscheint, taucht sie die Landschaft in ein besonders zauberhaftes Licht. Das intensive Orange der ersten Sonnenstrahlen bringt den Himmel zum Leuchten und dein Bild zum Strahlen.

Umsetzung

Suche dir einen frei stehenden Baum, der auf einer kleinen Erhebung steht. Die umliegenden Bäume im Hintergrund erscheinen dadurch unwichtiger und der Blick wird noch mehr auf das Hauptmotiv gelenkt. Positioniere deine Kamera auf dem Stativ, schraube den Verlaufsfilter auf und lege deinen Bildausschnitt fest. Nun wartest du, bis die Sonne hinter dem Baum erscheint. Um den Sonnenstrahlen einen leichten Sterneffekt zu geben, fotografierst du mit Blende f/16 oder höher. Je mehr du abblendest, desto ausgeprägter fällt der Sterneffekt aus. Ideal für einen glasklaren Stern sind Blendenstufen ab f/20. Bei sehr hohen Blendenwerten musst du allerdings Beugungsunschärfen in Kauf nehmen.

BEUGUNGSUNSCHÄRFE

Die Beugungsunschärfe ist ein optischer Effekt, der dafür sorgt, dass ein Bild, je stärker die Blende geschlossen wird, ab einem bestimmten Punkt wieder unschärfer wird. Das liegt daran, dass die Blendenöffnung immer kleiner wird, je mehr die Blende geschlossen wird. Die Lichtstrahlen werden gebeugt und erreichen den Sensor dadurch nicht mehr punkt- sondern kegelförmig.

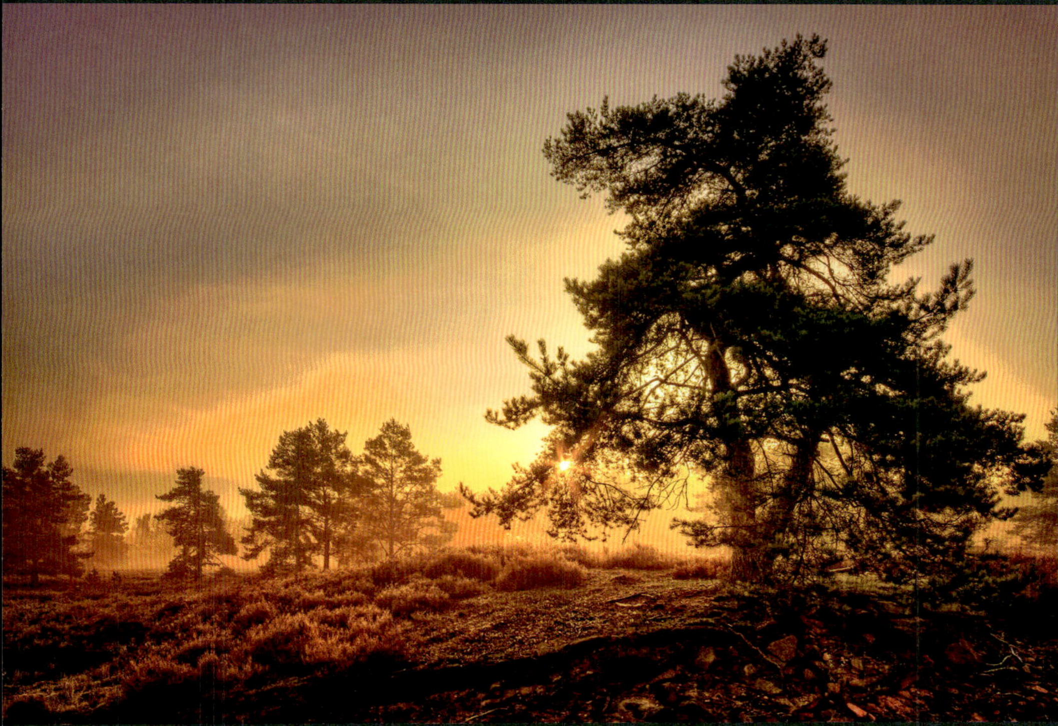

Sonnenaufgang in der Heide
Canon EOS 7D Mark II | 12 mm | ISO 100 | f/16 | 1/30 s

Der Weg im Maisfeld

PACKLISTE

- Kamera
- Telezoom 70–200 mm

Zum Bild

Eigentlich sind Maisfelder eher unspektakuläre Angelegenheiten. Diese Fotografie allerdings lebt von ihren satten Farben und den starken Farbkontrasten. Das perfekte Motiv für einen sonnigen Tag mit fast wolkenlosem Himmel. Grelles Sonnenlicht, welches man als Fotograf eigentlich lieber meidet, ist für die Dynamik dieser Aufnahme unerlässlich.

Umsetzung

Suche ein Maisfeld an einer Allee mit vielen Bäumen. Jetzt musst du eigentlich nur noch nach einem Baum Ausschau halten, der ziemlich mittig am Ende eines Feldweges steht. Lege dich bäuchlings auf den Boden und achte auf einen symmetrischen Bildaufbau.

Um das Motiv zu verdichten, fotografierst du mit einer langen Brennweite. Sie ist abhängig von der Entfernung, die du zum Baum einnimmst. In meinem Fall haben 70 mm Brennweite für einen guten Effekt ausgereicht. Bei strahlendem Sonnenschein sind die Belichtungszeiten so kurz, dass du Freihand fotografieren kannst. Falls vorhanden, schaltest du am besten den Bildstabilisator ein.

Nach der Entwicklung des Bildes habe ich den Vordergrund in Photoshop noch ein wenig weichgezeichnet.

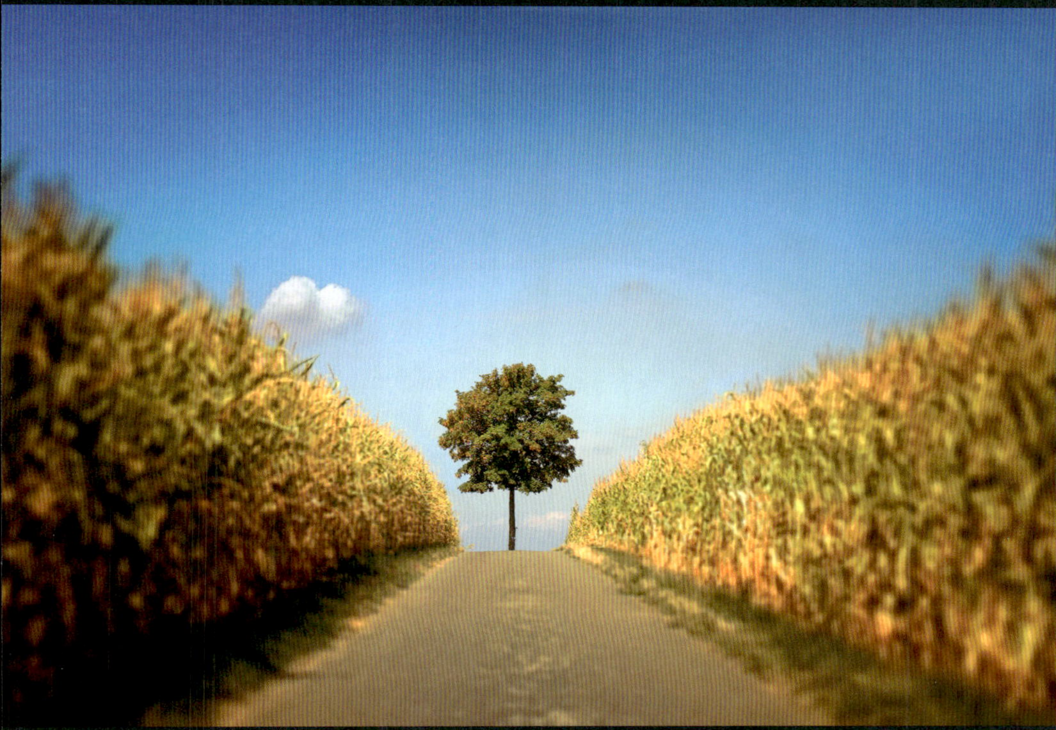

Der Weg ist das Ziel.
Canon EOS 5D Mark IV | 70 mm | ISO 100 | f/10 | 1/320 s

Hochwasser

PACKLISTE

- Kamera
- Telezoom 70–200 mm
- Grauverlaufsfilter ND 0.6 oder 0.9
- Stativ
- Fernauslöser

Zum Bild

Bilder von Hochwasser sind zwar nicht planbar, aber man kann die Gunst der Stunde durchaus nutzen. Wenn Bäume bis zu ihren Kronen im Wasser stehen, ergeben sich außergewöhnliche Motive. An sehr windigen Tagen erreichst du mit der Verwendung eines ND-Filters zudem einen schönen Wischeffekt der vorbeiziehenden Wolken.

Umsetzung

Informiere dich, wo sich in deinem Umfeld Feuchtwiesen befinden. Diese sind im Frühjahr oder Herbst durch die einsetzenden Regenfälle oft überflutet. Meistens findest du diese Auen neben Flüssen oder wilden Bächen.

Befestige deine Kamera im Hochformat auf dem Stativ. Um die Dynamik der Wolken zu unterstreichen, sollten diese den Hauptanteil des Bildes ausmachen. Für den Wischeffekt kommt ein ND-Filter der Stärke 0.6 oder 0.9 zum Einsatz (je nach Tageslicht und Windstärke).

Achte auf eine ansprechende Staffelung des Motivs: Wasser und Bäume ein Drittel, Himmel zwei Drittel. Um den Vordergrund etwas abwechslungsreicher zu gestalten, suche dir ein Objekt zum Auflockern. In diesem Bild übernehmen Gräser diese Aufgabe, es könnte aber auch ein Ast oder ein großer Stein sein.

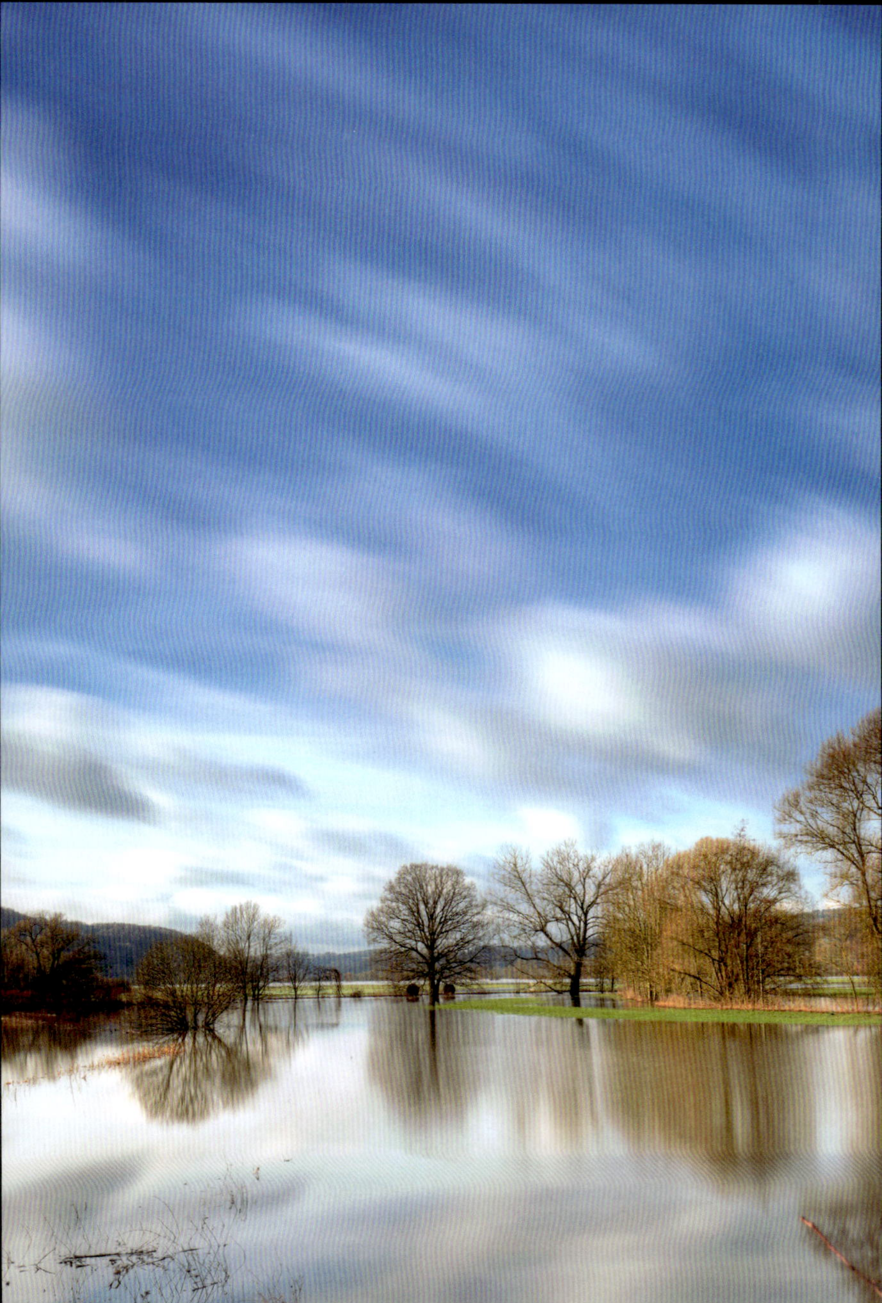

Land unter
Canon EOS 5D Mark IV | 70 mm | ISO 100 | f/10 | 1/320 s

Wasserfall

PACKLISTE

- Kamera
- Weitwinkelobjektiv
- Polfilter
- Stativ
- Fernauslöser
- Gummistiefel

Zum Bild

Wasserfälle begeistern selbst den größten Naturmuffel. Meistens sind sie von dichten Wäldern umgeben, sodass der Einsatz von ND-Filtern für eine Langzeitbelichtung vernachlässigt werden kann. Nach einem üppigen Regenguss sind Wasserfälle oft prall gefüllt und das Grün des Waldes erstrahlt in besonders schönen Nuancen.

Umsetzung

Ziehe Gummistiefel an und suche dir einen Standpunkt im Tümpel vor dem Wasserfall. Selten gelingen gute Aufnahmen vom Wegesrand aus. Wenn du beim Fotografieren im Wasser stehst, vermittelst du dem Betrachter später den Eindruck, mitten im Geschehen zu sein.

Fotografiere mit einer stark geschlossenen Blende (f/16 bis f/22), um die Belichtungszeit zu verlängern. Je länger du belichtest, desto weicher wird das fließende Wasser. Wie stark der Effekt ist, hängt unter anderem von der Fließgeschwindigkeit des Wassers ab. Der Einsatz eines Polfilters verlängert die Belichtungszeit zusätzlich. Diesen kannst du nach Belieben drehen, bis die gewünschte Wirkung eintritt.

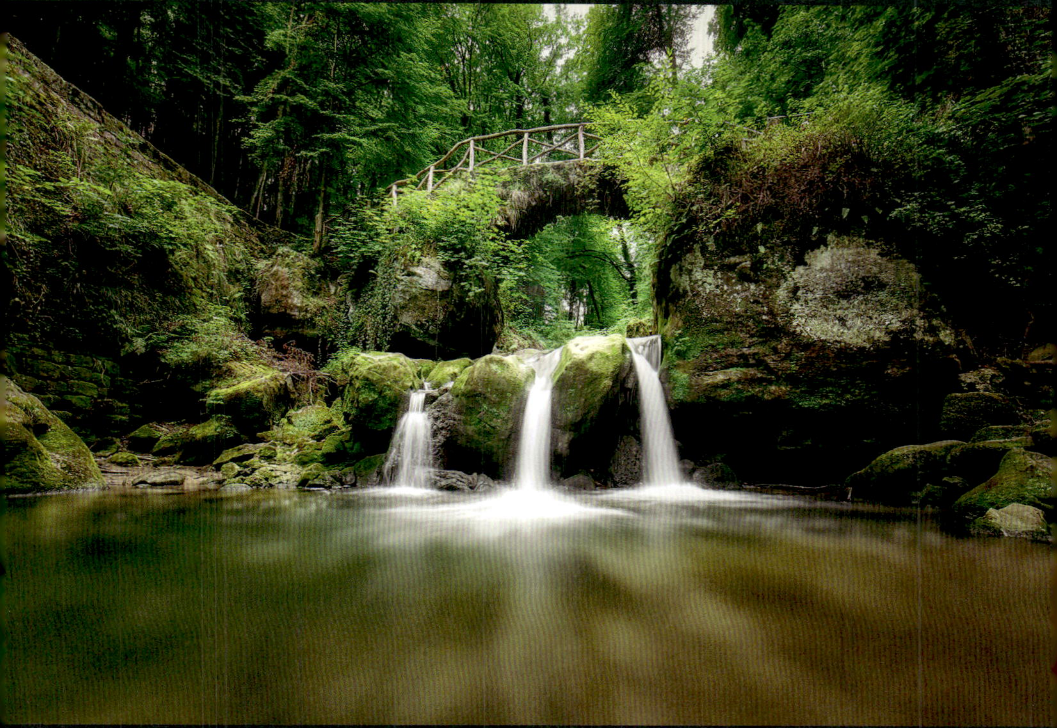

Der Schiessentümpel im Mullerthal
Canon EOS 5D Mark IV | 15 mm | ISO 100 | f/16 | 0,8 s

Nebel im Buchenwald

PACKLISTE

- Kamera
- Weitwinkelobjektiv
- Stativ
- Fernauslöser

Zum Bild

Neblige Wälder haben etwas Mystisches. Ein gelungenes Waldbild erfordert jedoch auch einen schönen Wald. Halte in deiner Umgebung Ausschau nach einem aufgeräumten Buchenwald mit einigermaßen altem Baumbestand. Besonders schön lassen sich hügelige Wälder in Szene setzen, deren Boden mit rot-orangenem Laub bedeckt ist.

Umsetzung

Da Nebel sehr viel Licht schluckt, muss die Kamera unbedingt auf einem Stativ aufgebaut werden. Suche dir in Ruhe einen markanten Baum im Vordergrund, auf den du den Fokus legen kannst. Für die Tiefenschärfe reicht eine Blende von f/8 bis f/11 aus. Wenn der Hintergrund etwas unscharf wird, kommt das der nebligen Stimmung höchstens entgegen.

Löse mit dem Fernauslöser aus, um Verwacklungen bei längeren Belichtungszeiten zu vermeiden. Achte darauf, dass keine inhaltslosen Bildelemente – wie zum Beispiel ein ausschließlich weißer Himmel – den Weg in dein Bild finden.

Für mehr Dynamik werden die Rottöne des Laubes bei der Bildentwicklung etwas angehoben und die Farbtemperatur in den blauen Bereich verschoben.

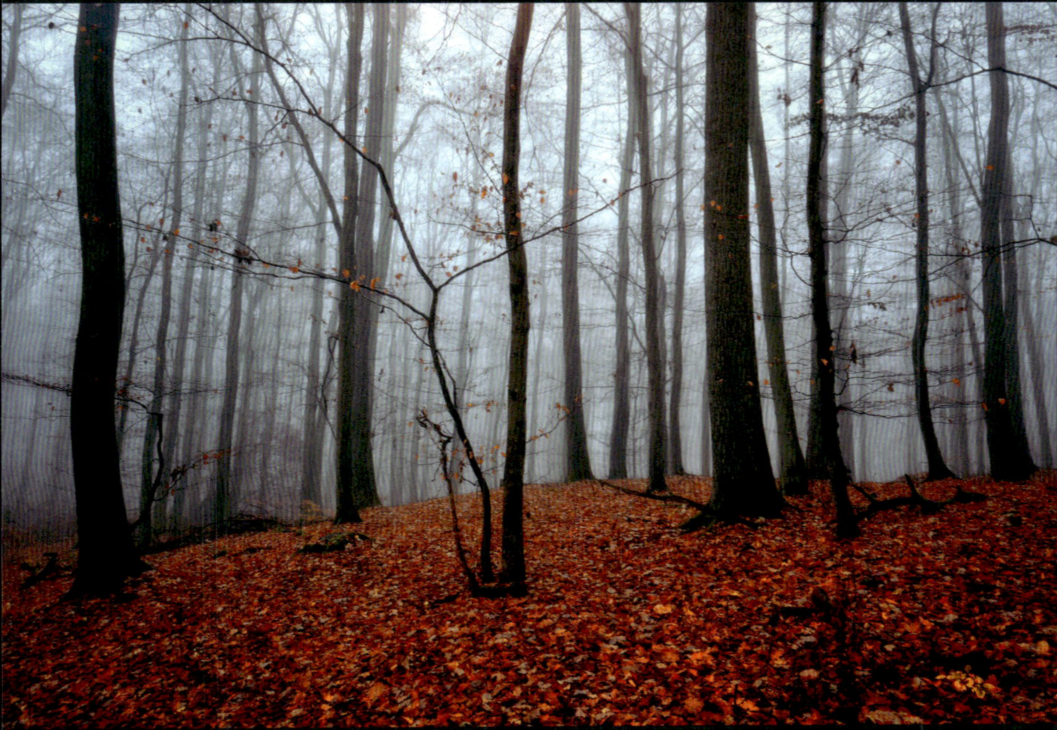

Geheimnisvoller Buchenwald
Canon EOS 5D Mark IV | 21 mm | ISO 100 | f/11 | 1/13 s

Rapsfeld

PACKLISTE

- Kamera
- Fisheye

Zum Bild

Dieses Bild entfaltet seine Wirkung durch die vorherrschenden Komplementärfarben Blau und Gelb. Es ist ein typisches Sommerbild, welches bei hochstehender Sonne ohne jeglichen Filter ausgekommen ist. Die ausgeprägte Wölbung, die dank dem Einsatz eines Fisheyeobjektivs entstand, verleiht der Landschaft eine besondere Dynamik.

Umsetzung

Ideal für diese Aufnahme ist ein sonniger und absolut windstiller Tag. Um die Mittagszeit, wenn die Sonne am höchsten steht, kannst du den maximalen Kontrast und das prächtigste Gelb mit deiner Kamera einfangen.

Suche ein Rapsfeld mit einem Eyecatcher. Das muss kein Baum sein; ein Hochsitz oder ein Gerätehaus würden hier genauso gut funktionieren.

Fotografiere mit geschlossener Blende (etwa f/11), um Vorder- und Hintergrund gleichmäßig scharf abzulichten. Fokussiere auf das erste Drittel des Bildes. Durch die kurze Verschlusszeit bei Sonnenschein kannst du ohne Stativ arbeiten. Achte bei Freihandaufnahmen darauf, dass du den Horizont trotz Wölbung gerade ausrichtest.

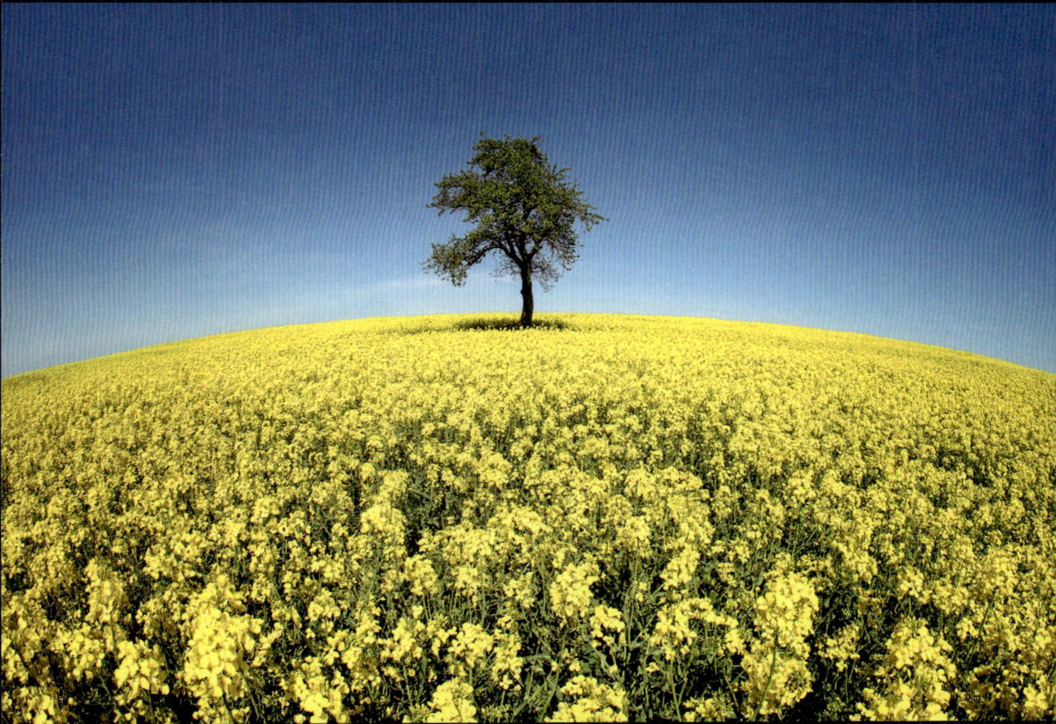

Sonnenuntergang im Sonnenblumenfeld

PACKLISTE

- Kamera
- Weitwinkelobjektiv
- Grauverlaufsfilter ND 0.6
- Stativ
- Fernauslöser
- Hocker

Zum Bild

Sonnenblumen so weit das Auge reicht. Diese Aufnahme entstand bei Sonnenuntergang, als die letzten Sonnenstrahlen ihren Weg durch die dichte Wolkendecke fanden. Dem Himmel habe ich bewusst viel Raum gegeben, um das Bild dynamischer wirken zu lassen.

Umsetzung

Achte bei der Planung unbedingt auf den Sonnenstand. Sonnenblumen richten ihren Kopf immer nach der Sonne aus. Mit dem falschen Standpunkt nimmst du lediglich die Rückseite der Sonnenblumenköpfe auf. Ideal ist es deshalb, wenn du die Sonne beim Fotografieren im Rücken hast.

Fixiere die Kamera hochkant auf einem Stativ und schraube für die Abdunklung des Himmels einen Grauverlaufsfilter auf das Objektiv. Richte die Kamera so aus, dass der Himmel zwei Drittel des Bildes füllt. Im Vordergrund machen sich zur Auflockerung ein paar aus der Menge ragende Sonnenblumen gut. Für die Perspektive kannst du auf einen kleinen Hocker steigen und die Mittelsäule deines Stativs ausfahren. Fotografiere leicht schräg nach unten in das Feld hinein.

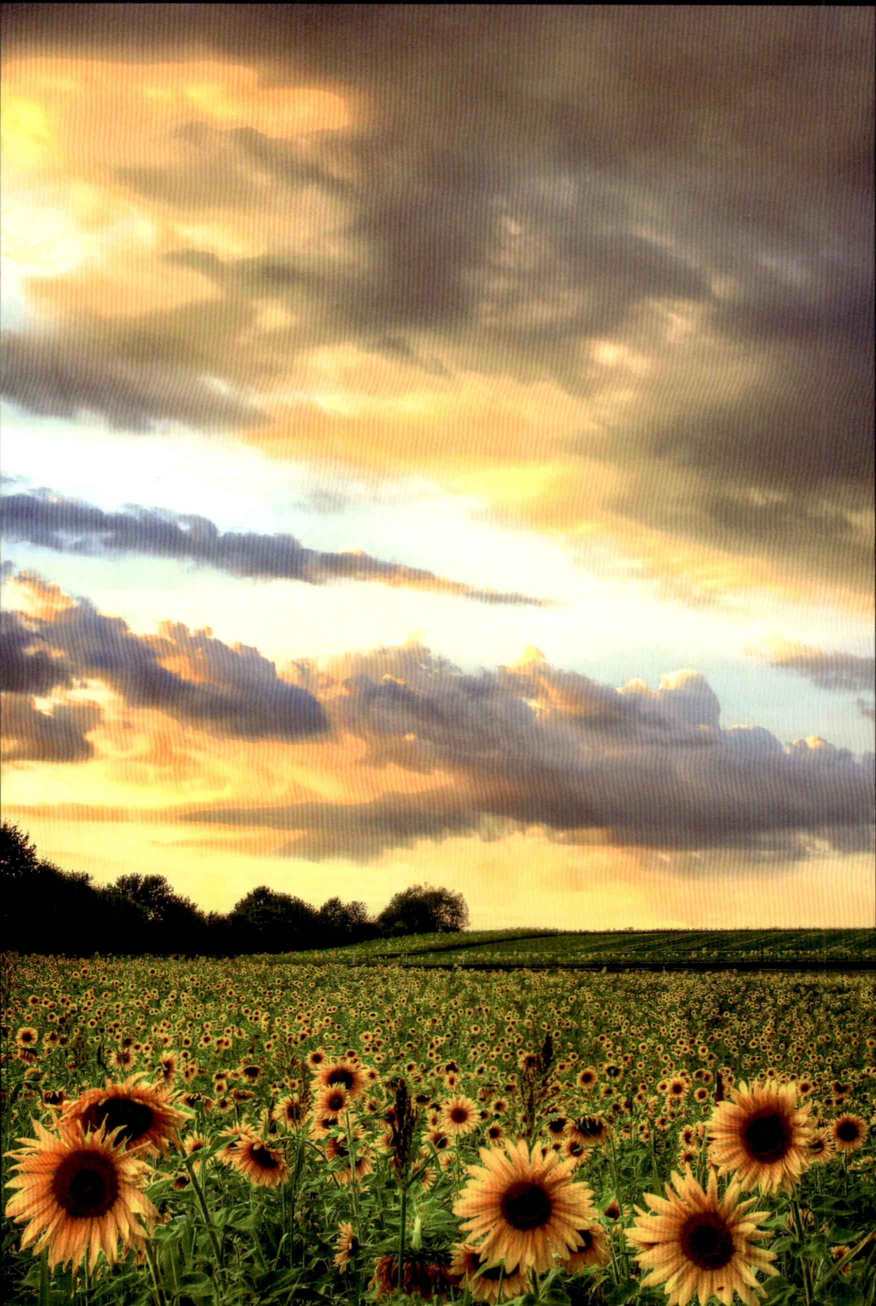

Sonnenblumenfeld mit Stimmung
Canon EOS 7D Mark II | 40 mm | ISO 250 | f/11 | 1/50 s

Nebel im Tal

PACKLISTE

- Kamera
- Telezoom 70–200 mm

Zum Bild

Das Bild entstand durch Zufall. Beim Spaziergang mit meinem Vierbeiner entdeckte ich gegen 10 Uhr morgens diese wundervollen Nebelschwaden im Tal vor mir. Ich hatte lediglich meine Kamera mit einem 70–200 mm Teleobjektiv dabei; das Stativ und meine Filter lagen derweil zu Hause im Regal. Das Ergebnis kann sich dennoch sehen lassen.

Umsetzung

Die beste Zeit, um solche Motive zu erhaschen, ist der Herbst, wenn sich der Nebel über die Täler legt. Der schwarz gefärbte Vordergrund und der durchgängige Grauton der Fotografie sind nicht das Ergebnis einer nachträglichen Bildbearbeitung. Dieser Effekt entsteht, wenn man gegen die Sonne – also in das Gegenlicht – fotografiert.

Um die Landschaft zu verdichten, wählst du eine möglichst lange Brennweite. Suche beim Bildaufbau einen markanten Punkt, der das Auge des Betrachters auf sich zieht. Im Beispielbild ist dies der Hochsitz. Die Spannung des Motivs lässt sich durch den geschwungenen Weg durch die Hügel noch etwas anheben.

Für eine durchgehende Schärfentiefe schließt du die Blende auf f/11. Dank des grellen Gegenlichtes war diese Aufnahme trotz geschlossener Blende und langer Brennweite mit einer kurzen Verschlusszeit von 1/1000 Sekunde realisierbar. Um Verwacklungen zu vermeiden, nutze unbedingt einen Bildstabilisator, falls vorhanden.

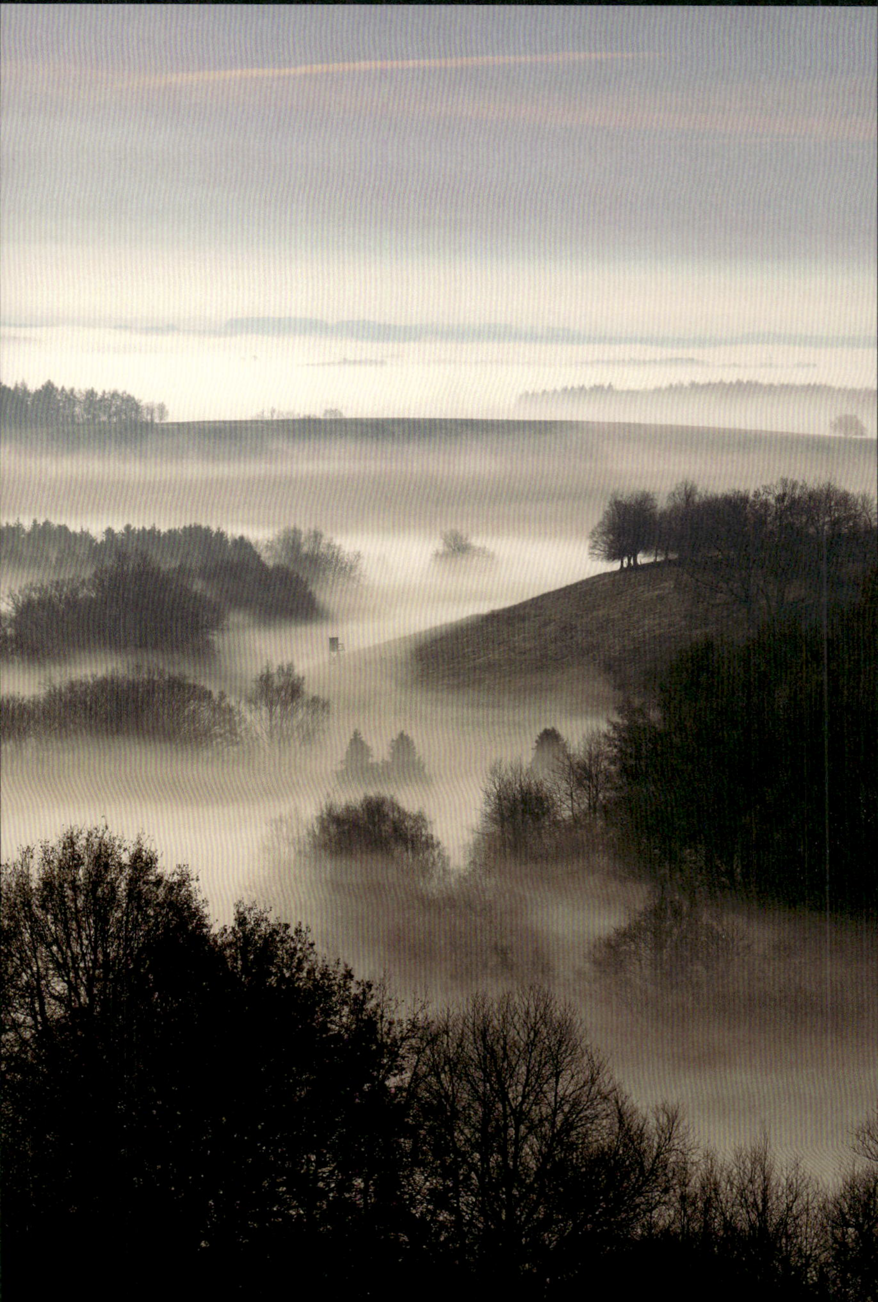

Nebel im Tal
Canon EOS 5D Mark IV | 200 mm | ISO 100 | f/11 | 1/1000 s

Natürlicher Rahmen

PACKLISTE

- Kamera
- Weitwinkelobjektiv
- Stativ
- Fernauslöser

Zum Bild

Burgen sind beliebte Motive, besonders wenn ihre Türme noch gut erhalten sind. Auf der Schildmauer des Auerbacher Schlosses wurzelt eine etwa 300-jährige Kiefer. Die Bildidee war, die Burg mithilfe der Äste des Baumes einzurahmen. Gleichzeitig wollte ich den Blick auf die Oberrheinische Tiefebene freigeben, ohne den Turm der Burg zu beschneiden, weshalb ich auf eine hohe Schärfentiefe geachtet habe.

Umsetzung

Um ein Motiv einzurahmen, suchst du dir am besten einen Baum mit langen Ästen im Vordergrund. Der Baum der Burg bot sich wegen des knorrigen Wuchses geradezu an. Der Himmel und der schneebedeckte Boden hatten die gleichen Helligkeitswerte, sodass ich ohne Verlaufsfilter arbeiten konnte.

Für den Blick ins Tal habe ich die Kamera etwa in Augenhöhe auf das Stativ gesetzt. Den Fokus legte ich auf die Burg und stellte die Blende auf f/14 ein. So war ich mir sicher, dass der Ast und auch die Burg scharf abgebildet werden.

Für einen intensiveren Himmel habe ich die Dynamik und Sättigung bei der Entwicklung in diesem Bereich nachträglich etwas angehoben.

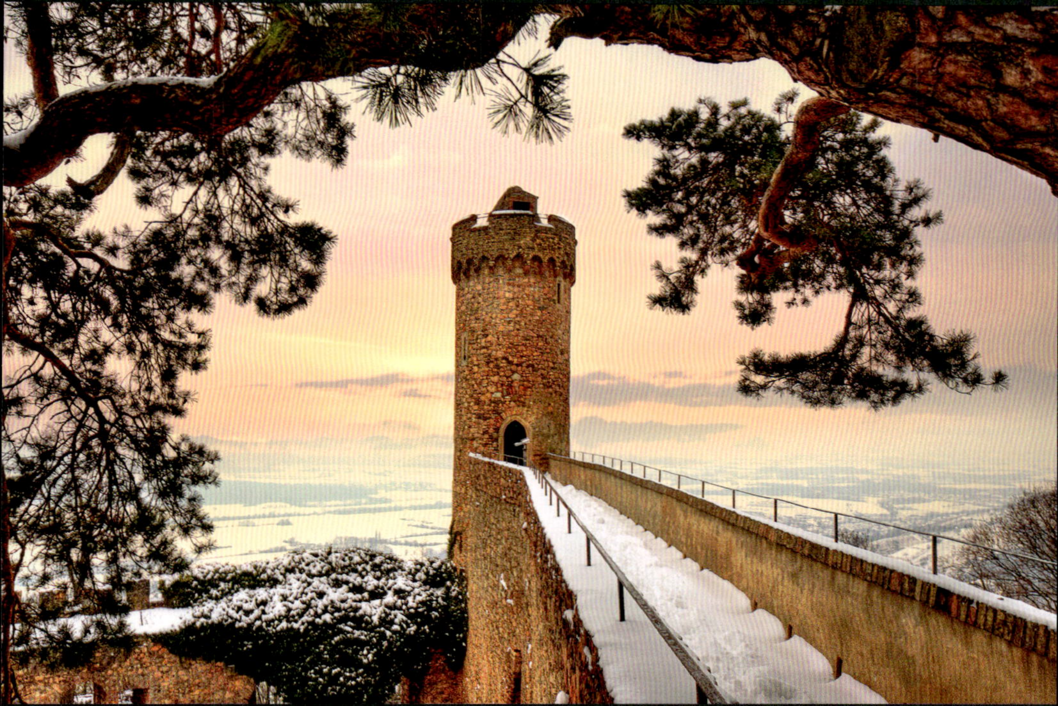

Schloss Auerbach mit natürlichem Rahmen
Canon EOS 50D | 15 mm | ISO 400 | f/14 | 1/99 s

Bienenweide

PACKLISTE

- Kamera
- Standardzoom 24–70 mm oder 50 mm Festbrennweite

Zum Bild

Dieses Bild war eher ein Zufallstreffer. Auf dem Weg in den Nachbarort fuhr ich an dieser wunderschönen Bienenweide vorbei. Das lilafarbene Blütenmeer der Rainfarn-Phazelie faszinierte mich so sehr, dass ich es in seiner ganzen Schönheit festhalten wollte. Mir schwebte ein sommerliches Bild mit intensiven Farben vor.

Umsetzung

Es ist bei so üppigen Wiesen nicht ganz einfach, einen zufriedenstellenden Standort zu finden. Achte bei der Auswahl des Bildausschnitts darauf, dass die Wiese im Vordergrund keine Blütenlücken hat. Um die Pracht einer Blumenwiese zu betonen, sollten im restlichen Bild nicht allzu viele unterschiedliche Farben vorkommen. Sie würden unnötig vom eigentlichen Motiv ablenken. Sorge außerdem für Auflockerung durch ein paar wenige Bäume oder Büsche, sonst wirkt das Motiv schnell langweilig.

Wiesen sind zur Mittagszeit am schönsten, wenn die Blüten der Blumen voll geöffnet sind. Bei Sonnenschein sind zudem Bilder mit einer geschlossenen Blende von f/10 oder mehr auch gut Freihand zu realisieren. Bei der Entwicklung der RAW-Datei habe ich die Sättigung aller Farben deutlich angehoben, um dem Ergebnis noch mehr Wirkung zu verleihen.

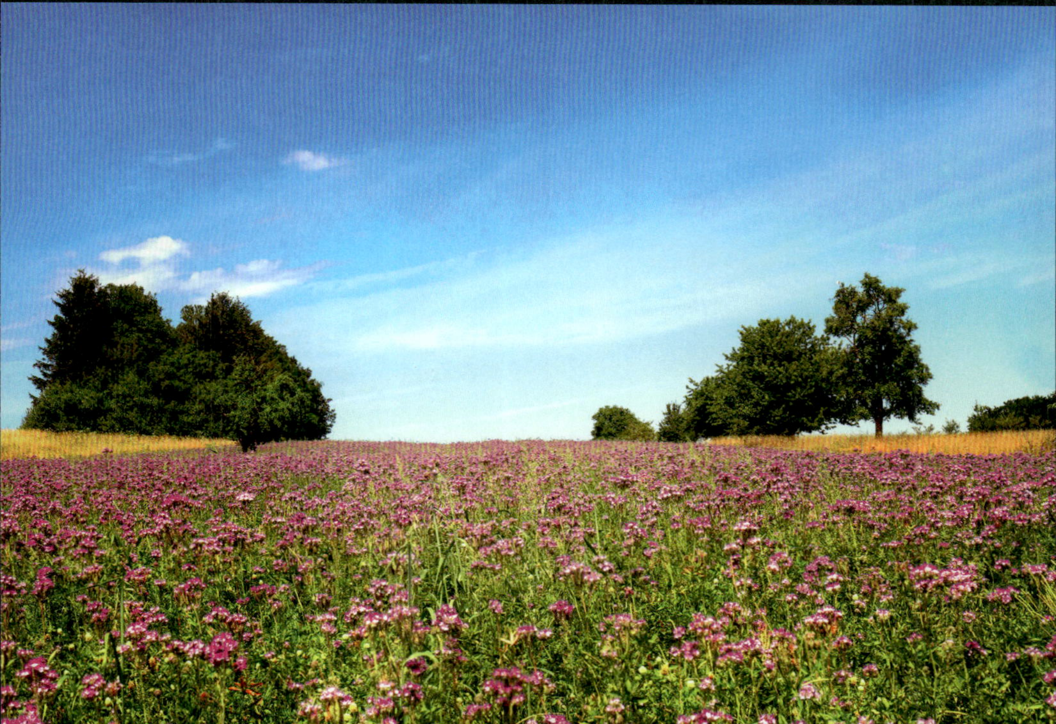

Symmetrie im Bärlauchwald

PACKLISTE

- Kamera
- Weitwinkelobjektiv
- Polfilter
- Stativ
- Fernauslöser

Zum Bild

Für dieses Bild erkundete ich zur Bärlauchblüte einen mir unbekannten Wald. Das vorgefundene Rinnsal wollte ich zentral ins Bild setzen und durch die mit Bärlauch bewachsenen Hügel einrahmen. Im Wald lohnt es sich oft, etwas abseits der Wege zu gehen. Das Rinnsal dieser Fotografie war auf dem normalen Wanderweg nicht sichtbar. Aber Achtung: Verhalte dich dabei bitte immer respektvoll gegenüber der Natur.

Umsetzung

Suche dir einen tief liegenden Standpunkt zwischen zwei bewachsenen Hügeln. Um etwas Spannung ins Bild zu bringen, darf der Weg oder der Bach, auf/in dem du stehst, gerne etwas geschwungen sein.

Für die andächtige Perspektive baust du das Stativ mit aufgesetzter Kamera etwa kniehoch auf. So erreichst du, dass die Hügel auf dem Bild größer wirken, als sie in Wirklichkeit sind. Nun schraubst du für ein sattes Grün den Polfilter auf. Da dieser im ohnehin schon dunklen Wald noch zusätzlich Licht schluckt, ist eine etwas längere Belichtung nötig. Fokussiere auf das vordere Drittel deines Motivs und wähle einen Blendenwert zwischen f/11 und f/16. Löse mit dem Fernauslöser aus, um bei der längeren Belichtungszeit kein verwackeltes Bild zu erzeugen.

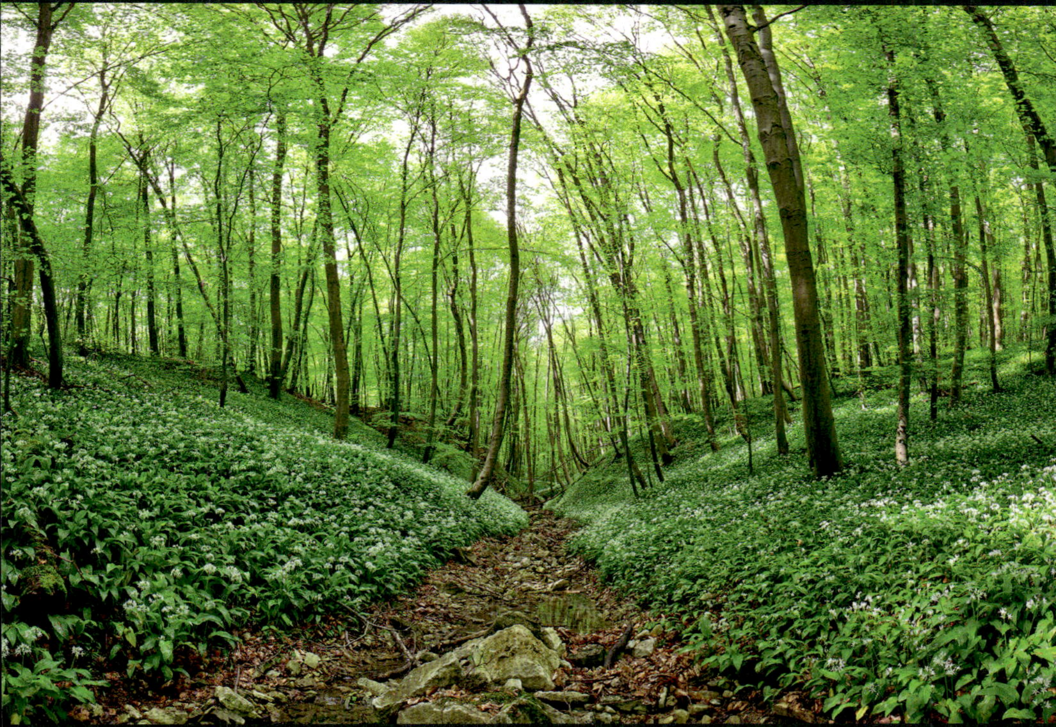

Grüne Magie im Bärlauchwald
Canon EOS 5D Mark IV | 15 mm | ISO 100 | f/16 | 0,5 s

Architektur trifft auf Natur

PACKLISTE

- Kamera
- Telezoom 70–200 mm
- Stativ
- Nivellierbasis
- Fernauslöser

Zum Bild

Eingerahmt zwischen Baumwipfeln und den dahinterliegenden Bergen ragt die imposante Heini-Klopfer-Skiflugschanze weit in den Himmel hinein. Die Panoramaaufnahme zeigt eindrücklich, dass sich auch architektonische Bauwerke wunderbar in die Natur einfügen können.

Umsetzung

Dieses Panorama wurde aus zwei Querformataufnahmen zusammengesetzt. Damit die Bilder später beim Verrechnen genau aufeinanderpassen, muss die Kamera auf dem Stativ exakt ausgerichtet werden. Nutze dafür eine Wasserwaage oder noch besser eine Nivellierbasis.

Die Aufnahmen wurden aus weiter Ferne mit einer Brennweite von 145 mm aufgenommen. Fokussiere auf das Hauptmotiv und schalte anschließend den Autofokus aus. Eine Blende von f/11 sorgt für durchgehende Schärfe. Nun schießt du das erste Foto, schwenkst die Kamera zur Seite und startest die zweite Aufnahme. Die Bilder sollten sich etwa zu 30 Prozent überlappen, damit sie später fehlerfrei verrechnet werden können.

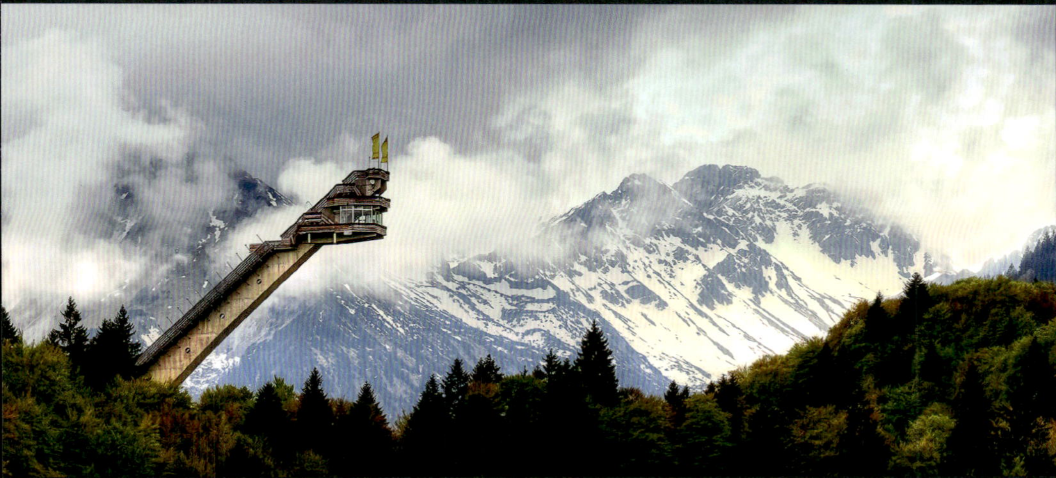

Panoramaaufnahme in Oberstdorf
Canon EOS 50D | 145 mm | ISO 200 | f/11 | 1/250 s

Der Bach im Wald

PACKLISTE

- Kamera
- Weitwinkelobjektiv
- Polfilter
- Stativ
- Fernauslöser
- Gummistiefel

Zum Bild

Nach einem kräftigen Regenguss sind die Bäche voll und das Laub der Bäume erscheint in besonders kräftigen Farben. Wenn sich dann noch ein paar bunte Herbstblätter dazugesellen, ist dir ein tolles Motiv so gut wie sicher.

Umsetzung

Ziehe dir Gummistiefel an und suche einen geeigneten Standpunkt im Bach. Wähle den Bildausschnitt so, dass die Augen des Betrachters dem Bachlauf folgen können. Ein Fels oder Baumstamm im Vordergrund des Hauptmotivs erleichtert zudem den Einstieg ins Bild und lenkt den Blick.

Baue das Stativ in Knie- bzw. Hüfthöhe auf und positioniere die Kamera mit aufgeschraubtem Polfilter darauf. Diesen drehst du so, dass du durch das Wasser bis auf den Grund schauen kannst. Eine stark geschlossene Blende von f/22 ermöglicht auch am Tag lange Belichtungszeiten. Je länger du fließendes Wasser belichtest, desto weicher erscheint es auf dem fertigen Bild.

Fokussiere beim Fotografieren auf das erste Bilddrittel und entferne bei der Entwicklung der Datei den Blaustich des Wassers.

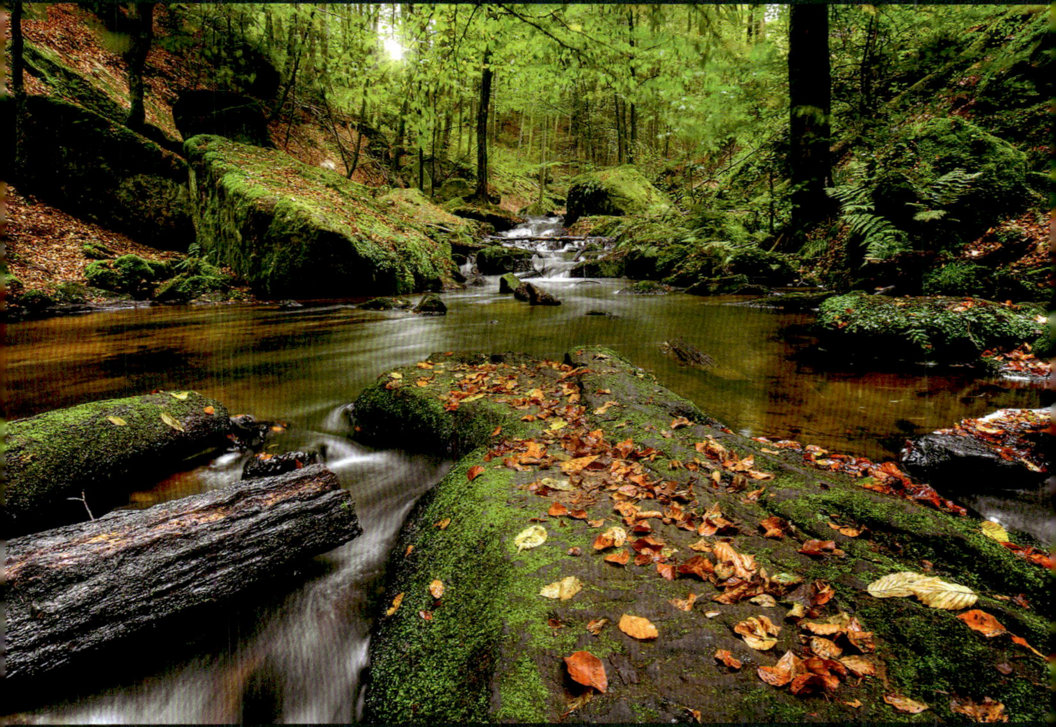

Ein idyllischer Bach im Wald
Canon EOS 7D Mark II | 12 mm | ISO 100 | f/22 | 3,2 s

Spiegelung im Morgenlicht

PACKLISTE

- Kamera
- Weitwinkelobjektiv
- ND-Filter 3.0
- Stativ
- Fernauslöser

Zum Bild

Kleine Gewässer findet man nahezu überall. Mit dem richtigen Licht und einer gelungenen Spiegelung sind sie ein echter Blickfang. Ausnahmsweise darf der Horizont bei Reflexionen in der Bildmitte verlaufen, denn durch die Aufteilung in zwei gleich große Bildhälften wird die Spiegelung besser betont. Ansonsten empfiehlt sich eher der sogenannte Goldene Schnitt, mehr dazu erfährst du im gleichnamigen Kapitel auf Seite 39. Eine einwandfreie Spiegelung gelingt jedoch nur bei spiegelglattem Wasser. Das erreichst du mithilfe einer sehr langen Belichtungszeit, die jegliche Bewegung aus dem Wasser nimmt.

Umsetzung

Halte am Ufer Ausschau nach einem Objekt im Wasser. Das kann ein Baumstamm oder ein Stein sein. Baue das Stativ mit Kamera in Augenhöhe auf. Lege den Bildausschnitt fest und achte auf einen zentralen, gerade verlaufenden Horizont. Vielleicht findest du auch einen Ast, der das Bild an einer Seite etwas einrahmt.

Setze den Fokus auf das Objekt im Wasser und schalte anschließend den Autofokus aus. Schau nach, welche Belichtungszeit dir die Kamera vorgibt. Schraube den ND-Filter auf und lies anschließend in einer ND-Filter-Tabelle ab, wie lange du nun mit Filter belichten musst. Für ein Panorama schieße zwei Bilder mit ca. 30 Prozent Überlappung, die du später bei der Bildbearbeitung miteinander verrechnen kannst.

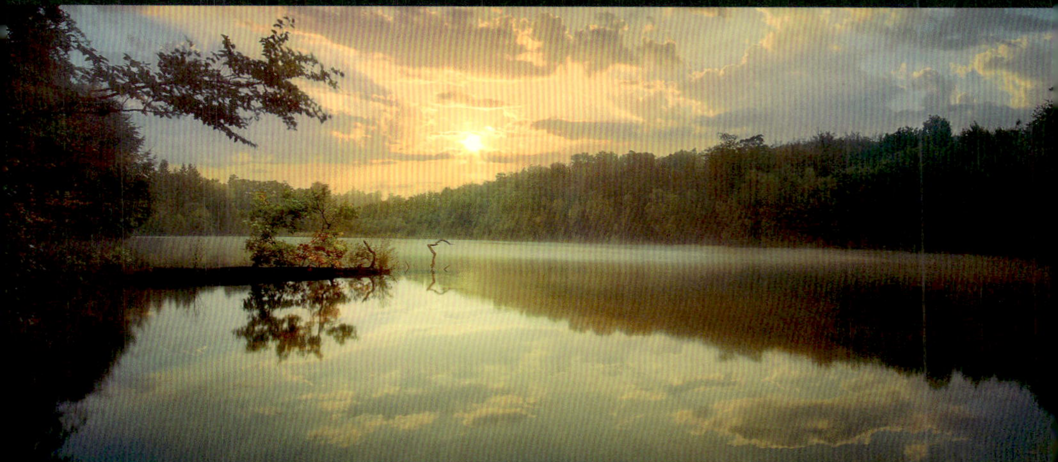

Morgenstimmung am See
Canon EOS 7D Mark II | 15 mm | ISO 100 | f/11 | 204 s

Windräder im Nebel

PACKLISTE

- Kamera
- Telezoom 70–200 mm

Zum Bild

Windräder sind aus unserem Landschaftsbild nicht mehr wegzudenken. Es gelingt kaum noch, Landschaften ohne diese Bauwerke abzulichten. Anstatt sich darüber zu ärgern, kann man sie genauso gut als Gestaltungselement nutzen. Da Windräder meistens auf Hügeln stehen, hat man gute Chancen, sie teilweise im Nebel versunken anzutreffen. Bei sonnigem Morgenlicht gelingt die Aufnahme problemlos aus der freien Hand.

Umsetzung

Um die Landschaft etwas zu verdichten, verwendest du am besten ein Teleobjektiv. Das hat außerdem den Vorteil, dass du nicht so nah an die Windräder herangehen musst. Achte beim Bildaufbau darauf, dass sich die Landschaft etwas staffelt. Das Motiv funktioniert minimalistisch genauso gut wie mit der Gestaltung eines Vordergrundes. Im gezeigten Bild wollte ich noch die angeleuchtete Baumreihe mit aufnehmen, weil sie die Lichtstimmung betonte. Fotografiere mit aktiviertem Bildstabilisator und geschlossener Blende von f/8 oder f/11.

Hebe zudem bei der Entwicklung des Fotos die Sättigung von Blau und Orange an, um ein dynamischeres Bild zu bekommen. Zum Schluss kannst du das Motiv noch mit einer Vignette versehen, um den Fokus des Betrachters auf das Hauptmotiv zu lenken. Wie das geht, erkläre ich dir im Kapitel „Fünf-Minuten-Rezepte für bessere Bilder".

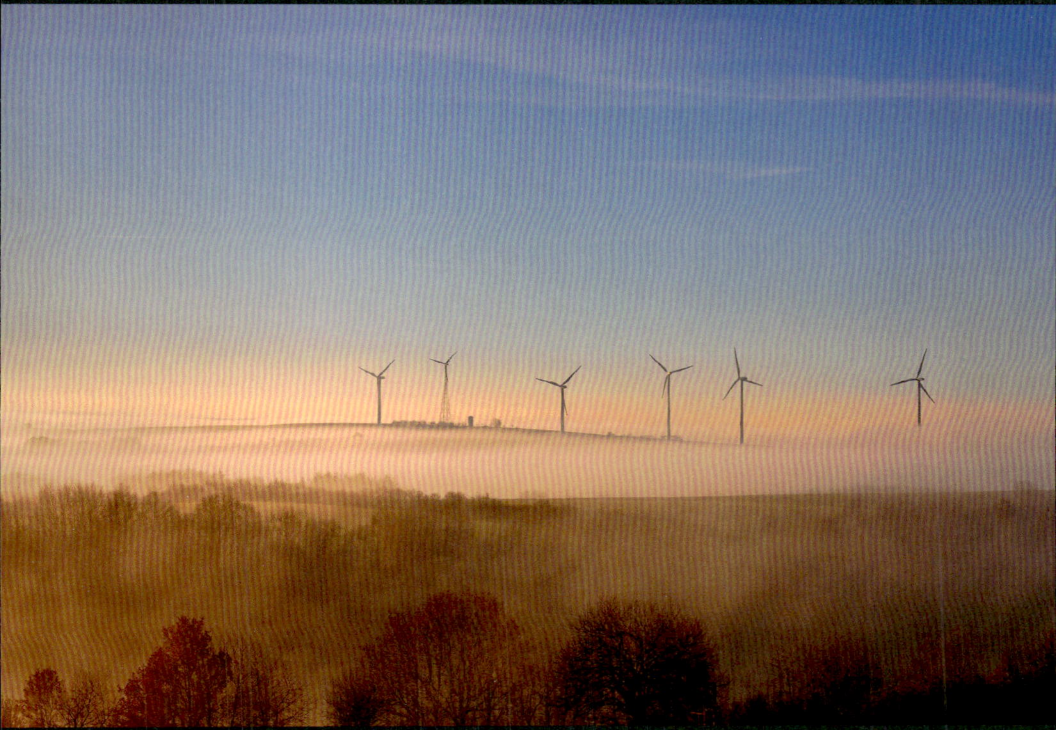

Ein majestätischer Anblick
Canon EOS 5D Mark IV | 95 mm | ISO 100 | f/11 | 1/500 s

Herbststimmung im Wald

PACKLISTE

- Kamera
- Weitwinkelobjektiv
- Stativ
- Wasserwaage oder Nivellierbasis
- Fernauslöser

Zum Bild

Eine Allee zieht den Blick des Betrachters automatisch ins Bild. Erst recht, wenn sie sich in knalligen Herbstfarben präsentiert. Das bunte Laub am Boden lockert das Bild etwas auf.

Umsetzung

Suche nach einer Allee mit altem Baumbestand. Je höher und dichter die Bäume, desto imposanter wirkt das Motiv.

Baue das Stativ etwa in Hüfthöhe auf. Positioniere deine Kamera und achte dabei auf einen absolut symmetrischen Bildaufbau. Nutze dazu eine Wasserwaage oder die Nivellierbasis. Achte außerdem darauf, dass sich rechts oder links des Weges keine Baumlücken und auf dem Boden keine störenden Elemente (wie etwa Müll) befinden.

Fokussiere auf das erste Bilddrittel und löse für durchgehende Schärfe mit einer geschlossenen Blende von f/11 oder f/16 aus. Erhöhe bei der Bildbearbeitung die Sättigung der roten und orangen Farbtöne. Blätter, die eventuell noch grün sind, kannst du nachträglich umfärben, indem du den Farbregler von Grün nach Gelb ziehst. (Die detaillierte Anleitung zum Bearbeiten von Farben in deinem Bild findest du im Kapitel „Fünf-Minuten-Rezepte für bessere Bilder".)

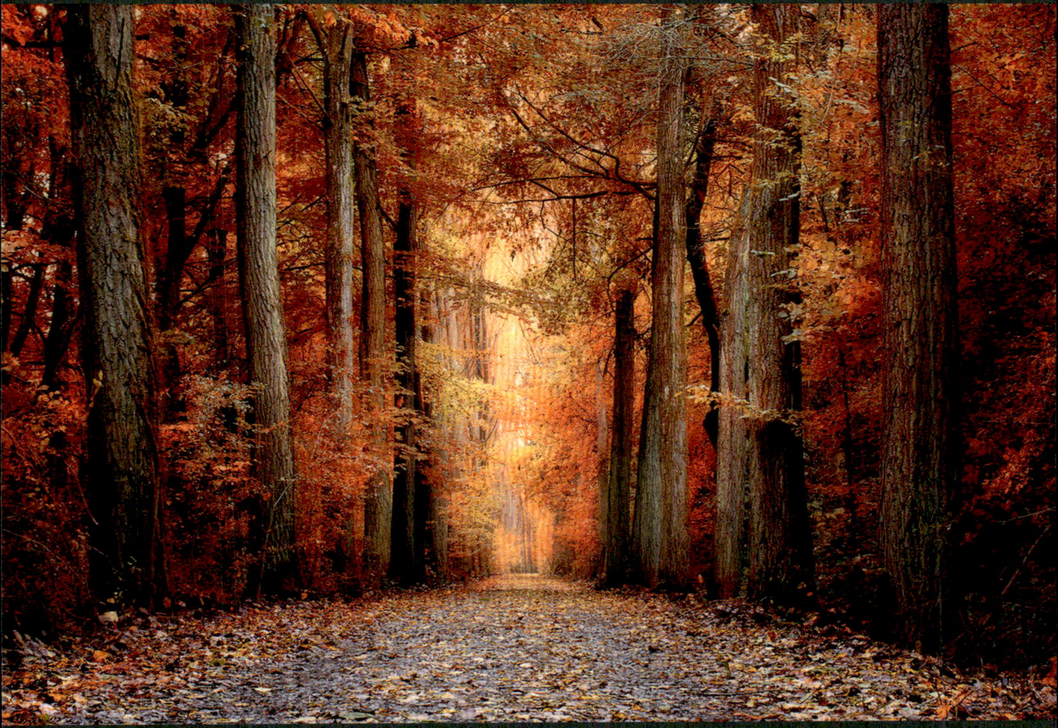

Farbenprächtiges Herbstlaub
Canon EOS 7D Mark II | 40 mm | ISO 100 | f/11 | 0,6 s

Baumwipfel

PACKLISTE

- Kamera
- Weitwinkelobjektiv

Zum Bild

Wenn der Wald am Boden langweilig erscheint, dann ändere doch einfach mal die Perspektive. Von unten nach oben geschaut, ist die Welt gleich viel spannender. Dank einer kurzen Brennweite gelingen solche Aufnahmen auch Freihand, du musst dafür lediglich den ISO-Wert etwas anheben.

Umsetzung

Diese Aufnahme wirkt im Hochformat besonders gut. Für das Bild nutzt du am besten einen Tag mit strahlend blauem Himmel. Sollte er nur weiß oder grau sein, verliert das Bild an Spannung und Dynamik.

Suche eine dicht bewaldete Stelle abseits der Wege. Achte darauf, dass die Bäume gleichmäßig angeordnet und alle etwa gleich hoch sind. Aktiviere den Bildstabilisator und fotografiere mit einigermaßen geschlossener Blende, mindestens aber f/8.

Bei der Entwicklung ziehst du den Luminanzregler der blauen Farbe etwas nach unten, sodass der Himmel besser zur Geltung kommt. Die Sättigung von Grün und Gelb kann für eine bessere Dynamik etwas angehoben werden. Am Ende legst du noch eine leichte Vignette über das Bild, um den Blick in die Mitte zu lenken. Wie das geht, erfährst du auf Seite 56.

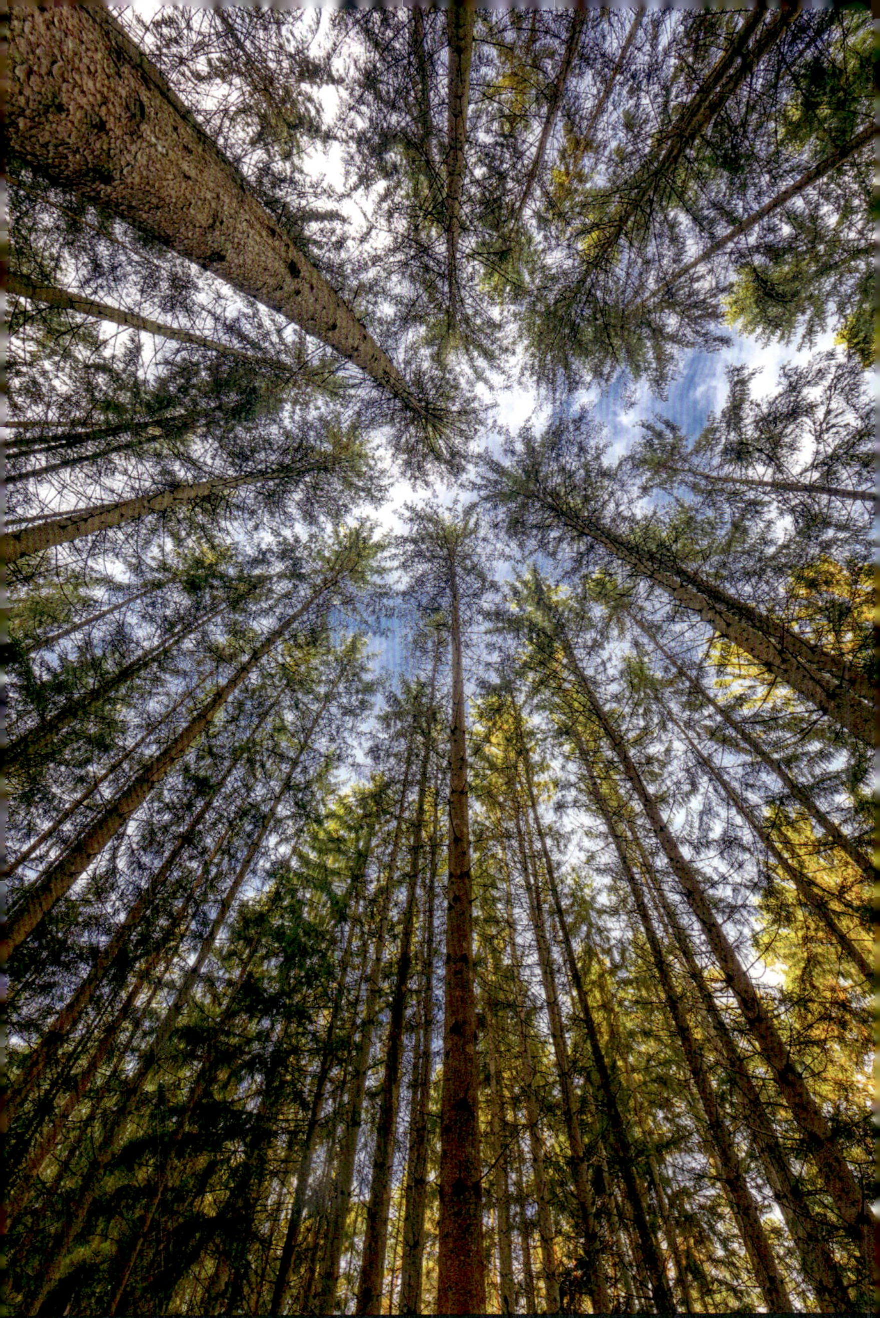

Alles eine Frage der Perspektive
Canon EOS 5D Mark IV | 15 mm | ISO 500 | f/8 | 1/125 s

Minimalistische Winterlandschaft

PACKLISTE

- Kamera
- Weitwinkelobjektiv
- ND-Filter 0.6 oder 0.9
- Stativ
- Fernauslöser

Zum Bild

Der Winter bietet nur wenige Stunden, in denen das Licht zum Fotografieren ausreicht. Besonders schöne Bilder entstehen, wenn Schnee liegt. Dieser reflektiert das Licht und sorgt dadurch für eine gleichmäßige Ausleuchtung der Landschaft.

Umsetzung

Achte bei Winterlandschaften auf einen blauen Himmel, da die Aufnahme sonst schnell zu trist wirkt. Suche einen Hügel mit einem interessanten Motiv (hier im Bild die Kapelle). Ein geschwungener Weg lenkt den Blick ins Bild. Das Stativ mit aufgesetzter Kamera baust du am Fuß des Hügels auf und kippst die Kamera so weit nach oben, dass der Hügel direkt mit dem Himmel abschließt. Lege Bildausschnitt und Fokuspunkt fest, schalte anschließend den Autofokus aus und schraube den ND-Filter auf das Objektiv. Durch seinen Einsatz kannst du die Belichtungszeit verlängern, was bei vorbeiziehenden Wolken zu einem schönen Wischeffekt führt.

Bei einer Blende von f/8 oder f/11 löst du nun mit dem Fernauslöser aus. Ziehe später im Bildbearbeitungsprogramm einen blauen Farbverlauf über den Himmel, um die Sättigung zu erhöhen. Wie das geht, erfährst du im Kapitel „Fünf-Minuten-Rezepte für bessere Bilder“.

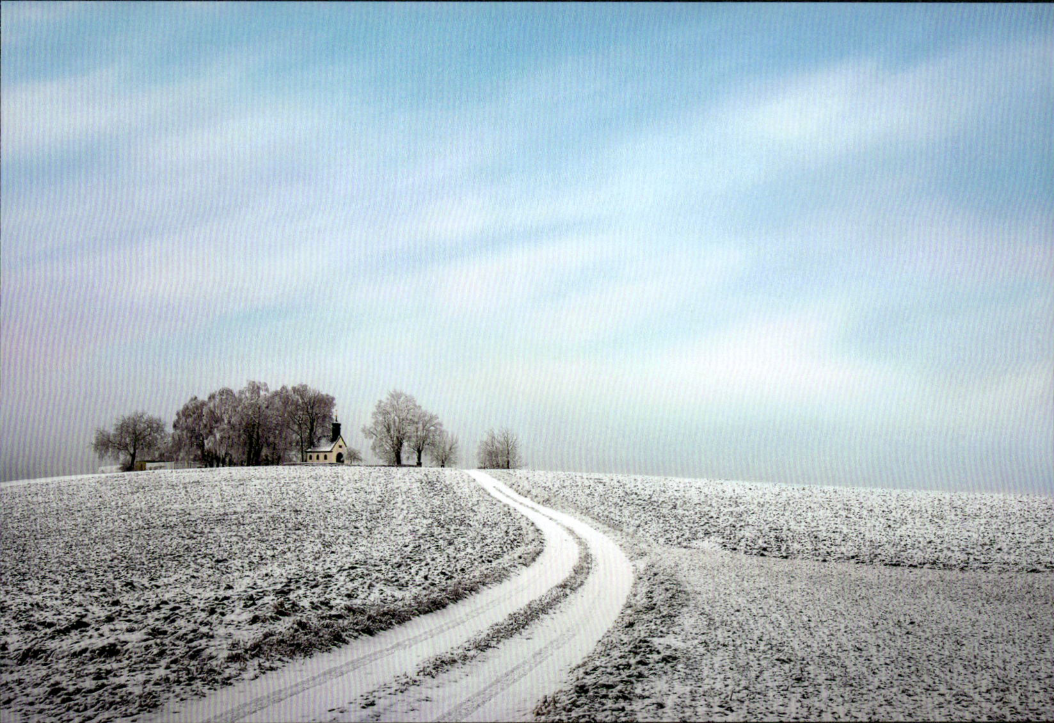

Bunte Insektenwiese

PACKLISTE

- Kamera
- Telezoom 70–200 mm

Zum Bild

Die lebendigen Farben einer Insektenwiese lassen sich am besten durch eine etwas verdichtete und unscharfe Aufnahme einfangen. Wer schon einmal probiert hat, eine Wiese mit dem Handy abzulichten, der weiß, dass ein durchweg scharfes Bild diesen schillernden und bunten Effekt der Blumenvielfalt irgendwie nicht vermitteln kann.

Umsetzung

Aktiviere den Bildstabilisator deines Telezooms und lege dich am Rand einer Blumenwiese bäuchlings auf den Boden. Fokussiere auf das Ende der Wiese und den Himmel. Dadurch wird der gesamte Vordergrund unscharf abgebildet. Für eine ausreichende Schärfe im Himmel blendest du auf f/8 bis f/10 ab. Eine kurze Verschlusszeit von 1/500 Sekunde sorgt zudem dafür, dass die Blüten bei leichtem Wind keine Verwacklungsunschärfen hervorrufen.

Bei der Bildentwicklung setzt du für einen noch farbenfroheren Eindruck die Sättigung aller Farben etwas hoch. Um den Blick mehr in die Bildmitte zu lenken, ziehst du im unteren Drittel des Bildes einen linearen Verlaufsfilter zur Vignettierung auf, bei dem du die Belichtung minimal nach unten setzt. Wie das mit dem Verlaufsfilter funktioniert, erkläre ich dir im Kapitel „Fünf-Minuten-Rezepte für bessere Bilder“.

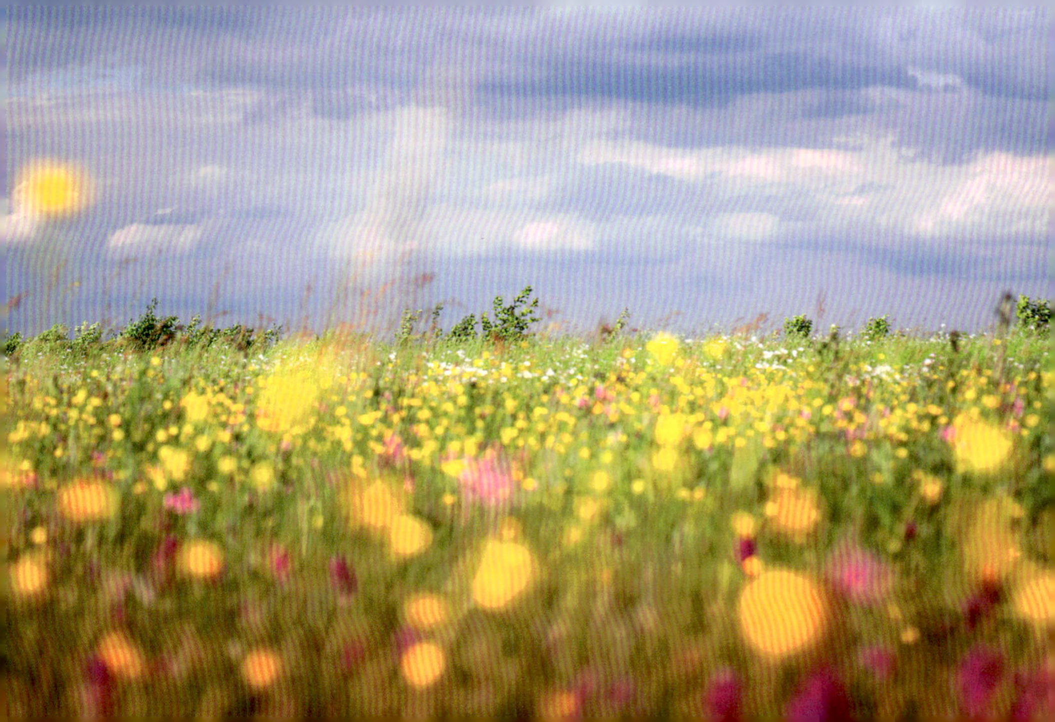

Landidylle Magerwiese

PACKLISTE

- Kamera
- Weitwinkelobjektiv

Zum Bild

Große Magerwiesen gleichen im Hochsommer einer afrikanischen Steppenlandschaft. Um die Weite des Landes einzufangen, eignen sich sehr kurze Brennweiten am besten. Im September haben sich die meisten Gräser bereits braun gefärbt. Bei freundlichem Wetter gelingt diese Aufnahme Freihand, bei schlechtem Licht packst du besser ein Stativ ein.

Umsetzung

Halte Ausschau nach ein paar Bäumen, Büschen und Hügeln, um das Motiv abwechslungsreich zu gestalten. Bei einem eher langweiligen Himmel zeigst du mehr Wiese, bei interessanten Wolkenformationen darf auch ruhig ein großer Teil Himmel auf das Bild.

Gehe mit der Kamera in der Hand in die Hocke und suche ein paar hohe Gräser, mit denen du den Bildvordergrund gestalten kannst. Mit einem Blendenwert zwischen f/11 und f/16 sowie einer kurzen Verschlusszeit kannst du Freihand fotografieren. Fokussiere auf das erste Bilddrittel und löse aus.

Lege bei der Bearbeitung einen dunklen Verlaufsfilter über den Himmel und gib ihm dadurch mehr Struktur. Sollten noch grüne Gräser aus der Wiese schauen, ziehst du den Farbregler von Grün in Richtung Gelb. So erhältst du eine gleichmäßige Färbung. Eine Schritt-für-Schritt-Anleitung findest du im Kapitel „Fünf-Minuten-Rezepte für bessere Bilder“.

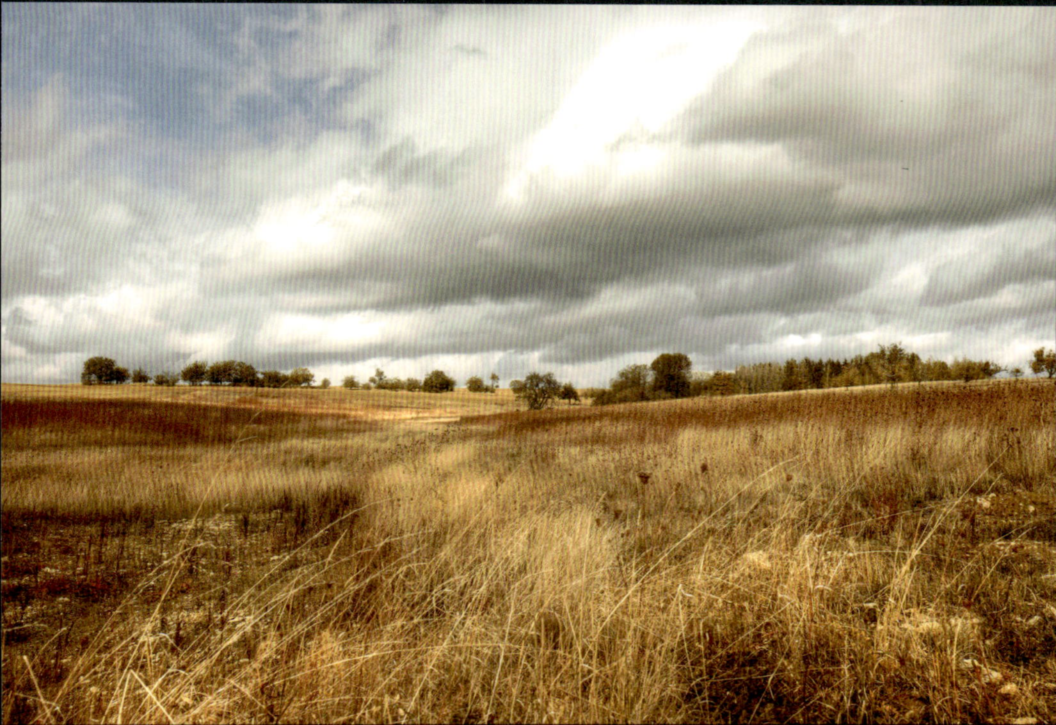

Malerischer Birkenwald

PACKLISTE

- Kamera
- Weitwinkelobjektiv
- Stativ

Zum Bild

Dieser malerische Wischeffekt ist sehr beliebt und lässt sich ganz einfach umsetzen. Da ein kleiner Teil zweier Birken „scharf“ ist, werden für dieses Bild ein „normales“ und ein „verwackeltes“ Foto benötigt.

Umsetzung

Baue das Stativ mit Kamera im Birkenwald auf. Lege zunächst den Bildausschnitt fest und fertige ein Bild mit Blende f/11 an. Nun löst du die Feststellschraube deines Stativkopfes. Achte darauf, den Bildausschnitt nicht aus Versehen zu verändern. Schließe die Blende so weit, wie es dein Objektiv zulässt. Dadurch verlängert sich die Belichtungszeit. Löse aus und schwenke die Kamera während des Belichtungsprozesses langsam (!) nach oben. Eventuell musst du den Vorgang ein paarmal wiederholen, bis du herausgefunden hast, wie schnell du bis zum Ende der Belichtungszeit schwenken musst.

Bei der anschließenden Bearbeitung werden das „normale“ und das „verwackelte“ Bild als Ebenen übereinandergelegt. Sie müssen passgenau sein, sonst funktioniert es nicht. Lege die „normale“ Ebene über die verwischte und maskiere sie vollständig. Male nun mit einem weißen Pinsel auf der Ebenenmaske alle Bildbestandteile wieder hinein, die du scharf haben möchtest.

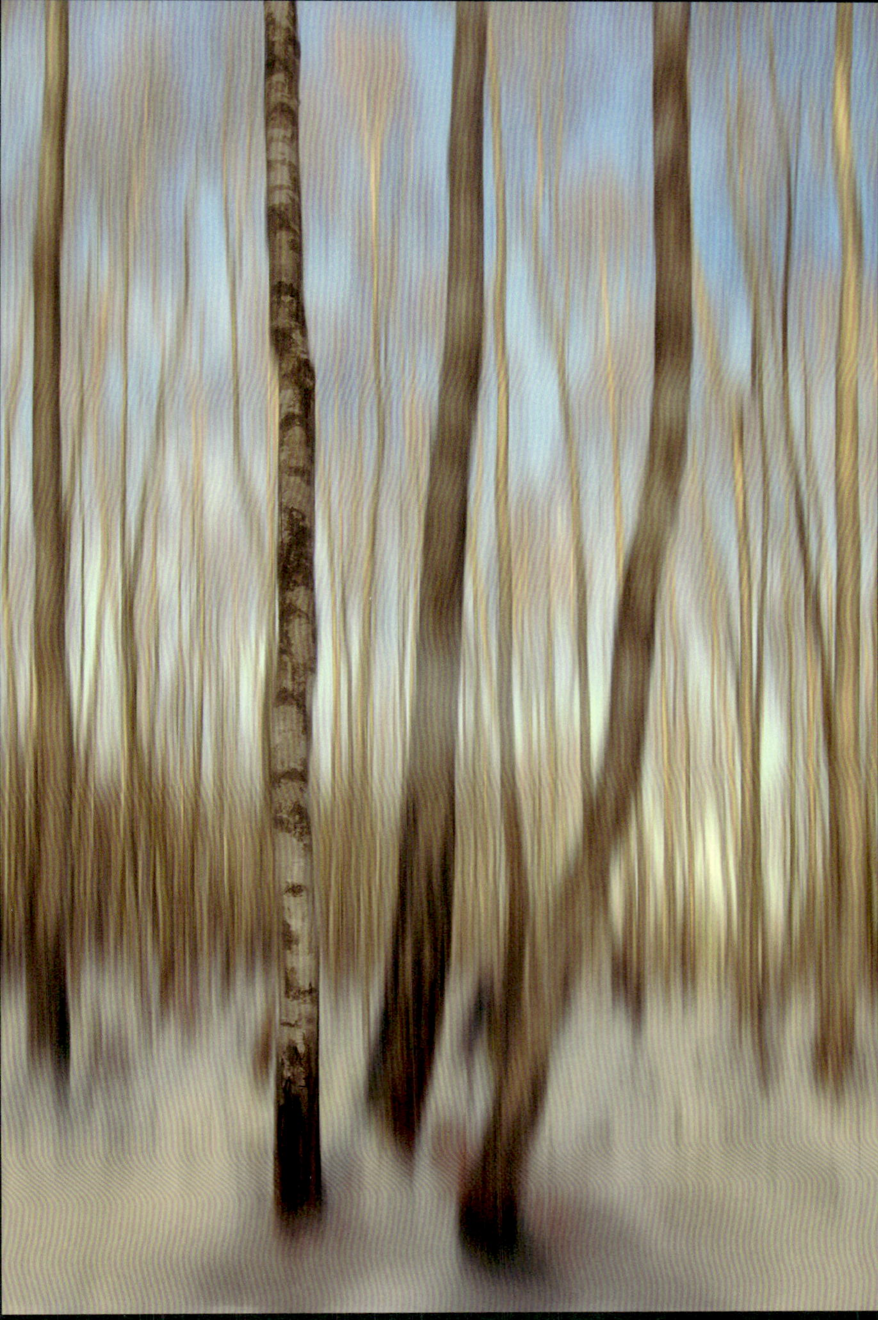

Ein ganz besonderer Effekt
Canon EOS 7D Mark II | 12 mm | ISO 100 | f/11 | 1/6 s

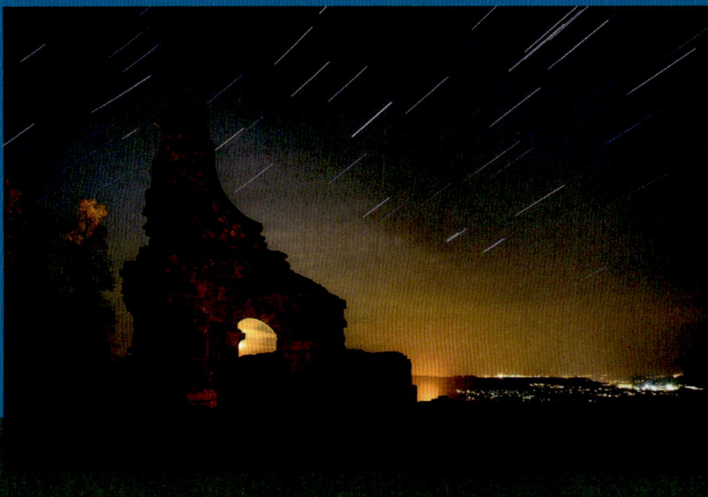

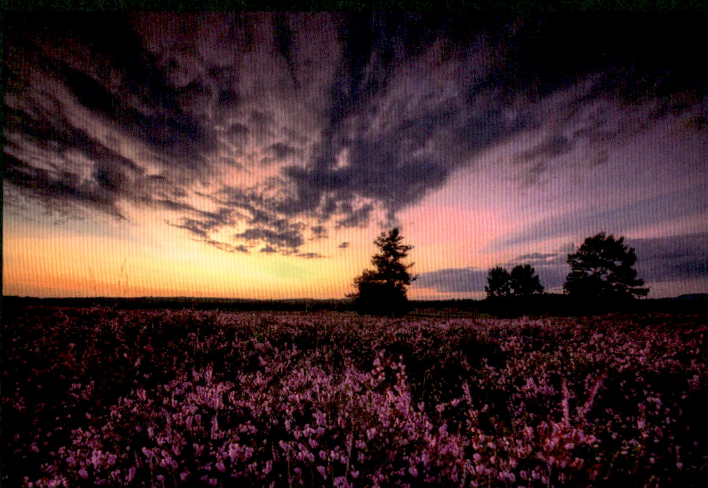

NACHT & DÄMMERUNG

In der Nacht sind alle Katzen grau ... Das mag wohl für das menschliche Auge, nicht aber für die Kamera gelten. Manchmal ist es auf Bildern nachts noch viel bunter als bei Tageslicht. Wie du die Lichtverhältnisse zu deinem Vorteil nutzen und ganz leicht wunderschöne Nachtaufnahmen erstellen kannst, erfährst du in diesem Kapitel.

Zubehör

Für beeindruckende Aufnahmen im Dunkeln brauchst du in erster Linie eines: jede Menge Zeit! Das „schnelle Bild“ ist bei Nachtaufnahmen absolutes Wunschdenken. Und obwohl ich eigentlich kein sehr bequemer Mensch bin, habe ich für diesen Anlass immer einen Campinghocker dabei. Je nach gewünschtem Ergebnis muss man schon mal mit zwei bis fünf Stunden Belichtungszeit rechnen. Da ist eine kleine Sitzgelegenheit ein wahrer Segen. Übrigens sind ein paar Handwärmer in klirrend kalten Nächten auch nicht verkehrt.

Die beste Zeit für Sternenjäger sind dunkle und klare Neumondnächte. Achte dabei unbedingt auf Lichtverschmutzung. Je dunkler die Umgebung ist, desto besser lassen sich Himmelskörper einfangen. Versuche zudem zu vermeiden, dass hinter deinem Wunschmotiv eine viel befahrene Straße entlangführt. Auch Wohngebiete mit Straßenlaternen oder ähnlichen Lichtquellen wirken sich negativ auf Nachtaufnahmen aus. Auf der Seite *www.lightpollutionmap.info* kannst du dich über die Lichtverschmutzung deiner Location informieren.

Eine Taschenlampe darf bei nächtlichen Ausflügen trotzdem nicht fehlen. Sie dient nicht nur der Orientierung: Ein wenig Licht auf einen Baum oder eine Mauer gemalt, zaubert hübsche Effekte ins Bild.

Für Aufnahmen in der Dämmerung oder in der Nacht reichen Objektive mit einer Blende ab f/4 aus. Solltest du dich allerdings für Astrofotografie interessieren, empfehle ich ein Objektiv mit einer Offenblende von f/2.8. Wie bei anderen Landschaftsaufnahmen auch, hast du die Wahl zwischen Weitwinkelobjektiv, Standard- oder Telezoom. Legst du vorwiegend Wert auf den Sternenhimmel oder die Milchstraße, ist die Anschaffung eines lichtstarken Fisheyes durchaus eine Überlegung wert.

Das gehört in deinen Fotorucksack

- Kamera
- Stativ
- Fernauslöser
- Wasserwaage oder Nivellierbasis
- Taschenlampe
- Campinghocker
- eventuell Verpflegung

Fokus im Dunkeln

Den Autofokus darfst du bei Nachtaufnahmen getrost vergessen. Ohne Licht findet die Kamera zu wenig Kontraste, sie kann nicht scharfstellen. Um dieses Problem zu lösen, gibt es mehrere Möglichkeiten:

Ein helles Objekt fokussieren

Suche ein helles Objekt mit der gleichen Entfernung wie dein Motiv. Das kann eine Lampe, ein Auto oder Ähnliches sein. Fokussiere auf die helle Lichtquelle und schalte den Autofokus danach ab. Nun kannst du dein Bild schießen.

Das Motiv anleuchten

Mit einer hellen Taschenlampe oder Autoscheinwerfern kannst du das Motiv zum Fokussieren auch anleuchten. Solltest du keine ausreichend starke Lichtquelle zur Hand haben, gibt es noch eine andere Möglichkeit: Schalte das Display deines Handys an und positioniere es so am Motiv, dass das beleuchtete Display gut sichtbar ist. Nun kannst du zu deiner Kamera zurückkehren und auf das helle Display scharfstellen. Danach schaltest du den Autofokus ab und entfernst das Handy wieder. Einer scharfen Aufnahme steht nun nichts mehr im Weg.

Fokussiere mit dem Objektiv auf „Unendlich"

Drehe den Fokusring deines Objektivs auf „Unendlich" (liegende Acht). Bei manchen Objektiven liegt der Schärfepunkt allerdings etwas vor oder hinter dem Symbol. Am besten testest du tagsüber die exakte Stelle einmal aus und zeichnest dir den Punkt am Objektiv an.

Die Sache mit dem Licht

ISO

Für normale Nachtaufnahmen solltest du immer einen ISO-Wert von 100 einstellen. Du kannst so lange belichten, wie du magst, und steuerst die Helligkeit deines Bildes ohnehin über die Verschlusszeit. Mach dir das Leben also durch ISO-Rauschen nicht unnötig schwer.

Solltest du dein Stativ vergessen haben und gezwungen sein, aus der Hand zu fotografieren, so bleibt dir leider nichts anderes übrig, als die Helligkeit des Bildes über den ISO-Wert zu steuern. Wenn du für ein korrekt belichtetes Bild mit ISO 100 etwa 10 Minuten lang belichten müsstest, so benötigst du für das gleiche Motiv mit ISO 200 nur noch 5 Minuten, mit ISO 400 2,5 Minuten und so weiter.

Das bedeutet, dass eine Verdoppelung der ISO-Empfindlichkeit eine Halbierung der benötigten Verschlusszeit bewirkt. Je höher der ISO-Wert, desto auffälliger ist allerdings auch das Rauschverhalten der Kamera. Deswegen solltest du Freihandaufnahmen bei schlechtem Licht nur dann in Erwägung ziehen, wenn du wirklich gar keine andere Möglichkeit hast. Vielleicht hast du auch Glück und findest irgendwo einen Baumstumpf oder ein Mäuerchen, das du als Stativersatz verwenden kannst. Wir wissen ja bereits, dass man als Naturfotograf stets flexibel bleiben und spontan reagieren muss.

Eine Ausnahme in Punkto ISO-Einstellungen bildet die Sternenfotografie. Um die Milchstraße oder den Sternenhimmel abzulichten, muss der ISO-Wert etwas angehoben werden.

Die Verschlusszeit

Je mehr Lichter du einfangen willst bzw. je weniger Licht dir zur Verfügung steht, desto länger muss der Verschluss geöffnet bleiben. Die meisten Kameras sind in der Lage, im Modus M bis zu 30 Sekunden zu belichten. Für längere Belichtungen muss die Kamera auf BULB gestellt werden. In dieser Einstellung belichtet die Kamera so lange, wie du den Auslöser gedrückt hältst. Praktikabel ist das allerdings nur mit einem Fernauslöser. Die Details zu den einzelnen Modi findest du im Kapitel „Kameramodus".

KLEINER TRICK: BELICHTUNGSZEIT ERMITTELN

Stelle deine Kamera auf Modus Av sowie ISO 100 und wähle im Vorfeld die Matrixmessung. Je nach Kameratyp kannst du die Einstellung der Messmethode im Menü, direkt auf dem Display oder über Schnellwahltasten ändern. Nun stellst du deinen gewünschten Blendenwert ein. Bei leichtem Antippen des Auslösers misst die Kamera die Belichtung und gibt dir die Zeit für die korrekte Belichtungsdauer vor. Hast du die passende Verschlusszeit ermittelt, stellst du zurück in den Modus M, um die nötigen Einstellungen vorzunehmen und auszulösen.

Alles, was länger als 30 Sekunden belichtet werden muss, wird leider nicht gezeigt und muss mithilfe eines Testfotos ausgelotet werden. Hier hilft nur Ausprobieren. Dazu stellst du in den Modus BULB und machst eine Reihe Aufnahmen mit verschiedenen Verschlusszeiten (z. B. 30 s, 60 s, 90 s). Am Ende wird das Auge entscheiden, was am besten passt.

Der Mond, die Sterne und die Erdbewegung

In einer klaren Nacht möchtest du vielleicht den Sternenhimmel zur Untermalung der Bildstimmung in dein Motiv miteinbeziehen. Je nachdem, wie du diesen darstellen möchtest, sind ein paar Besonderheiten zu beachten.

Um den Sternenhimmel einzufangen, wählst du nach Möglichkeit einen Blendenwert von f/2.8 aus. Wenn du nicht auch noch die Milchstraße mitnehmen möchtest, reichen ISO-Werte von 100 bis 320 locker aus.

Der schwierigste Teil der Sternenfotografie ist die richtige Fokussierung. Falls dein Objektiv dir die Möglichkeit gibt, direkt am Fokusring auf „Unendlich" zu stellen, dann nutze diesen Vorteil. Wenn nicht, fokussierst du am besten über den Live-View direkt am Bildschirm, anstatt durch den Sucher zu schauen, und kontrollierst die Schärfe bei maximaler Vergrößerung. Als Referenzpunkt dient ein heller Stern.

Da die Erdrotation während einer Langzeitbelichtung keine Pause für dich einlegt, muss die Belichtungszeit passend eingestellt werden. Dabei kommt es darauf an, ob du Sternspuren (Startrails) erzeugen oder die Sterne lieber punktförmig auf den Chip bannen möchtest. Wie lange du Sterne belichten kannst, ohne Sternspuren auf dem Bild zu erzeugen, lässt sich mithilfe der sogenannten 500er-Formel schnell berechnen:

500ER-REGEL

Belichtungsdauer = 500 : (Crop-Faktor der Kamera × Brennweite)

Rechenbeispiele

Vollformatkamera mit 16 mm Brennweite:
500 : (16 mm) = 31,25 s maximale Belichtungszeit

APS-C-Kamera (Crop-Faktor 1,6) mit 16 mm Brennweite:
500 : (1,6 × 16 mm) = 19,53 s maximale Belichtungszeit

Für Startrails kannst du wahlweise 30 Minuten und länger belichten, oder aber über einen langen Zeitraum sehr viele Einzelbilder erzeugen, die du später am PC miteinander verrechnest. Dazu öffnest du das erste Bild als Hintergrunddatei und legst alle anderen Bilder als Ebenen im Modus „Aufhellen" darüber.

Alternativ empfehle ich die kostenlose Software StarStaX, die auf der Seite des Urhebers Markus Enzweiler heruntergeladen werden kann. Sie wurde speziell für die Verrechnung von Startrails entwickelt und funktioniert ausgezeichnet.

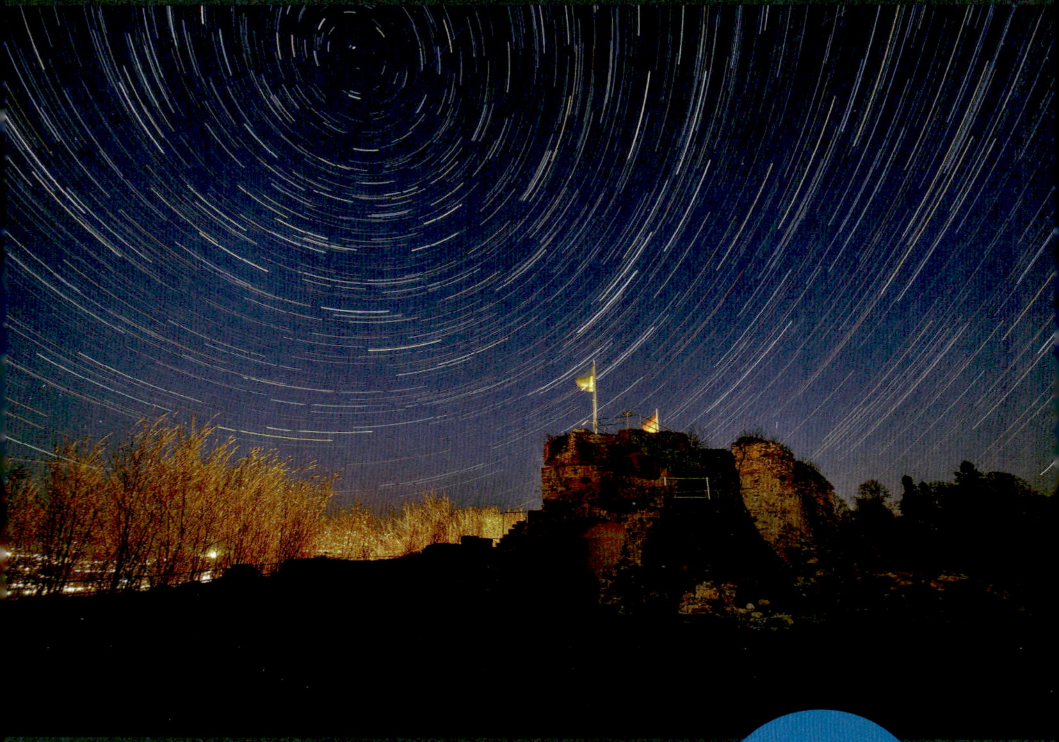

Schlossberg Homburg als kreative Nachtaufnahme

WORKSHOP NACHT

Sonnenuntergang in der Heide

PACKLISTE

- Kamera
- Superweitwinkelobjektiv oder Fisheye
- Grauverlaufsfilter ND 0.9
- Stativ
- Fernauslöser

Zum Bild

Dieses Bild entstand im Naturschutzgebiet Mehlinger Heide in Rheinland-Pfalz. Auf rund 410 Hektar Fläche bietet das Areal reichlich Zwergstrauchheiden, Gräser und rote Sandflächen. Aufgelockert wird die Heidelandschaft durch einzelne Bäume, die sich sehr schön in Szene setzen lassen. Am schönsten werden Heidefotografien während der Blütezeit im August. In den restlichen Monaten ähnelt dieses Gebiet eher einer Mondlandschaft. Um den Blütenstand in Erfahrung zu bringen, lohnt sich ein Anruf in der örtlichen Touristeninformation. Besonders mystische Bilder sind nicht nur bei Sonnenuntergang, sondern auch bei Nebel möglich.

Umsetzung

Schaue dich zunächst in der Heide um. Dafür solltest du zeitig vor Sonnenuntergang da sein. Suche nach frei stehenden Bäumen und positioniere deine Kamera ungefähr auf Kniehöhe. Nachdem du Bildausschnitt und Fokus festgelegt hast, schaltest du den Autofokus aus und schraubst einen ND-Filter vor das Objektiv. Blende für ein durchgängig scharfes Bild auf f/11 bis f/16 ab und fokussiere auf das erste Drittel. Nun musst du nur noch auf den Sonnenuntergang warten und im richtigen Moment auf den Fernauslöser drücken.

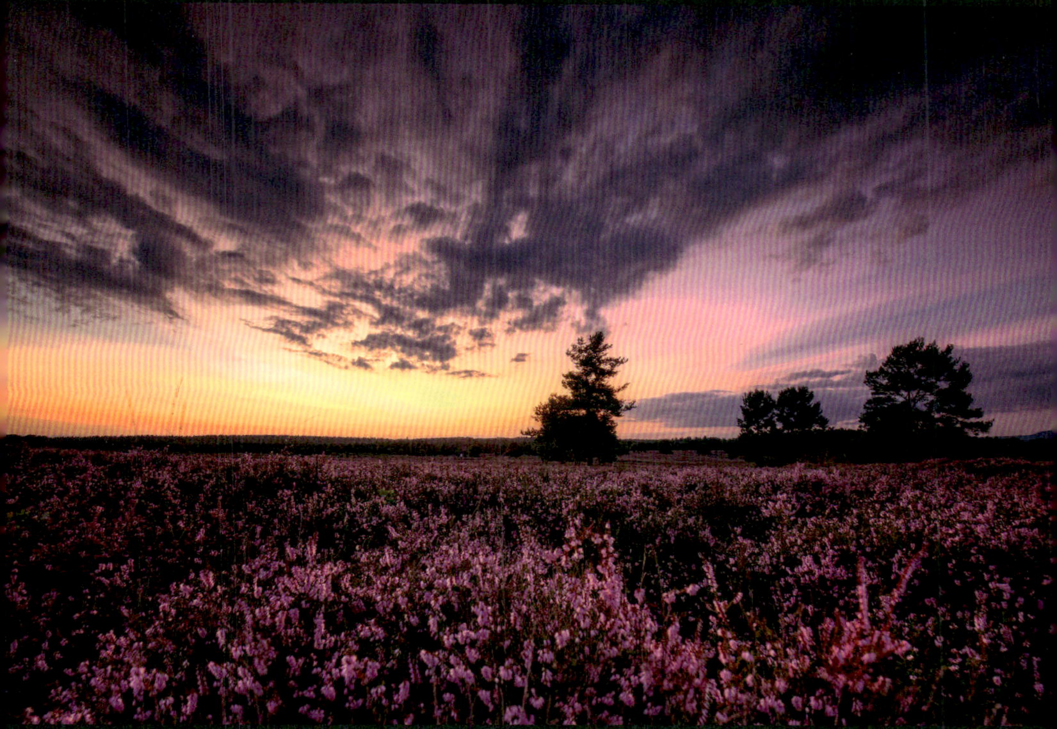

Ein Sonnenuntergang verleiht deinen Fotos eine ganz besondere Stimmung.
Canon EOS 5D Mark IV | 12 mm | ISO 100 | f/11 | 0,5 s

Im Morgengrauen

PACKLISTE

- Kamera
- Weitwinkelobjektiv

Zum Bild

Minimalistische Bilder üben einen besonderen Reiz auf den Betrachter aus. Diese Aufnahme besticht durch die durchgehend blaue Farbe und wirkt wie ein Scherenschnitt. Für die Umsetzung solltest du vor Ort sein, bevor die Sonne zu hoch am Himmel steht. Dieses Bild entstand kurz nach Sonnenaufgang. Voraussetzungen für das satte Blau sind eine vorausgegangene klare Nacht sowie ein weitgehend wolkenloser Himmel.

Umsetzung

Suche einen frei stehenden Baum auf einer Wiese mit hohen Gräsern. Warte, bis die Sonne hinter dem Baum steht und durch die Äste scheint. Lege dich nun mit dem Bauch auf den Boden und wähle deinen Bildausschnitt. Da du mit einer kurzen Brennweite direkt ins Gegenlicht fotografierst, ist kein Stativ nötig. Schließe die Blende so weit du kannst, um einen Blendenstern um die Sonne zu erzeugen.

Bei der Bearbeitung ziehst du die Tiefen des Bildes noch weiter ins Schwarze und erhöhst die Sättigung der blauen Farbe. Zum Schluss wird der Kontrast leicht angehoben, um die mystische Wirkung noch etwas zu verstärken.

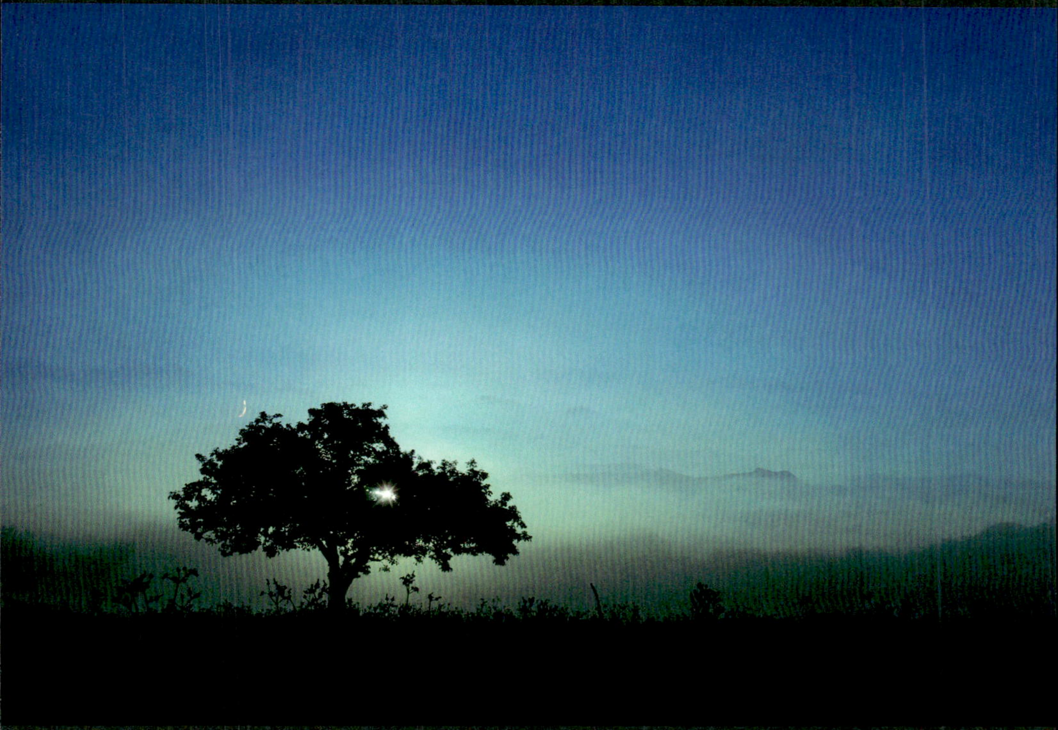

Ein Bild wie ein Scherenschnitt
Canon EOS 7D Mark II | 24 mm | ISO 100 | f/22 | 1/200 s

Sternspuren

PACKLISTE

- Kamera
- Stativ
- Weitwinkelobjektiv
- Taschenlampe
- Fernauslöser

Zum Bild

Diese Startrails-Aufnahme habe ich aus 22 Einzelbelichtungen zusammengesetzt. Ich begann bereits in der Dämmerung zu fotografieren, um den schönen Farbverlauf am Horizont mit auf das Bild zu bekommen. Der Stein wurde mit einer Taschenlampe angeleuchtet.

Umsetzung

Gehe für Sternspuraufnahmen in einer klaren, wolkenlosen Nacht auf die Pirsch. Suche ein markantes Objekt (Stein, Baum, Hütte o. Ä.) für den Vordergrund. Nutze ein Stativ und baue die Kamera noch im Hellen auf, damit du problemlos auf das Wunschobjekt fokussieren kannst. Fotografiere mit einer offenen Blende und einem ISO-Wert von etwa 320. Die Kamera stellst du auf 30 Sekunden Belichtungszeit ein.

Je mehr Aufnahmen du am Ende mit nach Hause nimmst, desto längere Sternspuren werden bei der Verrechnung sichtbar. Für einen schönen Effekt solltest du mindestens eine halbe Stunde im Dauerfeuer fotografieren. Dabei dürfen keine Belichtungslücken zwischen den Bildern entstehen, damit die Startrails später durchgehend verlaufen. Im Idealfall hat deine Kamera einen Intervall-Timer und übernimmt diese Aufgabe für dich. Wirf einen Blick ins Kamerahandbuch, um die entsprechende Einstellung zu finden.

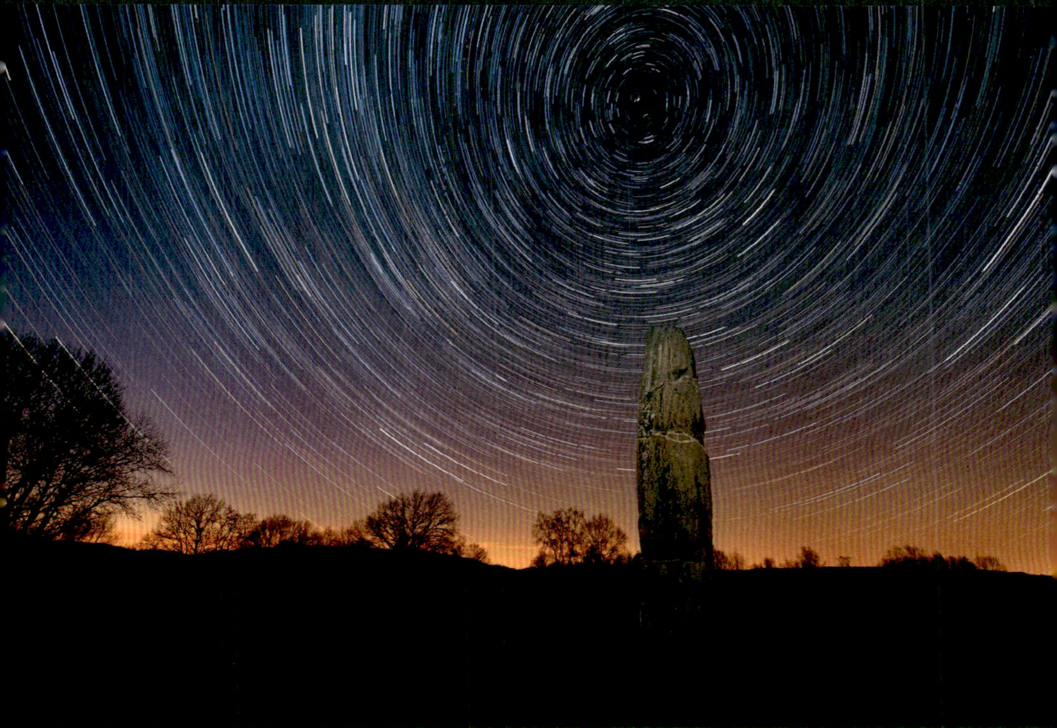

Startrails am Gollenstein im Saarland
Canon EOS 5D Mark IV | 15 mm | ISO 320 | f/2.8 | 30 s

Kurze Sternspuren

PACKLISTE

- Kamera
- Stativ
- Weitwinkelobjektiv
- Taschenlampe
- Fernauslöser

Zum Bild

Die Wörschweiler Klosterruine im Saarland liegt auf einem Hügel und ist nachts beleuchtet. Obwohl man bei Sternenaufnahmen in der Regel Orte ohne Lichtverschmutzung aufsucht, fand ich gerade die Lichter der Stadt hinter der Ruine sehr reizvoll.

Umsetzung

Im Falle von beleuchteten Objekten und Lichtverschmutzung achte beim Aufbau deiner Kamera darauf, dass sich keine ungewollten Lens Flares (Linsenreflexionen) auf dem Bild einschleichen. Um das Objekt zu fokussieren, strahle es kurz mit einer Taschenlampe an. Danach stellt du den Autofokus aus.

Blende auf einen Wert zwischen f/4 und f/5.6 ab, damit das Hauptmotiv eine angenehme Schärfe erhält. Schieße nun mehrere Bilder hintereinander, die jeweils 30 Sekunden belichtet werden. Für kurze Sternspuren müssen nicht sehr viele Einzelaufnahmen angefertigt werden. 15 bis 20 Minuten Aufnahmezeit sind ausreichend. Die Einzelbilder werden später in StarStaX oder in Photoshop zu einer einzigen Aufnahme verrechnet.

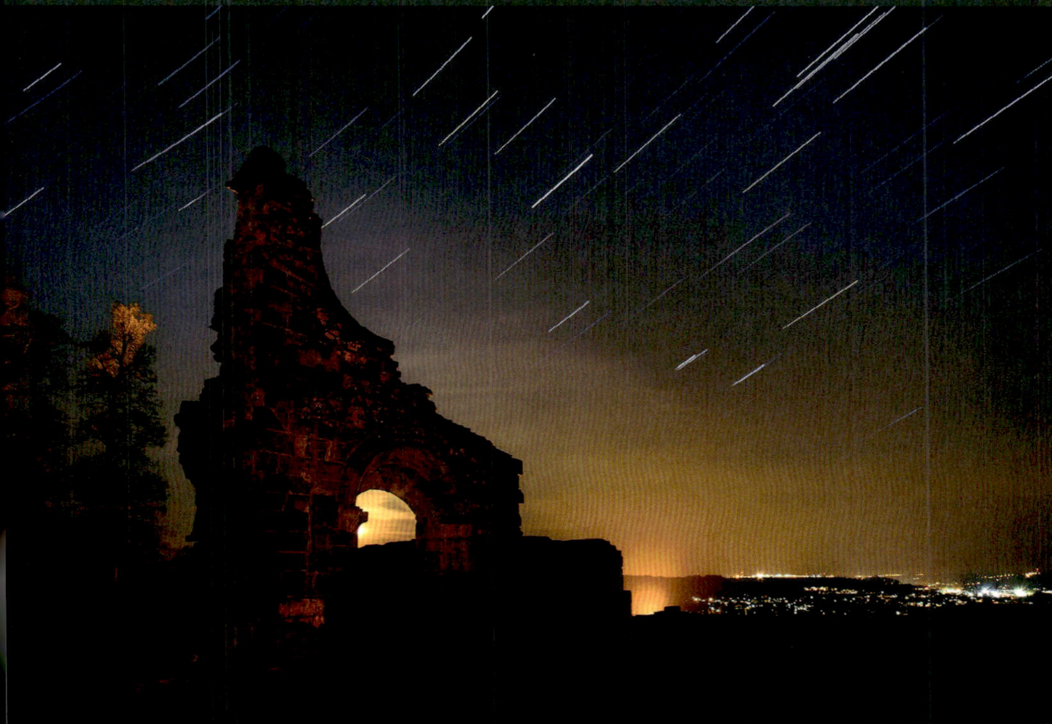

Eine kreative Mischung aus natürlichem und künstlichem Licht
Canon EOS 7D Mark II | 12 mm | ISO 250 | f/5.6 | 30 s

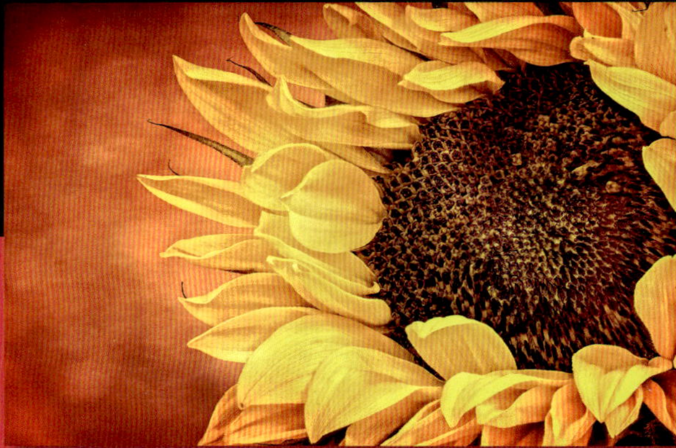

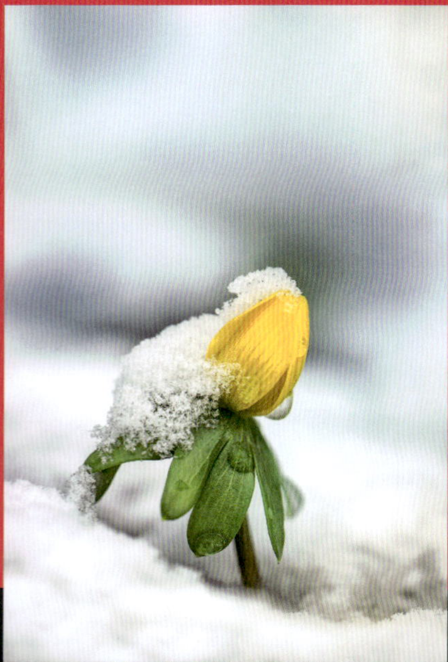

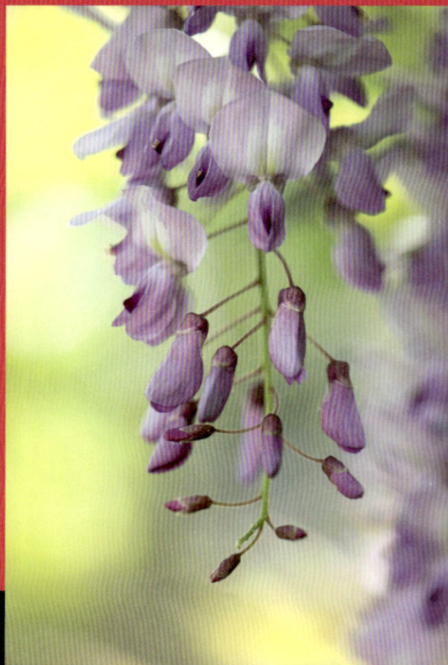

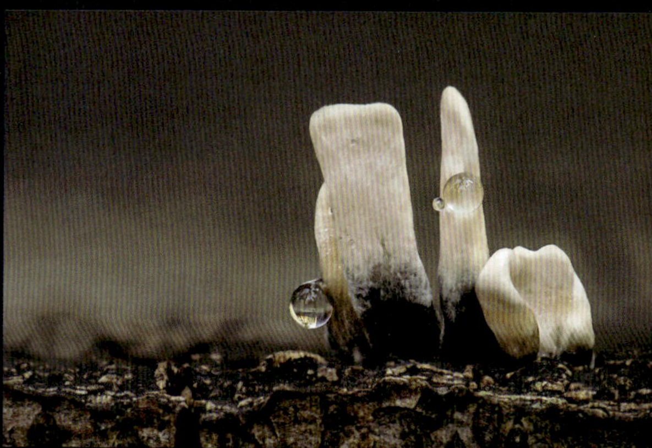

KREATIVE MAKROFOTOGRAFIE

Makroaufnahmen zeigen immer nur einen kleinen Ausschnitt eines Motivs, diesen aber dafür umso größer. Mithilfe der Kamera erhalten wir Einblicke in eine Welt, die dem menschlichen Auge sonst verborgen bleibt. Wie dir faszinierende und einzigartige Aufnahmen gelingen, erfährst du in diesem Kapitel.

Makrobilder müssen nicht zwangsläufig von vorne bis hinten knackscharf sein. Auch das Spiel mit der Unschärfe hat seinen Reiz und verleiht dem Motiv etwas Künstlerisches. Was am Ende besser gefällt, ist reine Geschmackssache. Ich liebe zarte, in Unschärfe verschwimmende Blüten genauso wie solche, die durch Focus-Stacking jedes Detail sichtbar machen. Dazu gleich mehr.

Die erste Voraussetzung, um einen schönen Hintergrund zu erhalten, ist mit der Verwendung einer offenen Blende erfüllt. Doch das reicht manchmal noch nicht aus. Bei bodennahen Motiven, wie zum Beispiel Blumen, spielt auch die Perspektive eine große Rolle. Begib dich unbedingt auf Augenhöhe mit deinem Motiv. Lege dich ins Gras und fotografiere über die Blume hinweg. Schneide störende Gräser und Äste ab und ordne ein paar Blätter so an, dass sie in ästhetischer Unschärfe im Vordergrund verschwimmen. Ein Makrobild zu komponieren bedarf manchmal zuerst etwas Gartenarbeit.

Zubehör

Wer ernsthaft auf Makrojagd geht, benötigt einiges an Zubehör. Am wichtigsten ist für mich die Mitnahme zweier weißer Faltreflektoren. Einen kleinen Reflektor, welchen ich als seitlichen Aufheller nutze, und einen großen, der bei Sonnenschein zur Abschattung von oben dient. Zusätzlich ist das Mitführen einer kleinen Taschenlampe manchmal hilfreich, um Pflanzen im dichten Unterholz etwas aufzuhellen.

Da auch der engagierteste Fotograf nur zwei Hände hat, ist es nicht verkehrt, ein oder zwei Schwanenhälse mitzunehmen. Am Stativ festgeschraubt, dienen sie als helfende Hand, um die Reflektoren festzuhalten.

Weiterhin finden sich in meinem Gepäck eine kleine Gartenschere und etwas Blumendraht. Mit der Schere kann ich kleine Äste oder Gräser abzwicken, die mich in meiner Bildkomposition stören. Der Blumendraht hilft dabei, lange Grashalme oder Blumen in einer bestimmten Position zu halten.

Manchmal greife ich etwas tiefer in die Trickkiste und baue mir ein kleines Fotostudio zu Hause auf dem Küchentisch. Mit bunter Pappe, einem Stück Draht, Knete und einer Schüssel kann man beispielsweise hübsche Blüten „auf dem Wasser" ablichten oder andere fantasievolle Bildkompositionen gestalten.

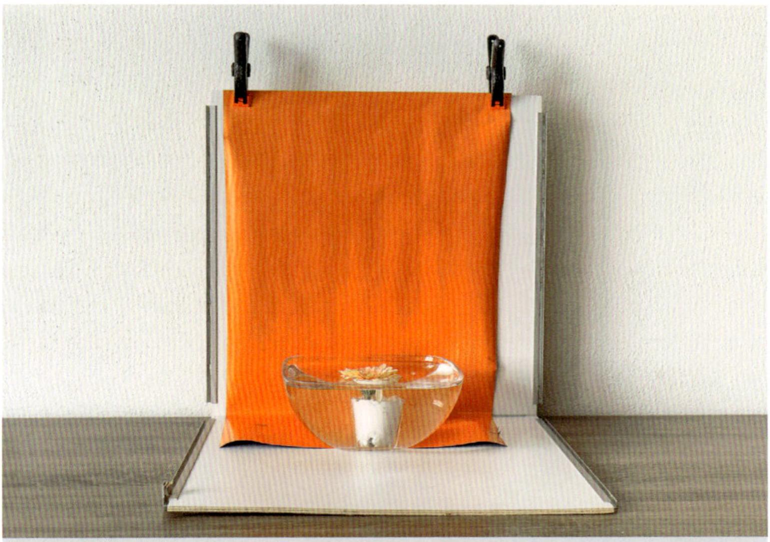

Nachhelfen ist erlaubt, um die Kreativität auf ein neues Level zu bringen.

Objektive für Makroaufnahmen

Makroobjektive gibt es in verschiedenen Ausführungen. Am geläufigsten sind solche mit 90 mm oder 100 mm Brennweite. In meiner Fototasche befindet sich ein 150-mm-Objektiv, weil mir das einen größeren Arbeitsabstand zu scheuen Tieren wie Eidechsen oder Schmetterlingen ermöglicht.

Makroobjektive unterscheiden sich von anderen Objektiven darin, dass sie einen Abbildungsmaßstab von 1:1 oder größer erlauben. Über den Sinn und Unsinn eingebauter Bildstabilisatoren wird gerne diskutiert. In den meisten Fällen kommt ein Stativ zum Einsatz, was einen Bildstabilisator überflüssig macht.

Geeignete Stative

Für Makroaufnahmen empfehle ich Dreibeinstative mit umkehrbarer Mittelsäule. Mit dieser lässt es sich bequem nah am Boden arbeiten. Alternativ gibt es Modelle, deren Mittelsäule umgelegt oder sogar vollständig entfernt werden kann. Manche Stative verfügen zudem über austauschbare Mittelsäulen in verschiedenen Längen. Praktisch sind zudem Stativbeine, die sich auf Bodennähe aufklappen lassen. Sie sollten für einen sicheren Stand außerdem mit Spikes ausgestattet sein.

Wer vorwiegend an Makroaufnahmen von Schleimpilzen und Flechten interessiert ist, ist mit einem GorillaPod gut bedient. Das Klemmstativ ist leicht, flexibel und lässt sich an nahezu jedem Ast, Zaun oder Ähnlichem befestigen. Da es zudem klein und handlich ist, ist dieser kleine Helfer im Makro-Outdooreinsatz mein absolutes Lieblingsstativ.

Egal für welches Stativ du dich entscheidest: Achte auf einen hochwertigen Stativkopf. Nimm ihn bezüglich der Belastbarkeit lieber eine Nummer größer, um ärgerliches Nachsacken deiner Kamera zu vermeiden. Sehr beliebt für den schnellen und unkomplizierten Einsatz ist zudem der Bohnensack. Er ist für bodennahe Aufnahmen bestens geeignet.

Kameraeinstellungen und Effekte

Für Makroaufnahmen kannst du entweder den manuellen Modus nutzen oder mit der Zeitautomatik (A bzw. Av, je nach Hersteller) arbeiten. Fotografiere mit möglichst offener Blende (etwa f/2.8), um das Motiv vom Hintergrund zu lösen. Der Nachteil einer offenen Blende liegt in einer sehr geringen Schärfentiefe. Für durchgehend scharfe Makroaufnahmen muss entweder abgeblendet oder ein Focus-Stack angefertigt werden.

Focus-Stacking

Focus-Stacking ist eine Methode, um den Schärfetiefenbereich – insbesondere bei Makroaufnahmen – künstlich zu erweitern. Dazu werden zunächst viele Einzelaufnahmen mit unterschiedlichen Schärfepunkten aufgenommen. Man nennt diesen Vorgang auch Focus-Bracketing.

Durch Verschieben der Kamera oder durch manuelles Drehen am Fokusring des Objektivs wird der Schärfepunkt Schritt für Schritt nach hinten verlagert. Nach jeder erfolgten Einstellung wird ausgelöst. Bei simplen Motiven funktioniert das Drehen am Fokusring recht gut, birgt aber die Gefahr von Schärfelücken durch ungenaues Arbeiten.

Für komplexe Aufnahmereihen empfehle ich die Verwendung eines sogenannten Makroschlittens, der sich ganz einfach zwischen Stativ und Kamera befestigen lässt und dich dabei unterstützt, die ideale Kameraposition einzustellen. Wer das Focus-Stacking ernsthaft betreiben möchte, ist mit einem motorisierten Einstellschlitten am besten bedient.

Es gibt noch zwei weitere Methoden, um einen Bildstapel anzufertigen: Manche Kameras bringen diese Funktion bereits kameraintern mit. Eine weitere Möglichkeit ist die Verwendung einer App, welche den Fokuspunkt durch den Remote-Zugriff auf die Kamera vollautomatisch verlagert. Hierbei kommt es allerdings schnell zu ungewollten Ungenauigkeiten.

Abhängig von Motiv und Abbildungsmaßstab können eine große Menge Einzelbilder nötig sein, um das Motiv vollständig zu erfassen. Aus diesem Grund eignet sich Focus-Bracketing lediglich für sich nicht bewegende Motive.

Sind alle Einzelbilder im Kasten, erfolgt das eigentliche Focus-Stacking. Dazu werden die Aufnahmen in einer geeigneten Software (z. B. Helicon Focus) zu einem durchgehend scharfen Gesamtbild verrechnet. Anders als bei einem kamerainternen Stack können nach dem Zusammenfügen in einer Software eine Vielzahl von Einstellungen vorgenommen werden. Zudem ist das fertige Bild optimal vorbereitet für die Weiterverarbeitung in Photoshop.

Autofokus

Spätestens nach dem dritten Versuch, ein Objekt mit dem Autofokus scharfzustellen, wird dir auffallen, dass der Fokus eigentlich immer danebenliegt. Besser ist es, den Schärfepunkt manuell einzustellen. Um es dir einfacher zu machen, nimmst du die Einstellung im Live-View, also auf dem Display der Kamera vor, anstatt durch den Sucher zu gucken. Verfügt deine Kamera über Focus-Peaking, hast du es sogar noch einfacher.

Das Bokeh

Bokeh ist das Zauberwort für gelungene (Makro-)Aufnahmen. Erst wenn das Motiv richtig freigestellt ist, entfaltet es seine volle Wirkung. Als Bokeh bezeichnet man den butterweichen Hintergrund hinter dem Hauptmotiv. Je weicher der Hintergrund in Unschärfe verschwimmt, desto ästhetischer und stimmungsvoller wirkt ein Bild auf den Betrachter. Um diesen Effekt zu erreichen, wird die Blende maximal geöffnet. Mit zunehmender Brennweite verstärkt sich der Effekt. Runde Spitzlichter im Hintergrund bezeichnet man gerne als „Bubbles“. Spitzlichter sind besonders helle Punkte eines Bildes, wie sie zum Beispiel durch Reflexionen des Sonnenlichts entstehen.

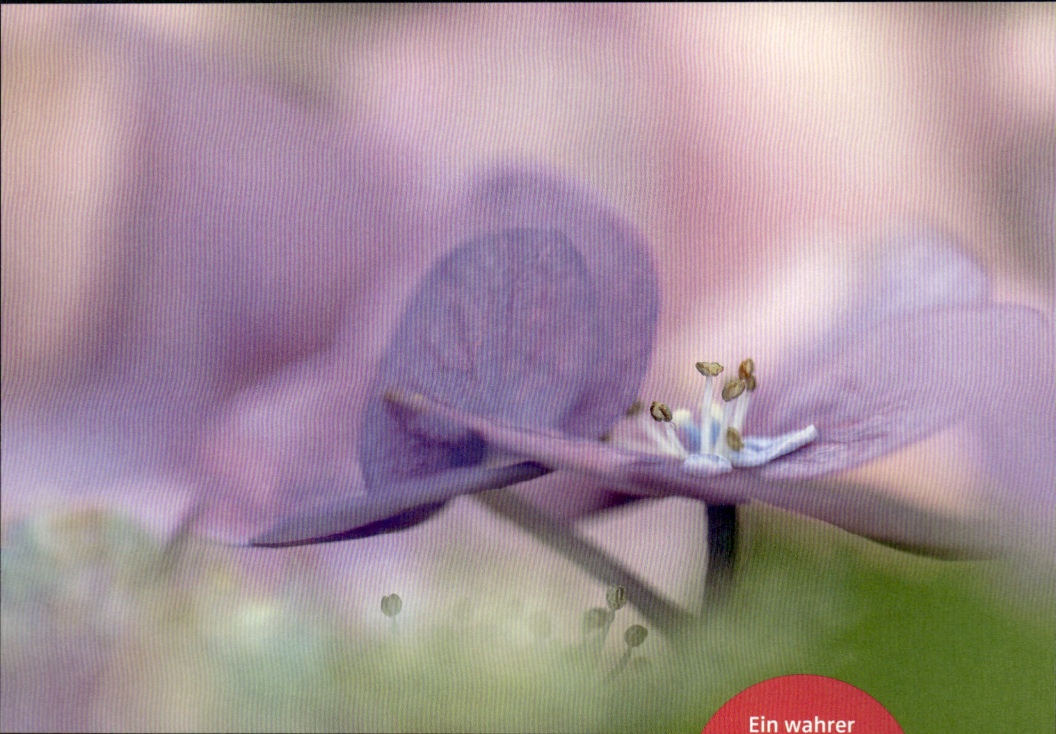

Ein wahrer Fotograf legt sich für schöne Bilder voll ins Zeug ... oder auf die Wiese.

WORKSHOP BLUMEN

Clematis

PACKLISTE

- Kamera
- Makroobjektiv
- Stativ
- Fernauslöser
- Kleiner Reflektor

Zum Bild

Waldreben bestechen durch das wunderschöne Innenleben ihrer Blüten. Diese Aufnahme ist ein Focus-Stack und wurde aus 38 Einzelaufnahmen zusammengesetzt.

Umsetzung

Wähle für ein schönes Gesamtbild eine Blüte mit gleichmäßig angeordneten Blütenblättern aus. Lege die offene Blüte in einer leichten Schräglage vor dir auf einen Tisch. Achte dabei auf einen ansprechenden Bildausschnitt. Nimm einen kleinen Reflektor oder ein Stück Styropor, um die Blüte seitlich etwas aufzuhellen. Gerade weiße Blumen erscheinen sonst im Schatten später oft zu grau.

Fotografiere mit leicht geschlossener Blende von etwa f/5, um übermäßig viele Einzelaufnahmen zu vermeiden. Fertige einen Focus-Stack an – die genaue Anleitung findest du im Kapitel „Kameraeinstellungen und Effekte“.

Nach dem Zusammenfügen in einer Stacking-Software erhält das Bild abschließend seinen Feinschliff in Photoshop oder Lightroom. Dafür werden Kontrast, Struktur und Lichter jeweils etwas angehoben.

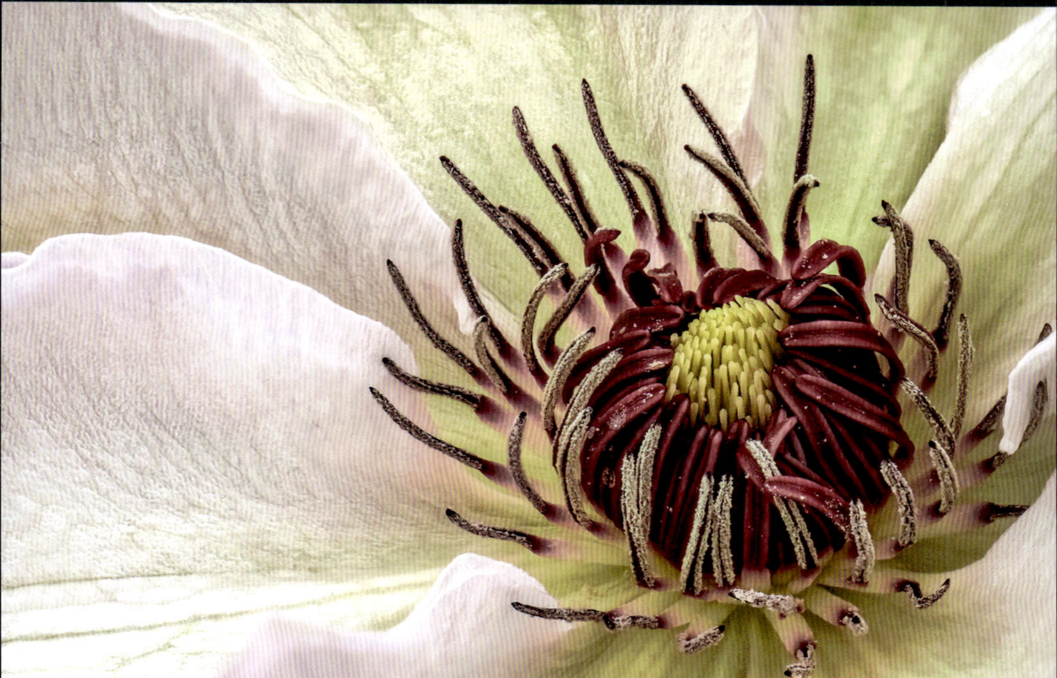

Purpur-Knabenkraut

PACKLISTE

- Kamera
- Makroobjektiv
- Bohnensack
- Fernauslöser

Zum Bild

Das Purpur-Knabenkraut ist eine der größten deutschen Freiland-Orchideen. Es kann eine Wuchshöhe von bis zu 80 Zentimetern erreichen und zeigt sich von etwa Ende April bis Anfang Juni, vorwiegend auf kalkhaltigen Lehmböden.

Umsetzung

Schaue dich bei sonnigem Wetter nach einer frei stehenden Orchidee um, welche vor einer Baumreihe wächst. Damit im Bokeh die im gleichnamigen Kapitel (Seite 143) beschriebenen „Bubbles" erscheinen, müssen im Hintergrund Lichtreflexe durch die Blätter eines Baumes fallen. Die Orchidee hingegen sollte für weiche Kontraste im Schatten stehen. Schneide die Blume bei Bedarf von störenden Gräsern frei.

Nun positionierst du die Kamera auf einem Bohnensack. Für eine gute Schärfe der Orchidee verwendest du eine Blende von etwa f/4. Achte auf ausreichend Abstand zwischen der Blume und den Bäumen. Nur so ist gewährleistet, dass der Hintergrund sich auflöst und nicht ebenfalls scharf dargestellt wird. Bei Bedarf kannst du den Hintergrund in Photoshop mit dem Weichzeichner nachträglich noch etwas absoften.

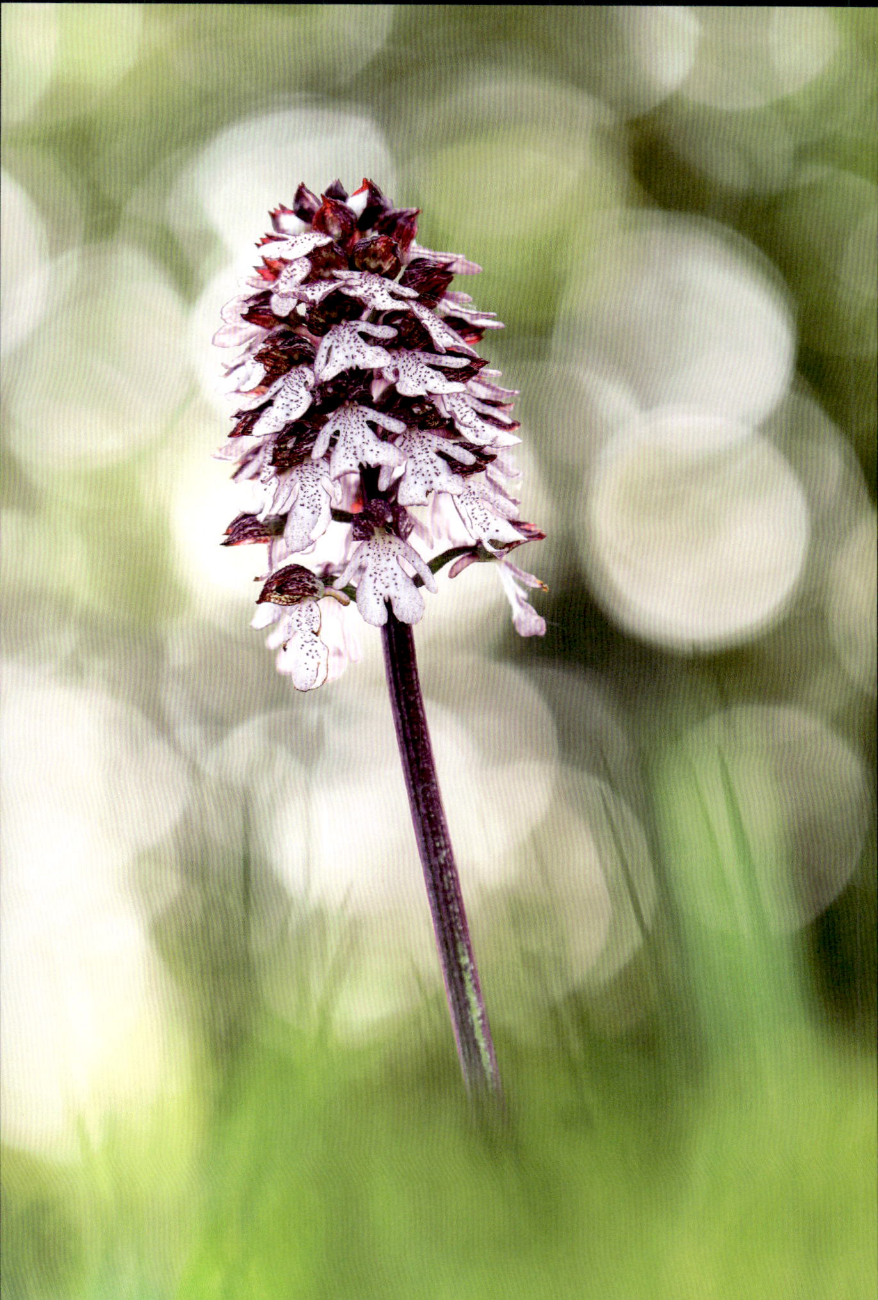

Der Bokeh-Effekt in Aktion
Canon EOS 5D Mark IV | 150 mm | ISO 400 | f/4.0 | 1/250 s

Seerose

PACKLISTE

- Kamera
- Makroobjektiv

Zum Bild

Seerosen sind wunderschöne Motive. Ihre Blüten lassen sich am besten an vollsonnigen Tagen fotografieren, wenn sie sich der Sonne entgegenstrecken. Durch die kurze Verschlusszeit bei Sonnenlicht färbt sich das Wasser auf der Fotografie dunkelbraun bis schwarz. Im Ergebnis erhalten wir dafür eine leuchtende Wasserlilie.

Umsetzung

Gehe zur Mittagszeit auf Seerosenjagd. Das helle Tageslicht erlaubt dir Makroaufnahmen ohne Hilfsmittel. Das Stativ darfst du deshalb ausnahmsweise zu Hause lassen.

Für die Freistellung der Blüte wählst du am besten eine offene Blende von etwa f/2.8. Die Verschlusszeit muss bei manuellem Auslösen je nach Tageslicht angepasst werden.

Knie dich nun vor den Teich und fotografiere leicht schräg von oben in die Blüte hinein. Achte darauf, dass du den Schärfepunkt auf die Pollen legst.

Bei der Bildentwicklung kannst du die Tiefen noch etwas abdunkeln und der Farbe der Blüte zudem etwas mehr Sättigung verleihen.

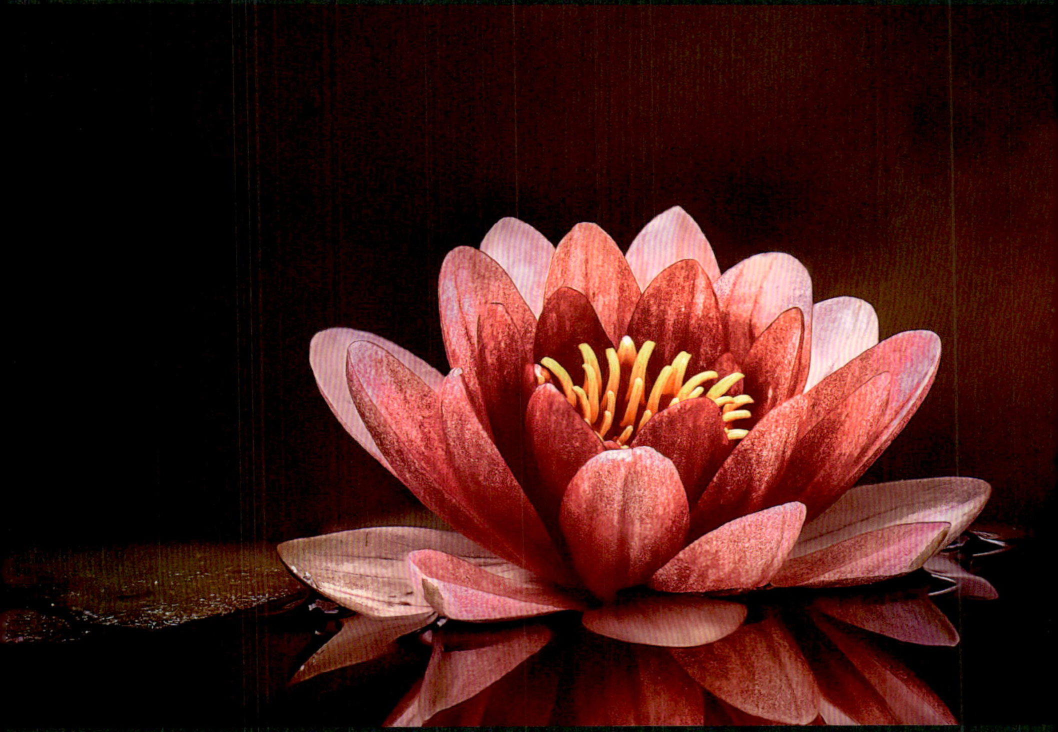

Seerose in voller Pracht
Canon EOS 7D Mark II | 150 mm | ISO 200 | f/2.8 | 1/550 s

Schwimmende Fuchsie

PACKLISTE

- Kamera
- Makroobjektiv
- Stativ
- Fernauslöser
- Schüssel, Knete, Büroklammer, Wasser, Styropor

Zum Bild

In diesem Bild spiegelt sich eine umgedrehte Fuchsie auf der Wasseroberfläche. Das ist gar nicht schwer umzusetzen und schnell gemacht, hat aber einen besonders kreativen Effekt.

Umsetzung

Suche zunächst eine Blüte mit vollständig geöffneten Blütenblättern. Das ist wichtig, weil diese später direkt auf der Wasseroberfläche liegen sollen. Nun spießt du die Blüte mit einer Büroklammer oder etwas Draht auf. Stecke sie dann in ein Stück Knete und stelle den Aufbau in eine große Glasschüssel. Fülle Wasser in die Schüssel, bis die Blätter auf der Wasseroberfläche aufliegen.

Baue Stativ und Kamera so auf, dass die Kamera leicht nach unten geneigt der Wasseroberfläche zugewandt ist. Nimm zur gleichmäßigen Ausleuchtung ein oder zwei kleine Styroporplatten, die du jeweils seitlich neben der Schüssel drapierst. Nun musst du nur noch warten, bis das Wasser keine Bewegung mehr zeigt, dann kannst du mit dem Fernauslöser auslösen.

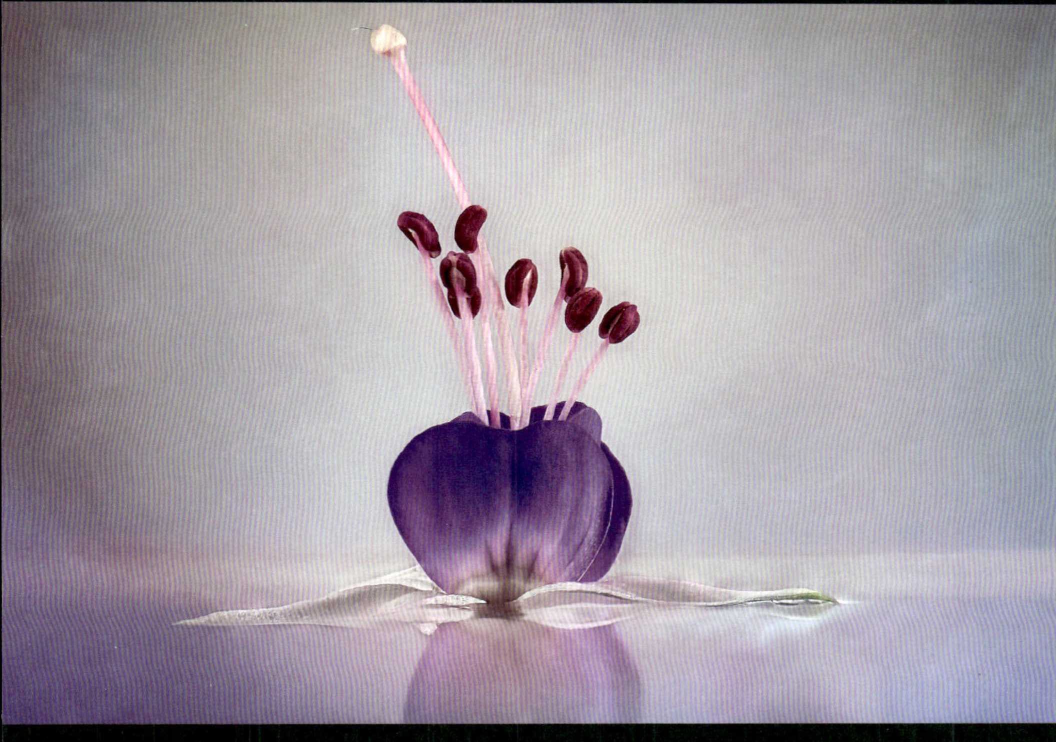

Sonnenblume

PACKLISTE

- Kamera
- Makroobjektiv
- Stativ
- Fernauslöser
- Farbiges Tonpapier

Zum Bild

Sonnenblumen bereiten mir gute Laune. Sie sind die Sommerboten schlechthin und bestechen durch ihr intensives Gelb. Vor einem orangefarbenen Papierhintergrund fotografiert, leuchten die Blumen noch mehr.

Umsetzung

Besorge einen Bund Sonnenblumen und buntes Tonpapier aus dem Schreibwarenladen. Stelle eine Sonnenblume in eine Vase und baue sie vor dem Papier auf. In meinem Fall hatte ich das Tonpapier mit Wäscheklammern an einer Wäscheleine festgemacht und die Vase auf einem Hocker davor platziert.

Baue die Kamera mit Stativ auf und fotografiere mit einer Blende von f/4 bis f/6.3. Welche Blendeneinstellung du wählst, hängt vom Abstand der Blume zum Papier sowie von dem gewünschten Unschärfeeffekt für den Hintergrund ab.

Wenn du möchtest, kannst du den Hintergrund in Photoshop im Anschluss mit einer Textur versehen (eine Anleitung hierfür findest du im Kapitel „Fünf-Minuten-Rezepte für bessere Bilder") und die Sättigung der Farben deutlich anheben, um den fröhlichen Effekt des Bildes zu verstärken.

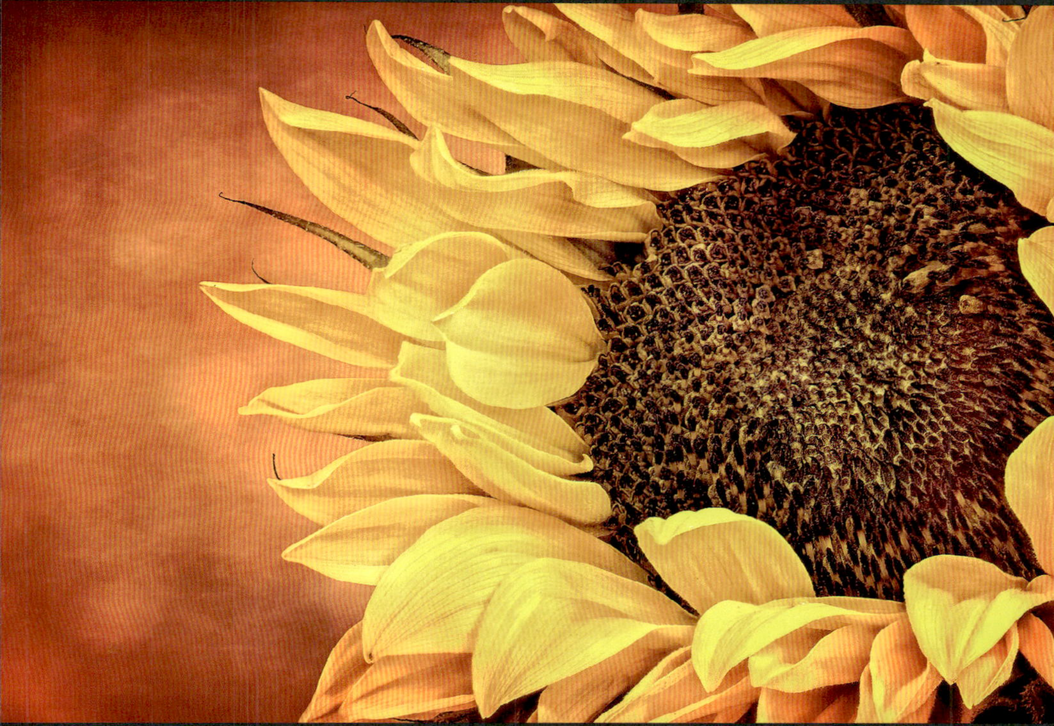

Hortensie

PACKLISTE

- Kamera
- Makroobjektiv

Zum Bild

Geschwungene Linien in Kombination mit zarten Farben: Das gelingt mit einer einfachen und minimalistischen Aufnahme einer gewöhnlichen Gartenhortensie.

Umsetzung

Diese Aufnahme zeigt die Blütenpollen einer Hortensie. Wenn du so nah an dein Motiv heranwillst, ist ein Stativ meist störend. Im Normalfall ist die Schärfentiefe so gering, dass jeder noch so zarte Windhauch die Bildkomposition zerstört. Mit dem Einsatz eines Stativs kommst du vermutlich aus dem erfolglosen Fokussieren nicht mehr heraus.

Versuche dieses Motiv an einem sehr hellen Tag umzusetzen. Die Blüte sollte für die pastelligen Kontraste aber trotzdem im Schatten wachsen. Gehe nun mit offener Blende so nah heran, wie es dein Objektiv erlaubt. Beschränke dich auf einen einzigen Pollen und versuche die vorderen Blütenblätter so anzuordnen, dass sich durch die Blütenränder eine geschwungene Linie ergibt.

Für noch zartere Farben kannst du die Sättigung von Schwarz bei der Entwicklung etwas abschwächen.

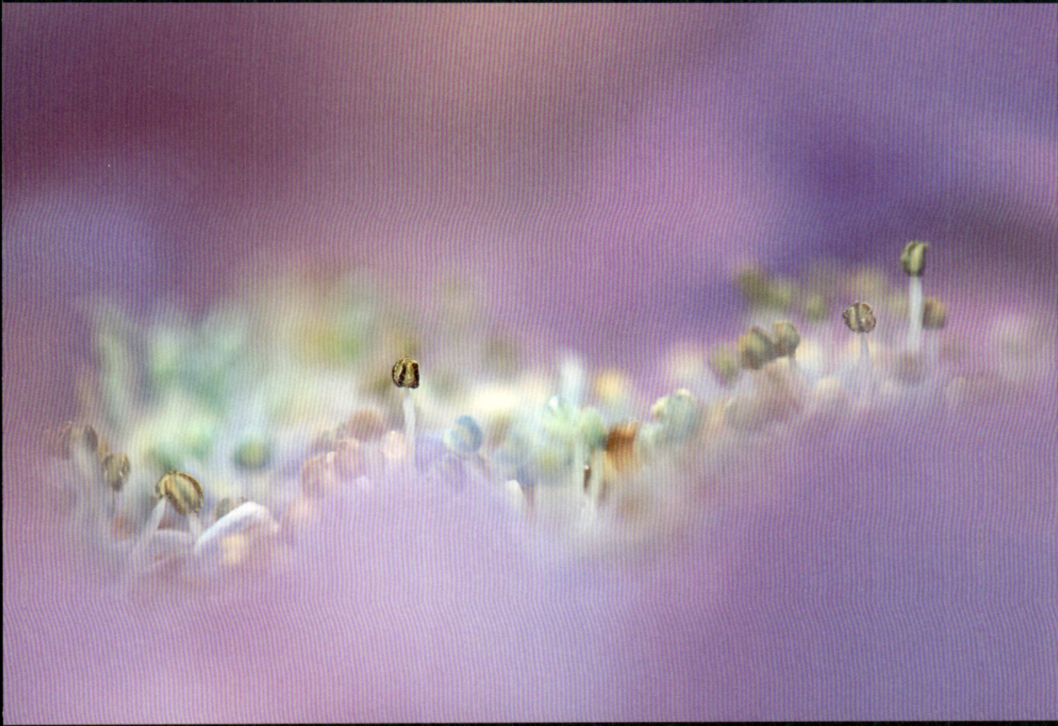

Palmlilie

PACKLISTE

- Kamera
- Makroobjektiv

Zum Bild

Dieses Bild zeigt die imposanten Blüten einer Palmlilie, die sich leicht im Wind wiegen. Die weiß-grünen Glocken bilden einen schönen Kontrast zu dem orangefarbenen Hintergrund. Die Blütezeit der winterharten Gartenstaude reicht von Juni bis September.

Umsetzung

Da die Palmlilie nicht alle Blüten auf einmal öffnet, lohnt es sich, das Motiv an verschiedenen Tagen auszuprobieren. Nicht immer sind die Blüten ideal und zudem manchmal sehr weit auseinander.

Auch dieses Motiv lässt sich am besten Freihand umsetzen. Vermutlich wirst du viele verschiedene Blickwinkel ausprobieren, bis dir die Anordnung der Blüten zusagt.

Am schönsten wirkt es, wenn nur eine dominante Blüte das Bild beherrscht. Am Bildrand in Szene gesetzt, wird sie von den Glocken im Hintergrund sanft umspielt. Damit die Anordnung zufällig aussieht, achte darauf, dass einige Blüten an den Bildrändern angeschnitten sind. Fotografiere mit weit offener Blende von etwa f/2.8 für einen weichen Verlauf.

In Photoshop kannst du mit einer Einstellunsgebene „Selektive Farbkorrektur“ mögliche Farbstiche aus dem Weiß der Blüten entfernen.

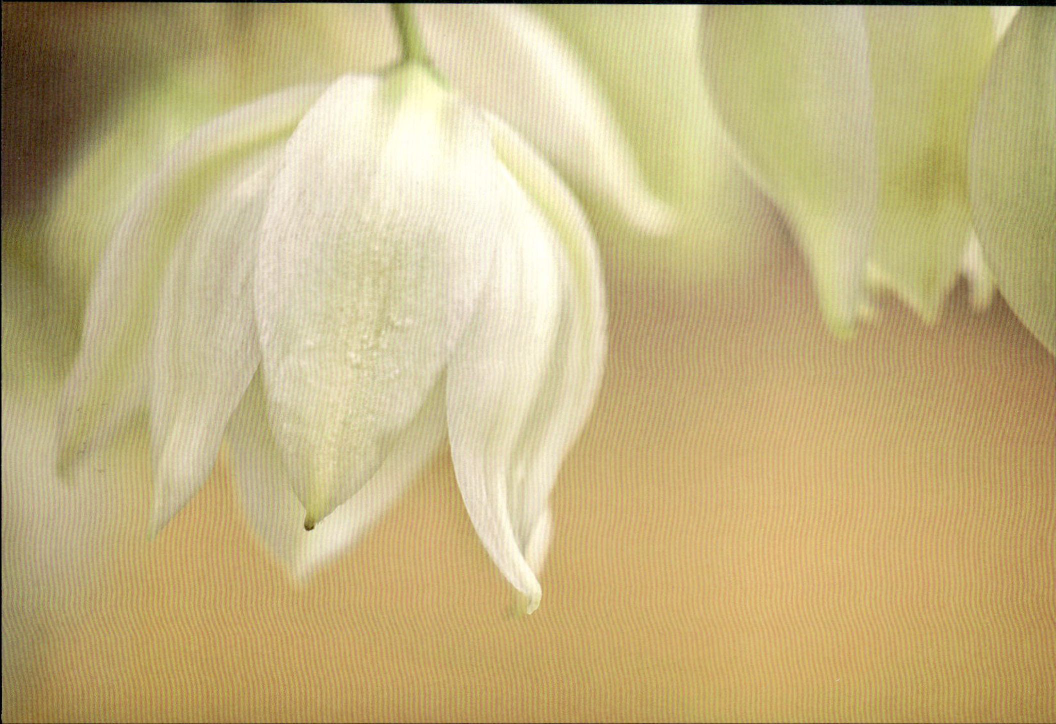

Elfenkrokus

PACKLISTE

- Kamera
- Makroobjektiv
- Bohnensack
- Gartenschere

Zum Bild

Nach einem tristen Winter freut man sich über die ersten bunten Frühlingsboten. Der farbenfrohe Elfenkrokus kommt oft in Gruppen vor und lässt sich in solchen auch hervorragend ablichten. Die Pflanze öffnet ihre Blüten nur bei Sonnenschein von Februar bis März.

Umsetzung

Da die zarten Krokusse nur etwa sieben bis 17 Zentimeter hoch werden, fotografierst du am besten in Bodennähe. Diese Gruppe habe ich auf einem Hügel gegen den weißen Himmel fotografiert. Dadurch gelang mir die minimalistische Bildgestaltung.

Wähle eine offene Blende von f/2.8, damit Vordergrund und Hintergrund verschwommen dargestellt werden. Die Kamera rückst du nun auf einem Bohnensack in Position. Lege ein paar welke Blätter in den Vordergrund, um das Bild unten einzurahmen. Achte auf störende Gräser seitlich der Blumengruppe und schneide sie bei Bedarf mit der Gartenschere ab.

Da Krokusse im Wind leicht flattern, wähle außerdem eine relativ kurze Verschlusszeit. Aktiviere den Live-View auf deinem Display und zoome in das Bild hinein. Nun suchst du einen passenden Fokuspunkt und löst mit dem Fernauslöser aus.

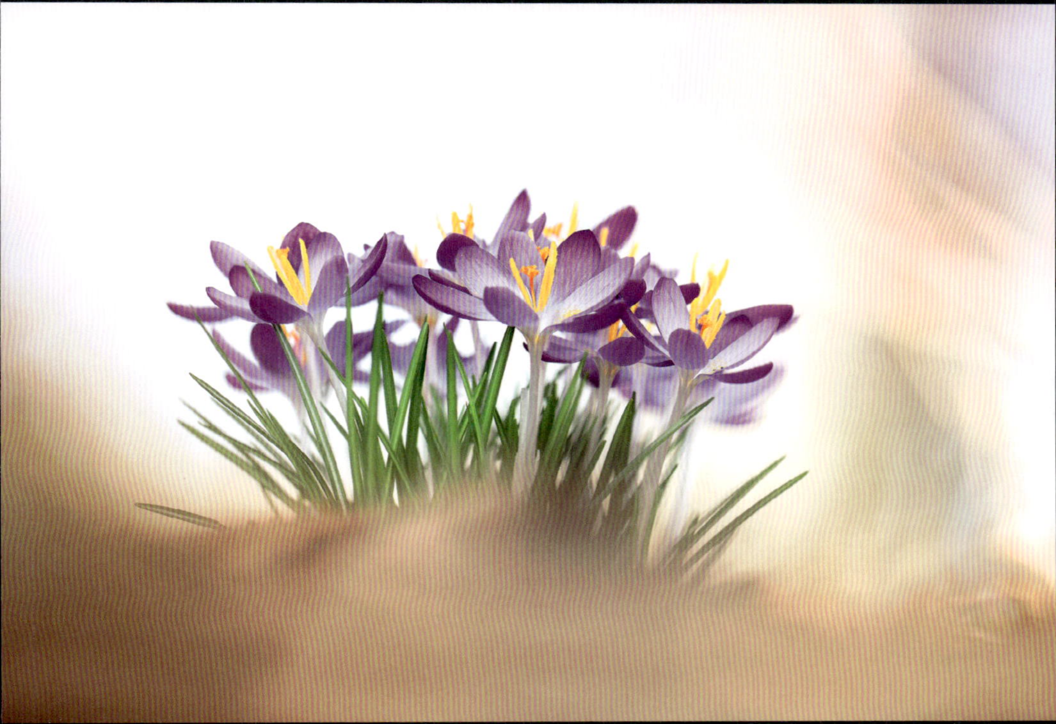

Blauregen

PACKLISTE

- Kamera
- Makroobjektiv

Zum Bild

Von Mai bis Juni blüht eine meiner Lieblingspflanzen: der Blauregen. Mein Ziel war es, die Leichtigkeit des Sommers mit all seinen Farben einzufangen. Bei dieser Aufnahme sind wegen des hellen Sonnenlichts weder ein Stativ noch andere Hilfsmittel nötig.

Umsetzung

Suche dir eine im Schatten hängende Blütentraube aus. Achte darauf, dass sie noch unversehrt und frei von welken Blütenblättern ist. Wenn du seitlich an der Traube vorbei fotografierst, kannst du zudem das Licht des Hintergrundes in das Bild einbinden.

Im gezeigten Beispielbild stand hinter dem Rankgitter des Blauregens ein Baum. Seine Blätter, die von der Sonne angestrahlt wurden, erzeugten das gelbliche Licht im Hintergrund.

Nach der Basisentwicklung habe ich in Photoshop die Luminanz der gelben Farbe zusätzlich etwas angehoben, um den Effekt des Hintergrundlichts zu verstärken. Da mir das weiche Bokeh sehr wichtig war, habe ich lediglich die Blüten etwas nachgeschärft und den Hintergrund original belassen.

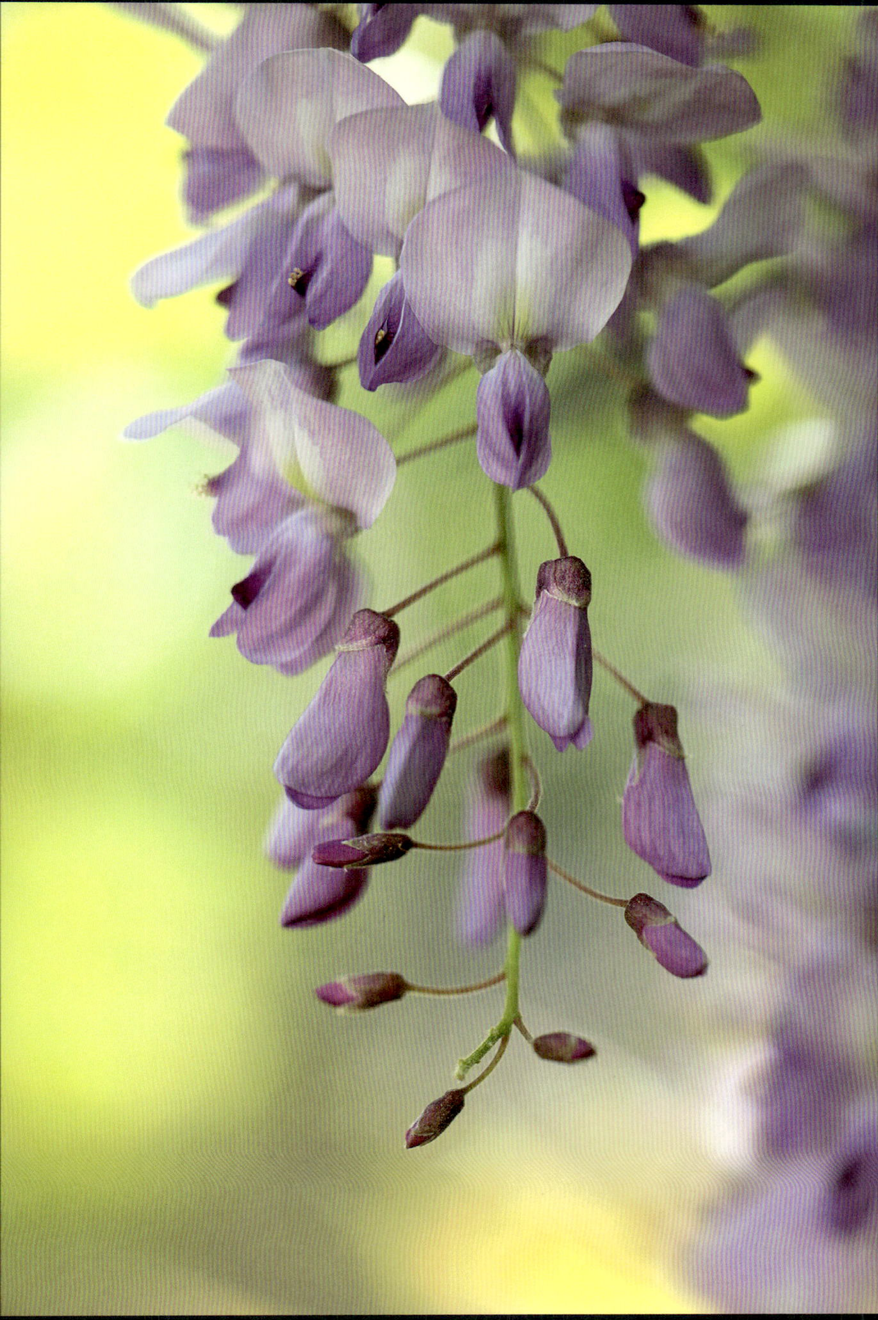

Chinesischer Blauregen: ein Sommertraum
Canon EOS 5D Mark IV | 150 mm | ISO 100 | f/2.8 | 1/500 s

Winterling

PACKLISTE

- Kamera
- Makroobjektiv
- Bohnensack

Zum Bild

Bunte Blüten, die von Schnee umhüllt sind, haben etwas Surreales. Eigentlich verbindet man mit blühenden Blumen eher sommerliche Temperaturen. Diesem niedrig wachsenden, aber farbenfrohen Frühlingsboten kommt meiner Meinung nach viel zu wenig Beachtung zu. Der Winterling fand zeitig im Februar seinen Weg ins Licht.

Umsetzung

Achte bei der Auswahl der Pflanze darauf, dass sie unversehrt ist. Besonders reizvoll sehen kleine Schneehauben auf noch geschlossenen Blüten aus. Im Notfall darf es da auch gerne mal aus dem Handgelenk schneien.

Da ein rein schneeweißer Hintergrund auf Bildern eher langweilig wirkt, ist es sinnvoll, die Schneedecke ein wenig in Form zu bringen. Im Beispielbild habe ich dafür etwas Schnee auf der linken Seite angehäuft. Der Boden erhält dadurch mehr Struktur und Linien. Der weiße Hintergrund erlaubt es, die Blende etwas mehr zu schließen als sonst. Fotografiere im Schnee mit Blendenwerten um f/5.6 oder f/6.3.

Der Schnee wird bei der Entwicklung des Bildes mittels der sogenannten „Selektiven Farbkorrektur“ von Farbstichen befreit. Zusätzlich kannst du ihm auch etwas mehr Struktur verleihen.

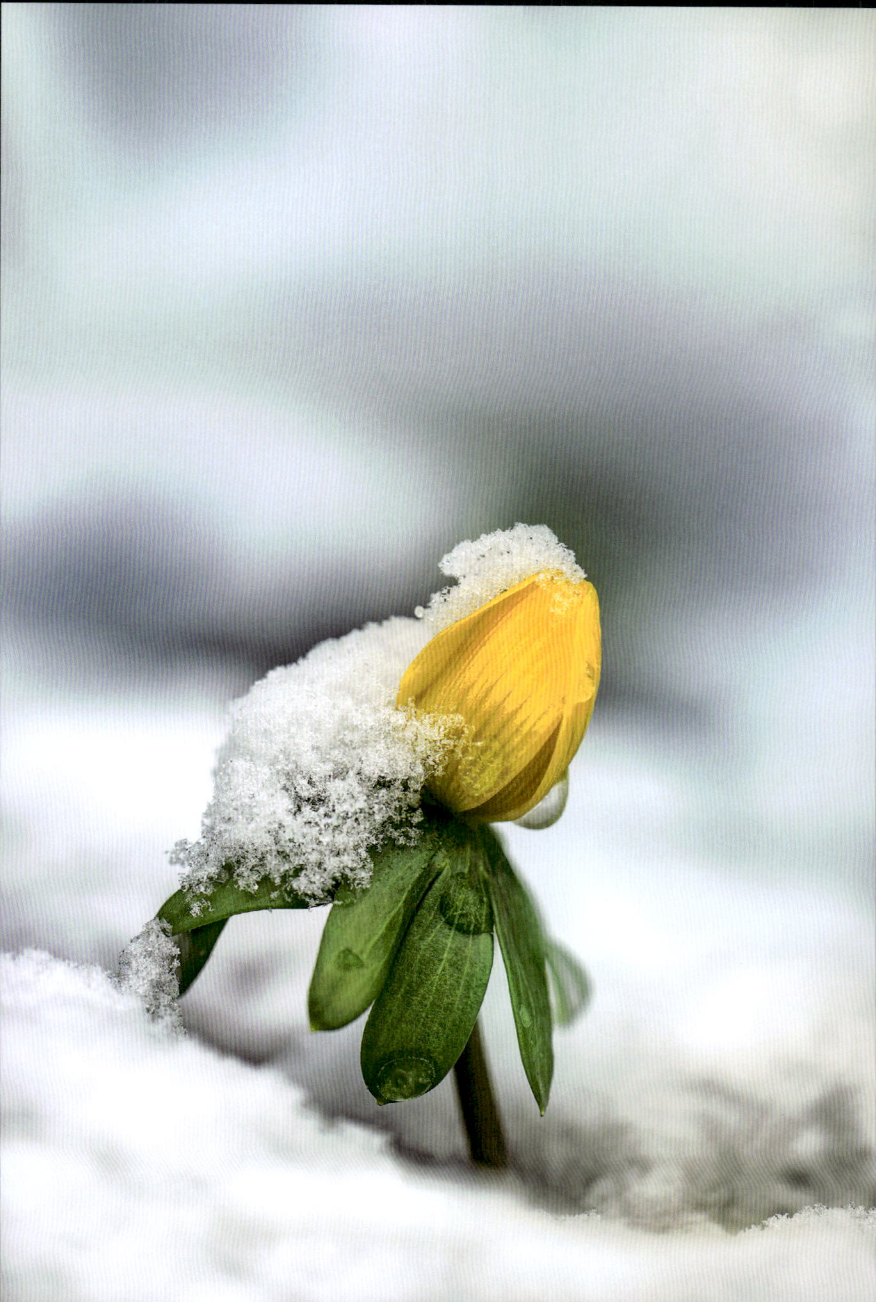

Gelber Farbtupfer im Winter
Canon EOS 5D Mark IV | 150 mm | ISO 100 | f/5.6 | 1/15 s

Pusteblume

PACKLISTE

- Kamera
- Makroobjektiv
- Stativ
- Fernauslöser
- Buntes Tonpapier
- Styropor, Draht, Pinzette, Steckschaum oder Knete

Zum Bild

Löwenzahn gehört zu den Blüten, die verblüht erst richtig interessant aussehen. Die Leichtigkeit der Schirmchen bezaubert in einer Makroaufnahme besonders.

Umsetzung

Die Samen des Löwenzahns lichtest du am besten in der windstillen Wohnung ab. Pflücke ein schönes Exemplar und schiebe einen dünnen Draht durch den Pflanzenstiel. Stecke den Draht mit der Blume in ein Stückchen Knete oder Steckschaum. Zupfe mit der Pinzette ein paar Schirmchen aus dem vorderen Teil der Pusteblume. Als Hintergrund dient ein großes Blatt farbiges Tonpapier oder Ähnliches.

Nun baust du die Kamera auf dem Stativ auf. Achte für einen schöneren Bildausschnitt darauf, die Pusteblume nicht mittig zu setzen. (Tipps für mehr Harmonie im Bild findest du im Kapitel „Der Bildaufbau“.) Mit offener Blende von f/2.8 fokussierst du nun den Blütenstempel. Bei Bedarf kannst du das Motiv mit einer kleinen Styroporplatte seitlich aufhellen. Um die Details des Blütenstempels herauszuarbeiten, hebst du später in Photoshop die Struktur etwas an und rundest das Bild mit einer Vignette (siehe Seite 56) ab.

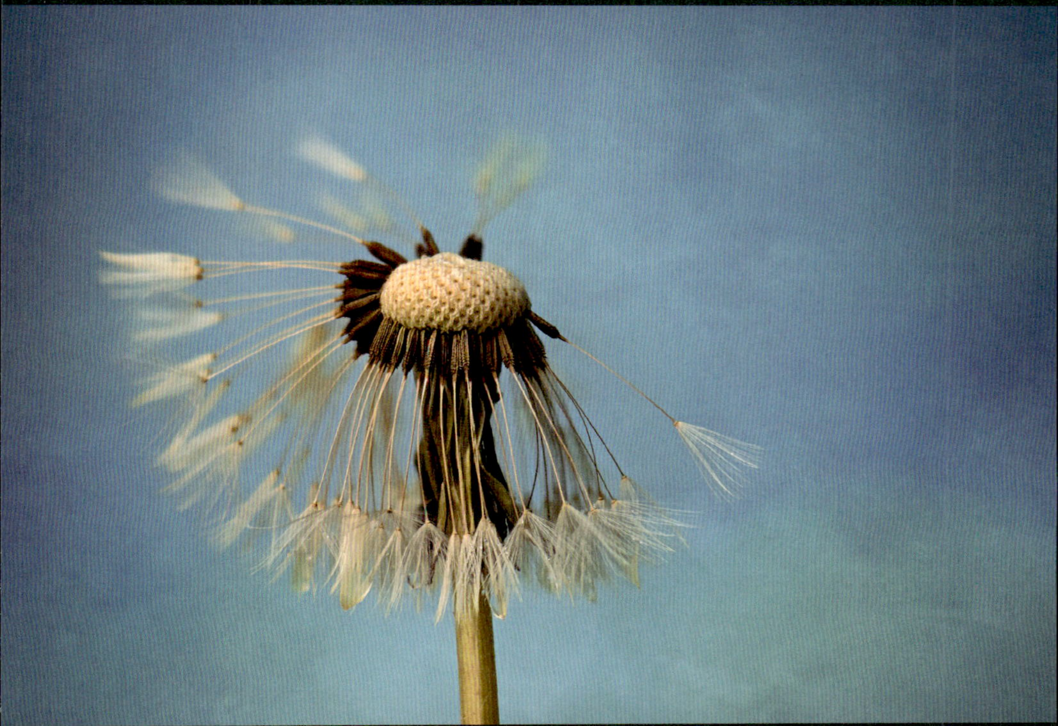

Krokus

PACKLISTE

- Kamera
- Makroobjektiv
- Fernauslöser
- Bohnensack

Zum Bild

Krokusse gibt es in vielen bunten Farben. Die Ausschau nach reizvollen Hybriden lohnt sich. Dieses gelbe Exemplar fiel mir zwischen seinen vorwiegend blauen Vertretern ins Auge. Das goldene Licht der Morgensonne passte farblich genau zur Blüte.

Umsetzung

Ziehe zeitig zum Sonnenaufgang los, um das goldene Licht einzufangen. Suche einen frei stehenden Krokus. Die Kamera baust du hochkant auf, um dem Sonnenlicht mehr Raum im Bild zu geben. Lege die Kamera auf einen Bohnensack und wähle den Bildausschnitt so, dass der Himmel etwa zwei Drittel der Aufnahme ausmacht. Entferne störende Gräser oder Äste.

Lege den Fokus auf den Blütenstempel und schalte den Autofokus aus. Eine Blende von etwa f/4.5 stellt sicher, dass der gesamte Blütenstempel scharf abgebildet wird. Löse mit dem Fernauslöser aus, um nichts zu verwackeln.

Sättigung und Luminanz im Gelb des Sonnenlichtes werden bei der Entwicklung etwas erhöht. So wirkt das Morgenlicht noch strahlender.

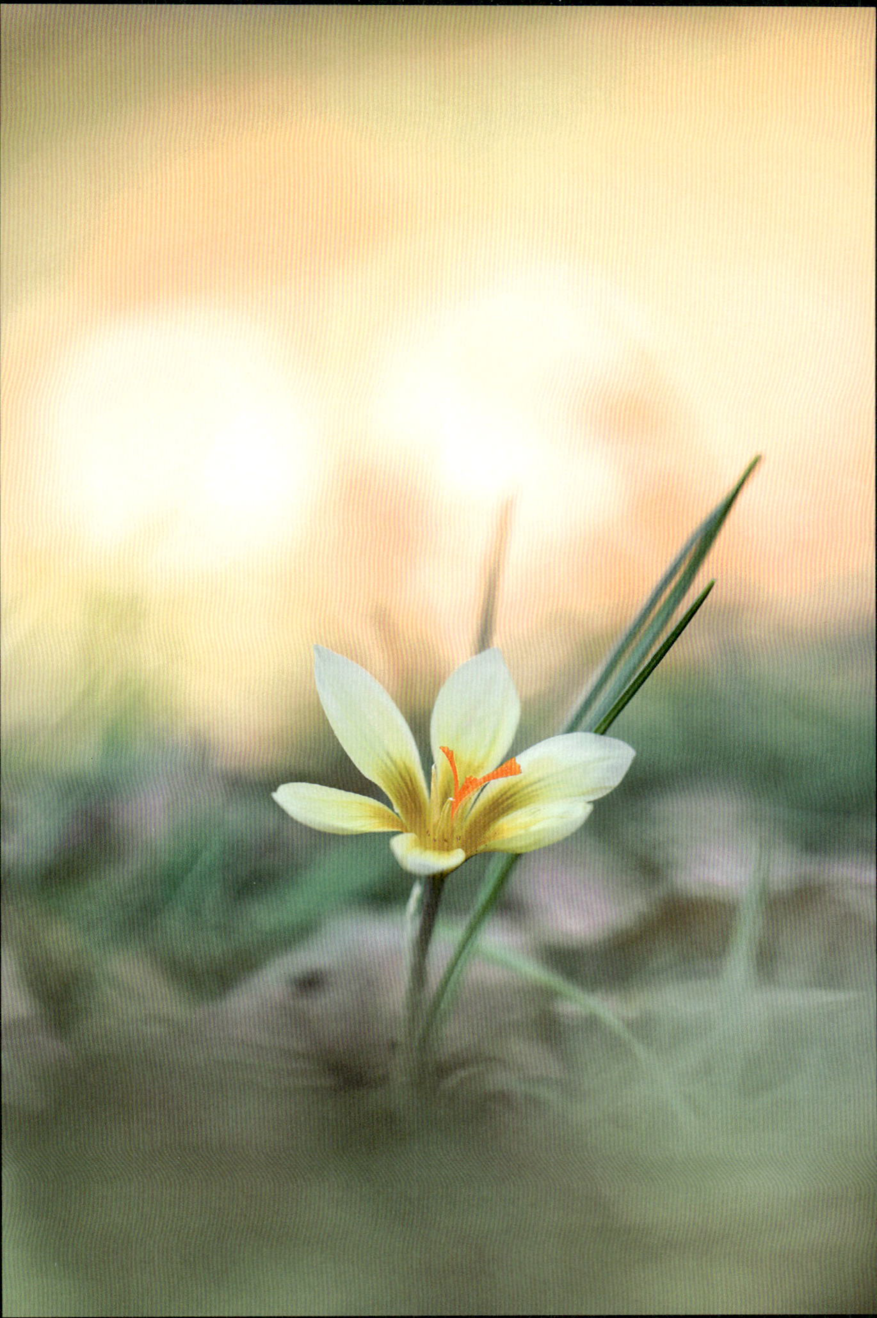

Krokus im Morgenlicht
Canon EOS 5D Mark IV | 150 mm | ISO 320 | f/4.5 | 1/200 s

Dachwurz

PACKLISTE

- Kamera
- Makroobjektiv
- Stativ
- Fernauslöser
- Kleiner Reflektor
- Buntes Tonpapier

Zum Bild

Je nach Sorte zeigt der Dachwurz zwischen Mai und August seine wunderschönen Blüten. Diese Aufnahme entstand Mitte Juni. Es handelt sich um einen Focus-Stack aus 34 Einzelaufnahmen.

Umsetzung

Suche eine einzelne Blüte und stelle im Hintergrund ein buntes Tonpapier auf. Stelle die sternförmige Blüte formatfüllend, aber nicht mittig dar. Leicht schräg fotografiert erscheint der Stern plastischer als in der Frontalansicht. Achte besonders auf die Unversehrtheit der Blüte – oft befinden sich auf den Blütenblättern braune Flecken. Nimm einen kleinen weißen Reflektor, um die Blüte seitlich etwas aufzuhellen. Fotografiere mit offener Blende von f/2.8. Fertige einen Focus-Stack an (wie das geht, erkläre ich dir im gleichnamigen Kapitel auf Seite 141).

Nach dem Zusammenfügen der einzelnen Aufnahmen exportierst du die Datei zur weiteren Bearbeitung in Photoshop. Dort erhöhst du die Dynamik und die Sättigung der Farben nach Belieben.

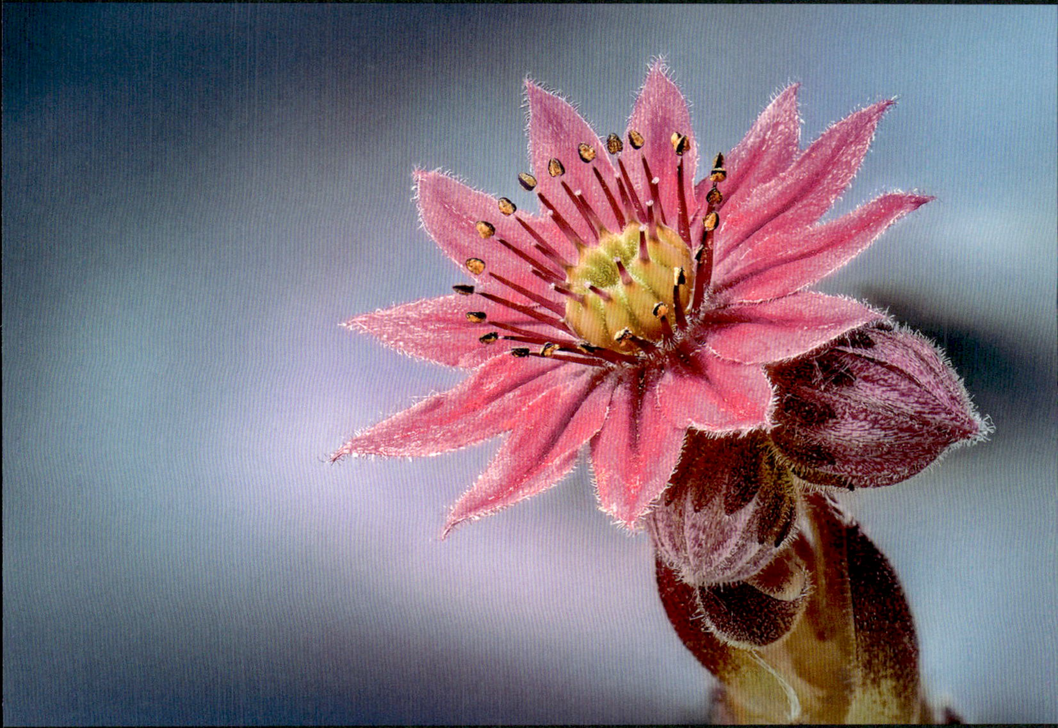

Der Star im Garten
Canon EOS 7D Mark II | 150 mm | ISO 100 | f/2.8 | 1/500 s

Buschwindröschen

PACKLISTE

- Kamera
- Makroobjektiv
- Fernauslöser
- Bohnensack

Zum Bild

Mit einer Blütezeit zwischen März und Mai gehört das Buschwindröschen zu den Frühlingsboten. Man trifft es bevorzugt in Wäldern unter noch nicht belaubten Bäumen an. Da die hübschen Anemonen überwiegend als Blütenteppich anzutreffen sind, bieten sich Gruppenaufnahmen an.

Umsetzung

Lege deinen Bohnensack vor eine Gruppe Buschwindröschen. Positioniere nun die Kamera mit angestecktem Fernauslöser darauf. Achte bei der Wahl der Bildkomposition auf einen hellen Hintergrund. Dafür wählst du am besten eine Blumengruppe aus, die nicht vor Baumstämmen oder Büschen wächst.

Fokussiere nun eine dominante Blüte am äußeren Rand des Bildausschnitts und stelle einen Blendenwert von etwa f/4 ein. So wird der Blütenstempel noch durchgehend scharf, alles andere jedoch schön weich abgebildet.

Für einen weichen, pastelligen Look nimmst du bei der Bildbearbeitung die Intensität der schwarzen Farbe mittels der „Selektiven Farbkorrektur“ etwas heraus.

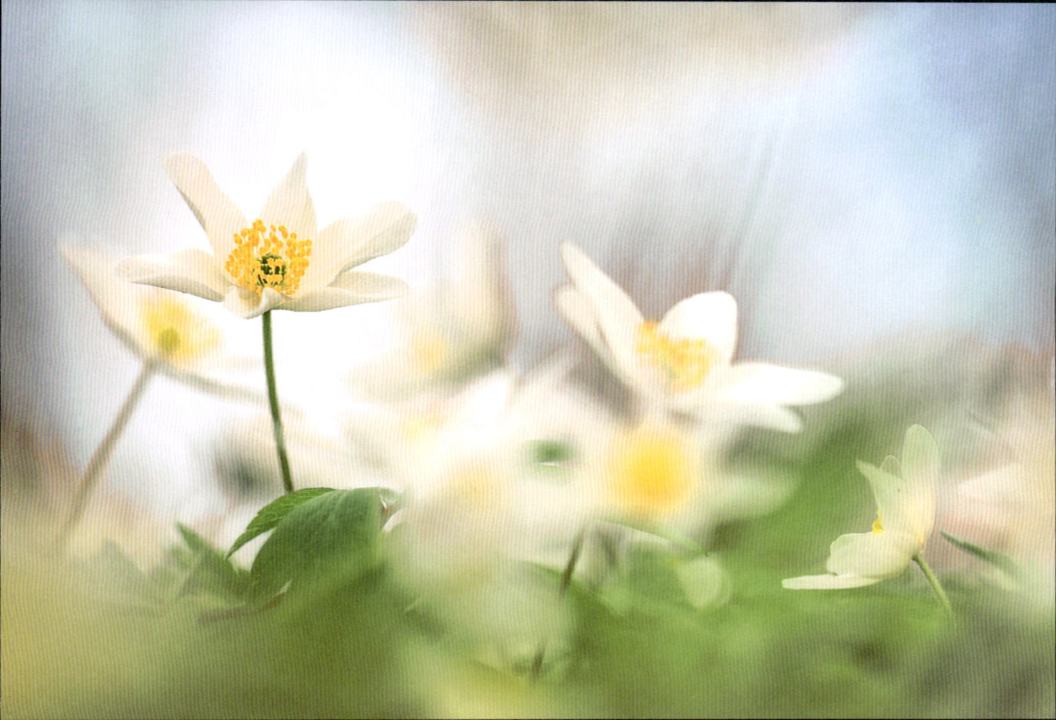

Rhododendron

PACKLISTE

- Kamera
- Makroobjektiv

Zum Bild

Einmal im Jahr blühen die sonst unscheinbaren Rhododendren in einer Fülle knalliger Farben. Dieser rosa blühende Strauch meiner Nachbarin hatte es mir besonders angetan. Ich wollte ein sehr minimalistisches Bild erschaffen, welches nur von der Farbe der Blüte leben sollte.

Umsetzung

Für dieses Motiv musst du sehr nah herangehen. Die Aufnahme gelingt dir deshalb an einem windstillen Tag am besten. Suche eine schöne Rhododendronblüte im Schatten aus. Du hast besseres Licht im Blüteninneren, wenn du die Sonne im Rücken hast. Gehe nun mit dem Makroobjektiv so nah wie möglich an den Blütenstempel heran.

Suche eine Perspektive, bei der der Stempel im Vordergrund von einem Blütenblatt leicht verdeckt wird. Fokussiere nur auf den obersten Rand des Stempels, alles andere darf gerne in absoluter Unschärfe verschwimmen. Löse nun mit einer kurzen Verschlusszeit und einer Blende von f/3.2 oder f/4 aus. Die Sättigung darf im Anschluss – wie immer – gerne etwas angehoben werden.

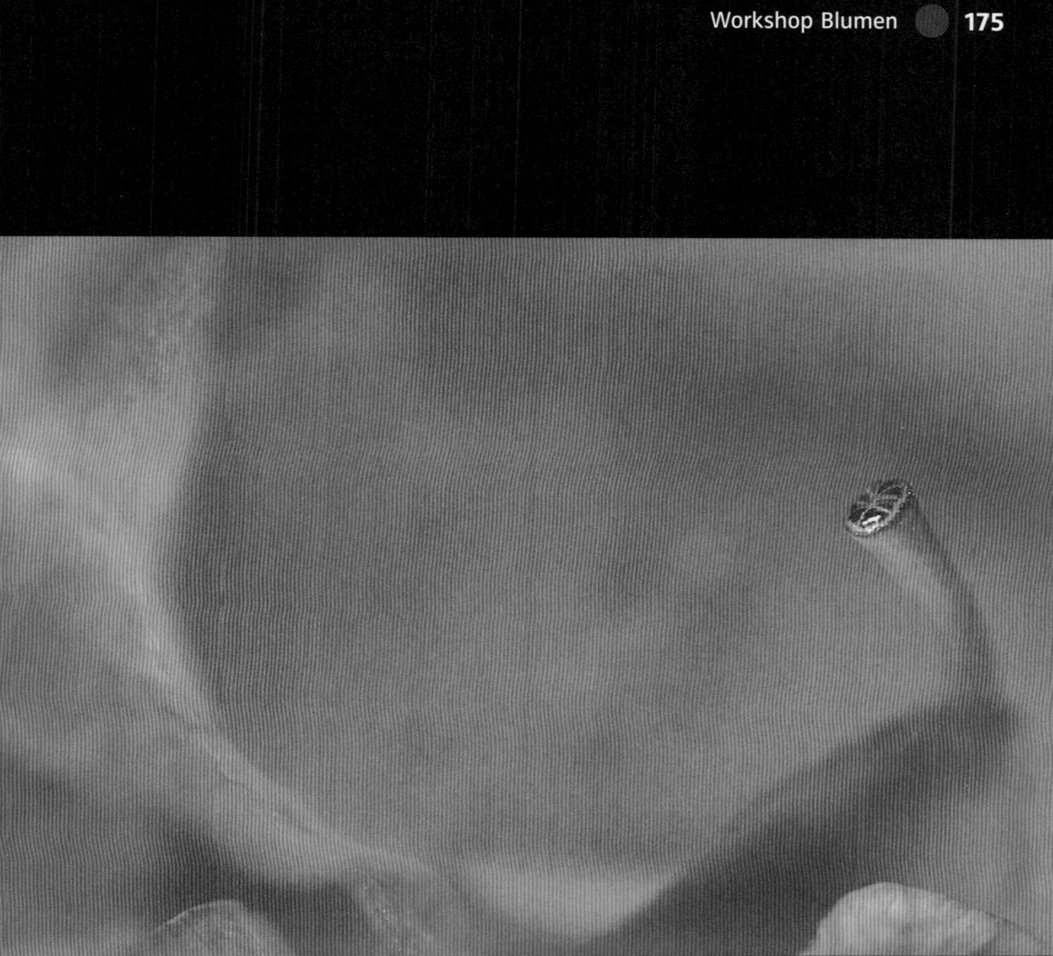

Tränende Herzen

PACKLISTE

- Kamera
- Makroobjektiv
- Stativ
- Fernauslöser
- Farbiges Tonpapier, Steckschaum, Holzstäbchen, Wäscheklammern, Wasser, Glycerin, Pipette

Zum Bild

Tränende Herzen sind wundervolle Blumen. Mit ein paar Wassertropfen sehen sie einzeln oder aneinandergereiht großartig aus. Die einzelne Blüte ist ein Focus-Stack aus 18, die Blütenreihe ein Stack aus 14 Einzelaufnahmen.

Umsetzung

Bastle zwei Ständer, indem du jeweils ein Holzstäbchen in einen Steckschaumwürfel steckst. Mit Wäscheklammern fixierst du nun die Enden der Blütenstiele an den Holzstäbchen, sodass die Blüten frei hängen. Als Hintergrund dient farbiges Tonpapier, welches im Idealfall mit den Farben der Blüte harmoniert.

Mische nun Wasser und Glycerin im Verhältnis 50 zu 50 und befülle damit eine kleine Pipette. Setze einzelne Tröpfchen auf den Blumenstiel. Da die Tropfen in diesem Mischverhältnis sehr zähflüssig sind, bleiben sie gut haften.

Fertige nun einen Focus-Stack mit einem Blendenwert von f/2.8 an. Nach der Verrechnung hebst du Sättigung und Kontrast noch etwas an. Der Hintergrund kann zudem nach Belieben mit einer feinen Textur überlagert werden.

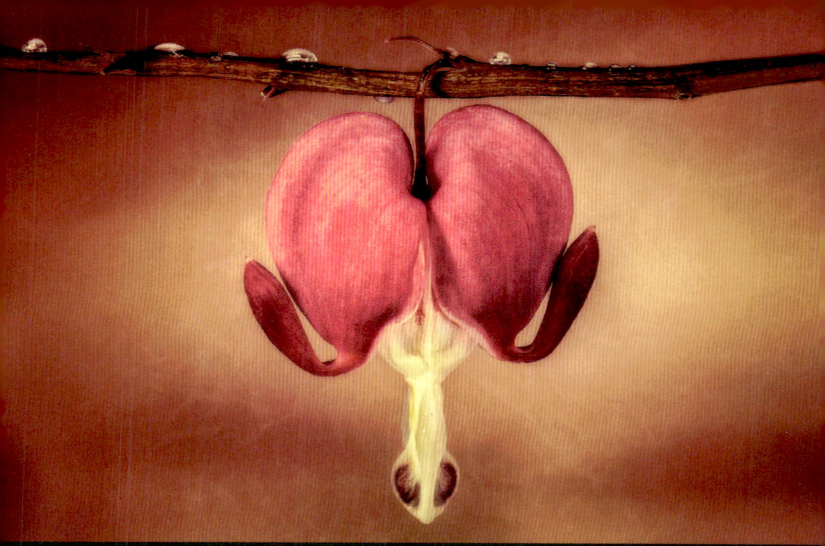

Ein einzelnes tränendes Herz
Canon EOS 7D Mark II | 150 mm | ISO 100 | f/2.8 | 1/100 s

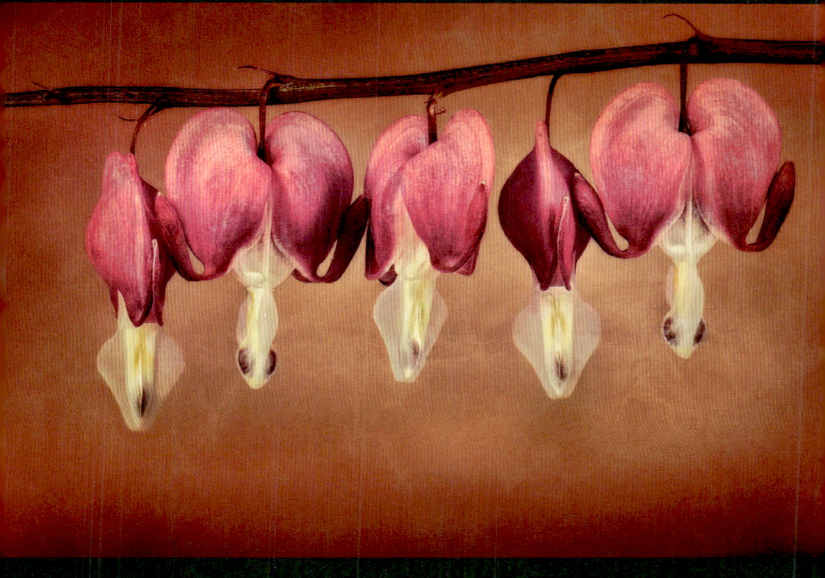

Gemeinsam ist es doch am schönsten.
Canon EOS 7D Mark II | 150 mm | ISO 100 | f/2.8 | 1/100 s

Passiflora

PACKLISTE

- Kamera
- Makroobjektiv
- Stativ
- Fernauslöser
- Farbiges Tonpapier, Schüssel, Knete, Draht, Wasser, Styropor

Zum Bild

Als ich im Garten eine heruntergefallene Passionsblüte entdeckte, musste ich an eine Ballerina denken. Um diese Metapher zu vermitteln, beschloss ich, die Blüte aus einer ungewöhnlichen Perspektive zu fotografieren.

Umsetzung

Pflücke eine intensiv gefärbte und offene Passionsblüte. Spieße sie auf einen dünnen Draht, den du in Knete steckst. Nun befestigst du den Aufbau in einer Schüssel, die du mit Wasser füllst, bis die äußeren Blütenblätter auf der Wasseroberfläche „schwimmen". Als Hintergrund nimmst du farbiges Tonpapier. Stelle eine oder zwei Styroporplatten neben der Blüte auf, um sie in der Mitte aufzuhellen.

Kippe die Kamera auf dem Stativ leicht nach unten und öffne die Blende auf f/2.8. Fokussiere den vordersten Blütenstempel und löse mit dem Fernauslöser aus. Hebe die Sättigung aller Farben bei der Bearbeitung deines Bildes an.

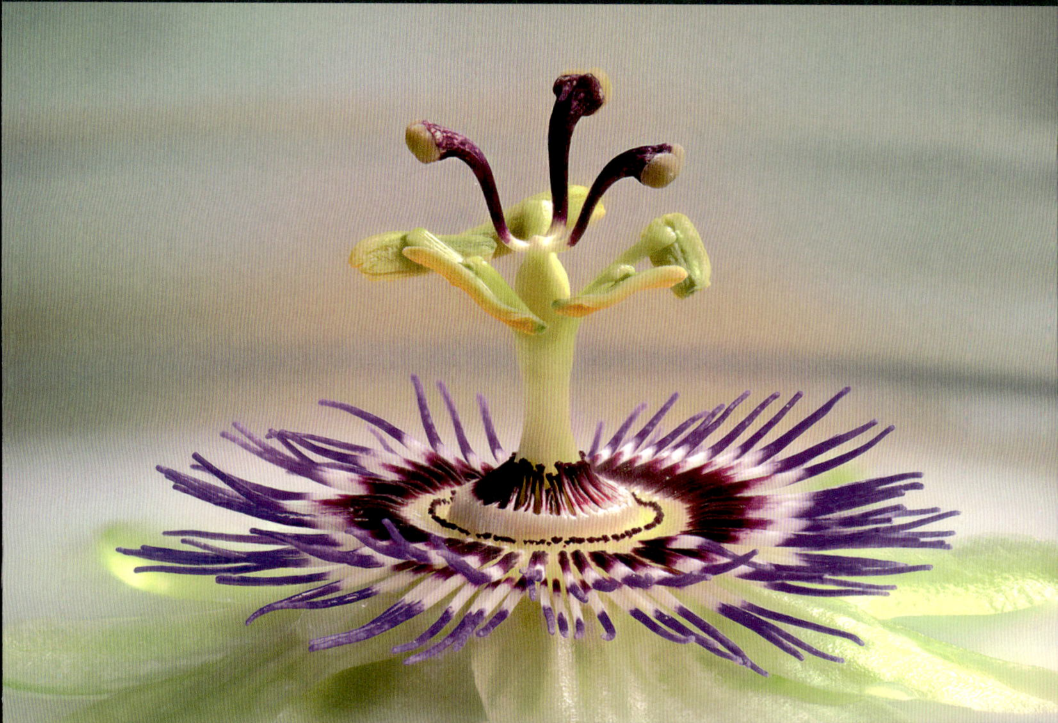

Knabenkraut

PACKLISTE

- Kamera
- Makroobjektiv

Zum Bild

Die zarten weißen Blüten des Knabenkrauts erscheinen etwa im April. Auch diese Freiland-Orchidee wächst bevorzugt auf Magerrasen und Bergwiesen. Die Wuchshöhe beträgt etwa 15 bis 40 Zentimeter.

Umsetzung

Weiße Blüten verlieren im Sonnenlicht schnell an Struktur. Suche dir deshalb eine Blüte im Schatten aus. Wenn du ins Sonnenlicht fotografierst, leuchtet der Hintergrund in zartem Orange. Lege die Kamera wenn möglich direkt auf den Boden, um die umliegenden Gräser und Pflanzen in den Vordergrund miteinzubeziehen. Für einen verschwommenen unteren Rand kannst du etwas Moos oder ein paar gezupfte Gräser direkt vor das Objektiv legen. Drücke sie bei Bedarf mit der Hand etwas am Boden an. Mit einer Blende zwischen f/4 und f/6.3 werden alle Blüten scharf abgebildet.

Stimme bei der Bildentwicklung die Grüntöne aufeinander ab. Für reinweiße Blüten wird die Sättigung von Blau komplett herausgenommen. Die Blütenblätter erhalten zudem mehr Struktur, wenn du die Luminanz der blauen Farbe nach unten ziehst. Ein linearer schwarzer Farbverlauf am unteren Rand rundet das Bild ab.

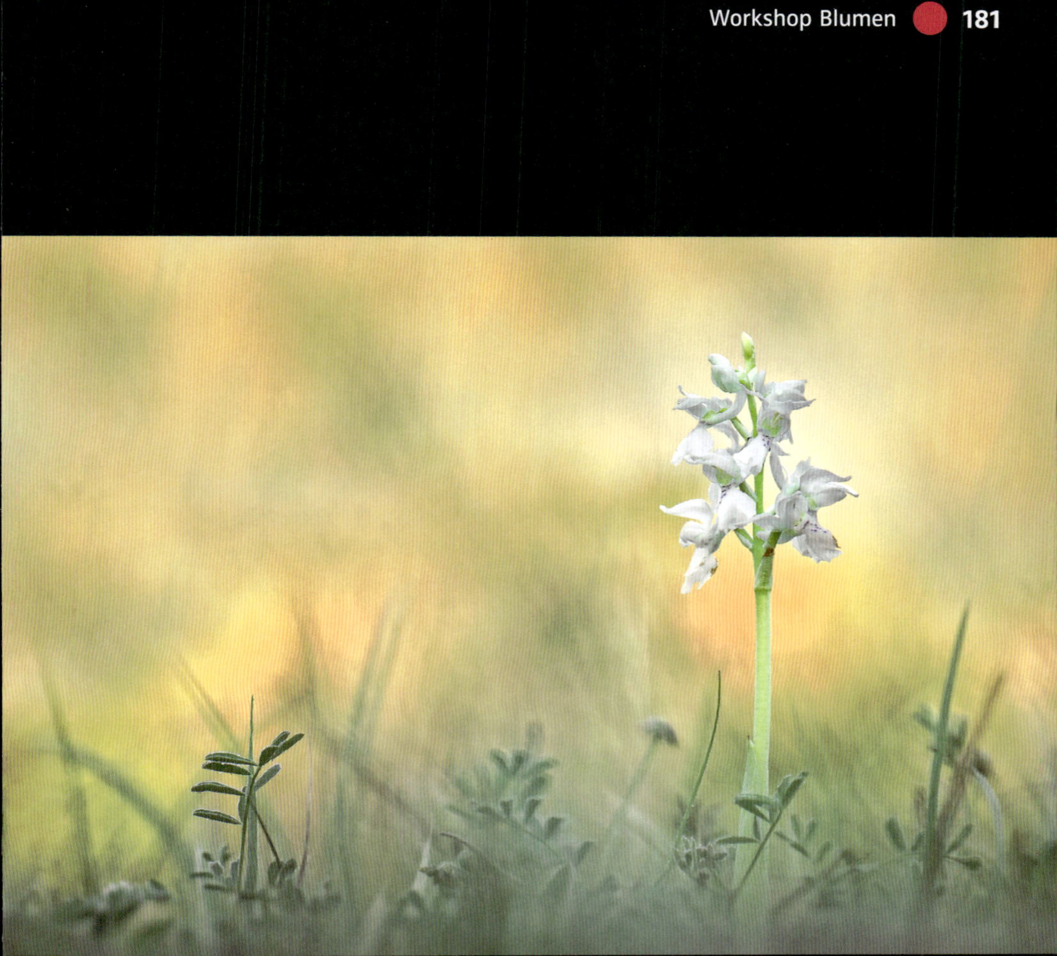

Deutzie

PACKLISTE

- Kamera
- Makroobjektiv

Zum Bild

Deutzien sind sommergrüne, aufrecht wachsende Sträucher. Ihre ein bis zweieinhalb Zentimeter großen Blüten sind eher unscheinbar und in Trauben oder Rispen angeordnet. Nur wer genau hinschaut entdeckt, wie schön die kleinen sternförmigen Blüten eigentlich sind. Es gibt unterschiedliche Sorten mit abweichenden Blütezeiten. Mein Motiv entstand im Juni.

Umsetzung

Stelle dich an einem sonnigen Tag dicht vor den Sommerstrauch. Wähle den Standpunkt so aus, dass die Blüten sich im Schatten befinden. Idealerweise kannst du zwischen zwei Blütenrispen hindurch auf einen freien, besonnten Hintergrund schauen. Öffne die Blende so weit, wie es dein Objektiv erlaubt, und stelle auf nur einen Pollen scharf.

Färbe das gesamte Motiv in Photoshop einfarbig ein und belasse nur ein paar Blütenpollen und die Blüten in der Originalfarbe. Nutze die „Selektive Farbkorrektur“, um etwas schwarze Farbe aus dem Bild zu nehmen. Nun fehlt nur noch eine zarte Vignette, um den Blick des Betrachters in die richtige Richtung zu lenken. Eine Anleitung findest du auf Seite 56.

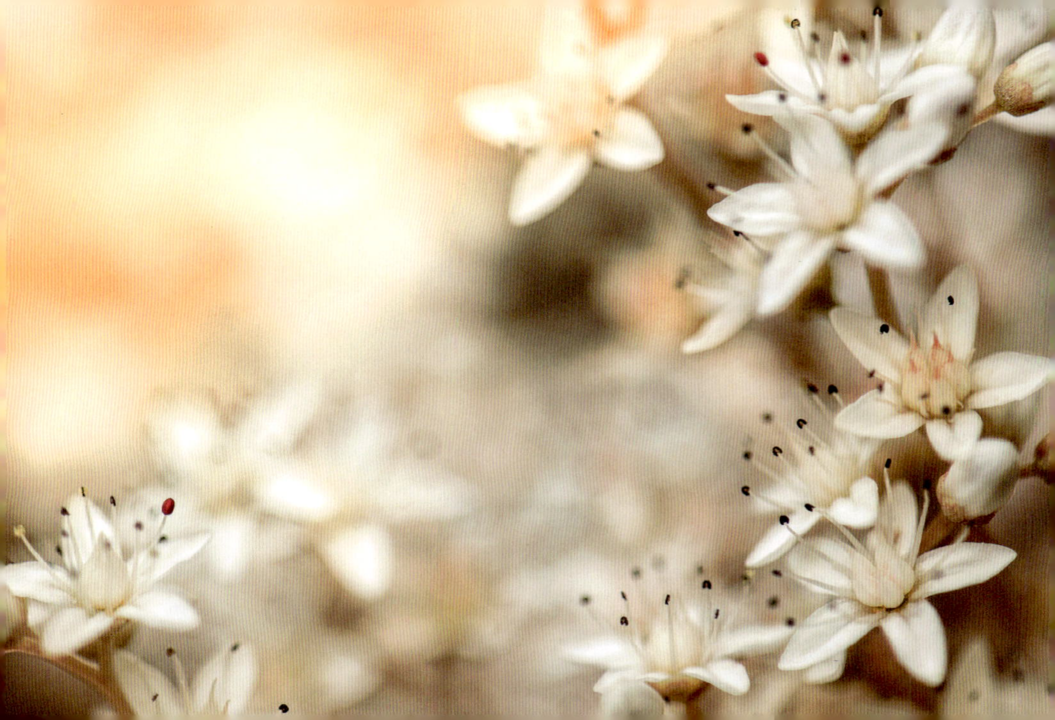

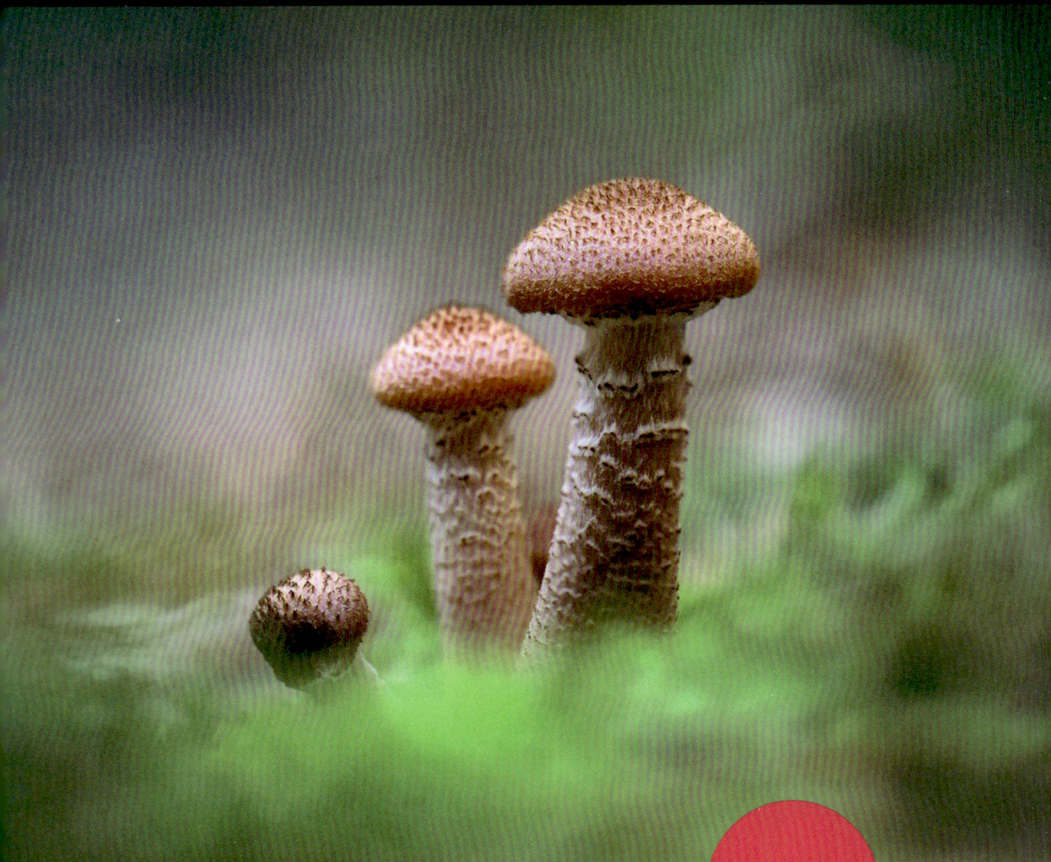

Faszinierende Pilzwelten

WORKSHOP PILZE

Fliegenpilz

PACKLISTE

- Kamera
- Makroobjektiv
- Bohnensack
- Fernauslöser
- Kleiner Reflektor

Zum Bild

Der Klassiker! Fliegenpilze kommen in nahezu allen Nadel- und Laubwäldern vor, zeigen sich aber in Birkenwäldern besonders häufig. Am schönsten wirken sie meiner Meinung nach in einem Umfeld, das die Farbe der Pilze aufgreift.

Umsetzung

Gehe zeitig am Morgen los, wenn die Sonne die Landschaft in goldenes Licht taucht. Bist du fündig geworden, dann wähle den Bildausschnitt so, dass sich hinter dem Fliegenpilz keine störenden Elemente wie Bäume oder Äste befinden.

Lege die Kamera auf einem Bohnensack ab und richte sie so aus, dass sie den Pilz leicht schräg von unten aufnimmt. Ein Reflektor dient zum Aufhellen dunkler Bereiche an der Seite des Motivs. Lege nun ein paar braune Blätter dicht vor das Objektiv. Diese werden hinterher als verschwommener Bildrand am unteren Ende sichtbar sein.

Stelle einen Blendenwert von etwa f/2.8 ein und fokussiere auf das vorderste Pünktchen des Pilzhutes. Löse mit dem Fernauslöser aus.

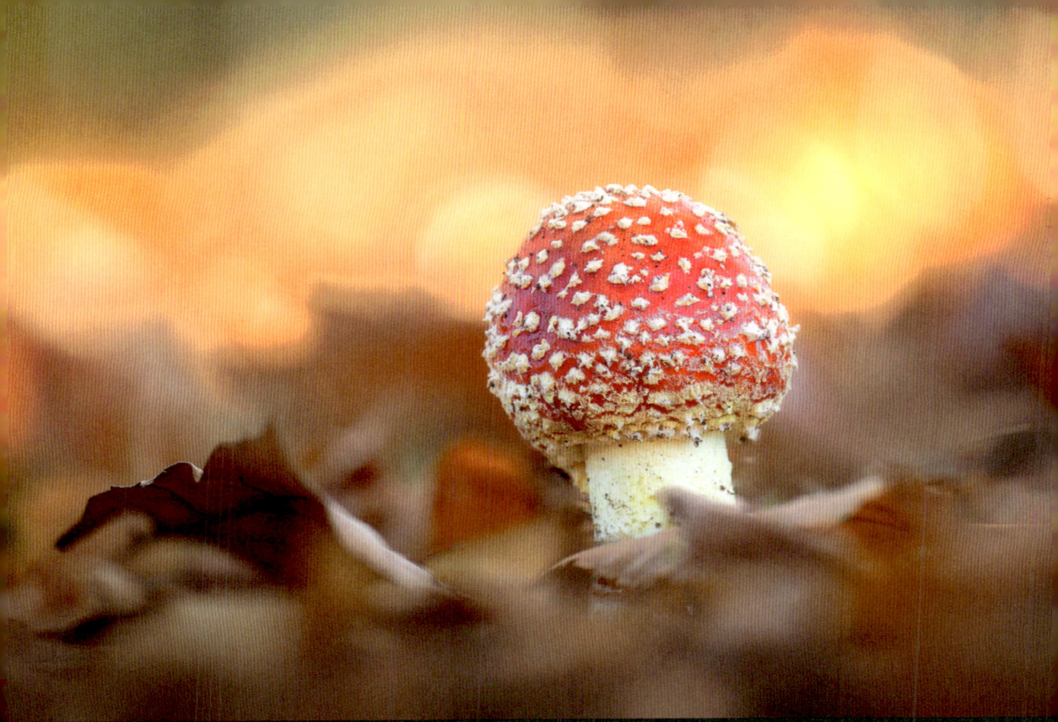

Fliegenpilz in der Morgensonne
Canon EOS 5D Mark IV | 150 mm | ISO 100 | f/2,8 | 1/125 s

Schopf-Tintling

PACKLISTE

- Kamera
- Makroobjektiv
- Bohnensack
- Fernauslöser
- Kleiner Reflektor

Zum Bild

Der Schopf-Tintling ist vorwiegend auf gedüngten Rasenflächen und an Wegrändern anzutreffen. Man begegnet ihm über einen langen Zeitraum hinweg, zwischen April und November. Am besten stehen die Chancen jedoch im regenreichen September.

Umsetzung

Schopf-Tintlinge sind sehr fotogene Pilze. Da sie sehr hoch wachsen, bietet sich ein Bild im Hochformat an. Wegen seiner unscheinbaren Farbe steht ihm ein einfarbiger Hintergrund gut. Dieser lässt ihn voll zur Geltung kommen.

Schau dich an Wegrändern oder großen, feuchten Wiesen um. Meist kommen die Pilze in Gruppen vor. Steht der Tintling vor ein paar lichtdurchlässigen Büschen, lässt sich aus dem Hintergrund ein schönes Bokeh zaubern. Positioniere die Kamera hochkant auf dem Bohnensack und richte sie so aus, dass der Stiel des Pilzes gerade nach oben steht. Entferne störende Gräser und Blätter. Um den großen Pilz scharf abzubilden, schließt du die Blende auf etwa f/5 und fokussierst auf den vorderen Rand des Motivs.

Dupliziere in Photoshop die Hintergrundebene und softe den Hintergrund mit dem Filter „Gaußscher Weichzeichner“ etwas ab.

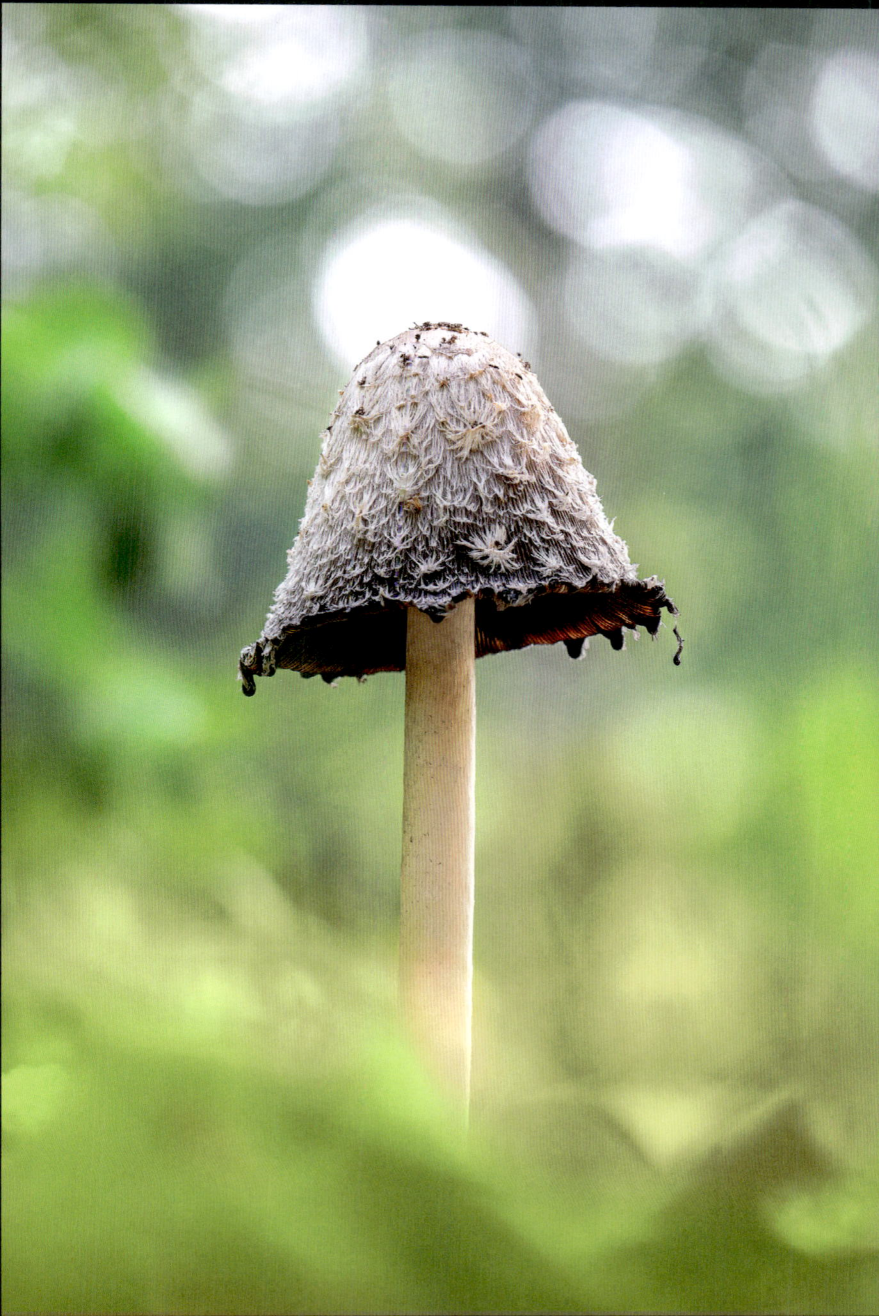

Ein hübscher Hut steht jedem gut.
Canon EOS 5D Mark IV | 150 mm | ISO 200 | f/5 | 1/30 s

Kirschroter Spei-Täubling

PACKLISTE

- Kamera
- Makroobjektiv
- Bohnensack
- Fernauslöser
- Pinsel
- Reflektor

Zum Bild

Den adretten Spei-Täubling findest du von Juli bis November in feuchten Nadelwäldern. Durch seinen kirschroten Hut fällt er beim Spaziergang direkt ins Auge. Da ich die hübschen weißen Lamellen vollständig scharf zeigen wollte, habe ich mich für einen Focus-Stack entschieden. Das Bild entstand aus 33 Einzelaufnahmen.

Umsetzung

Unversehrte Spei-Täublinge sind gar nicht so oft anzutreffen. Oft sind sie bereits angefressen und unansehnlich. Suche ein Exemplar, das zumindest auf einer Seite intakt ist. Das rote Hütchen ist oft mit Krümeln und Erde bedeckt. Mit einem Pinsel kannst du es vorsichtig davon befreien.

Achte bei der Bildkomposition auf einen freien, ruhigen Hintergrund und helle den Pilz seitlich mit einem Reflektor auf. Lege für einen verschwommenen Vordergrund ein paar Blätter direkt vor das Objektiv. Wähle einen Blendenwert von f/2.8 und beginne mit den Einzelaufnahmen.

Hebe bei der Bildbearbeitung die Sättigung aller Farben etwas an. Lediglich die schwarze Farbe wird für einen zarteren Look etwas herausgenommen.

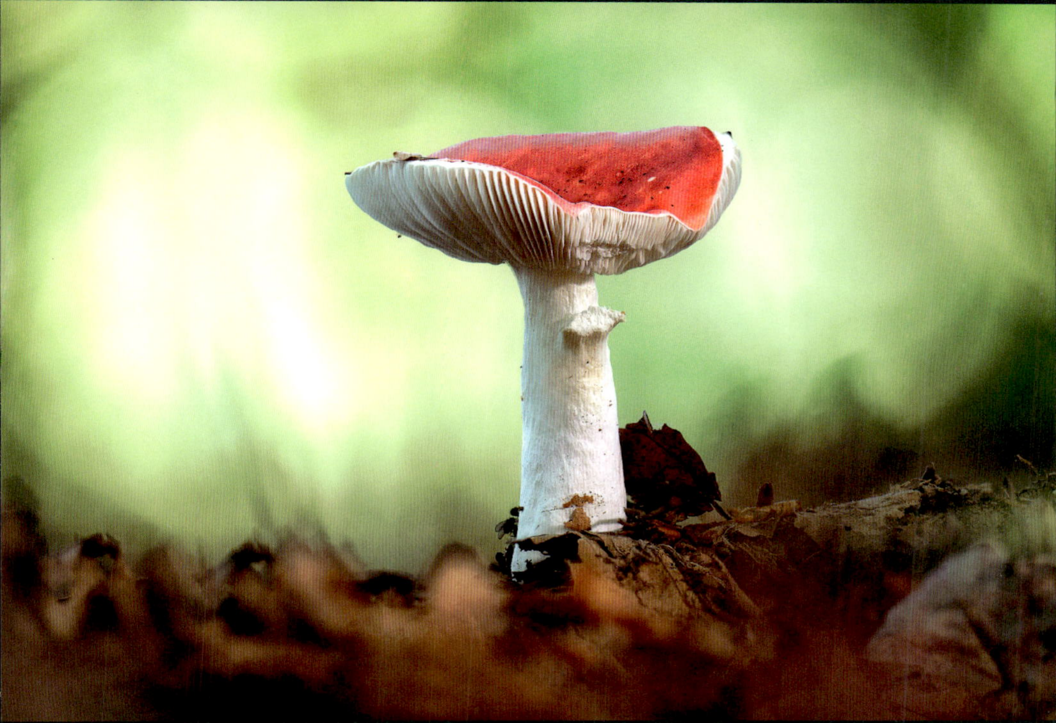

Farbenpracht mitten im Wald
Canon EOS 5D Mark IV | 150 mm | ISO 160 | f/2.8 | 1/13 s

Geweihförmige Holzkeule

PACKLISTE

- Kamera
- Makroobjektiv
- Bohnensack oder GorillaPod
- Fernauslöser
- Kleiner Reflektor

Zum Bild

Die Holzkeule gehört zu den Holzzersetzern und ist ein sehr kleiner Pilz. Um sie zu finden, muss man den Waldboden genau absuchen. Du findest sie in der Regel auf morschem Holz und oft auch unter Laub begraben.

Umsetzung

Holzkeulen wachsen auf Baumstümpfen und an gefällten oder umgefallenen Bäumen. An deren Äste kannst du wunderbar ein GorillaPod klemmen. Bei in Bodennähe wachsenden Exemplaren kommst du am besten mit einem Bohnensack zurecht.

Möchtest du eine Pilzgruppe ablichten, dann achte darauf, keine Pilze auf dem Bild anzuschneiden. Da du mit dem Fernauslöser arbeitest, kannst du das Weiß der Pilze mit einem Reflektor oder einer Styroporplatte etwas aufhellen. Fokussiere den größten Pilz der Gruppe und fotografiere mit einer Offenblende von etwa f/2.8, um eine optimale Freistellung zu erreichen.

Hebe in der Entwicklung die Struktur und den Kontrast der Pilze an. Für ein strahlendes Weiß nimmst du zudem die Sättigung der blauen Farbe heraus.

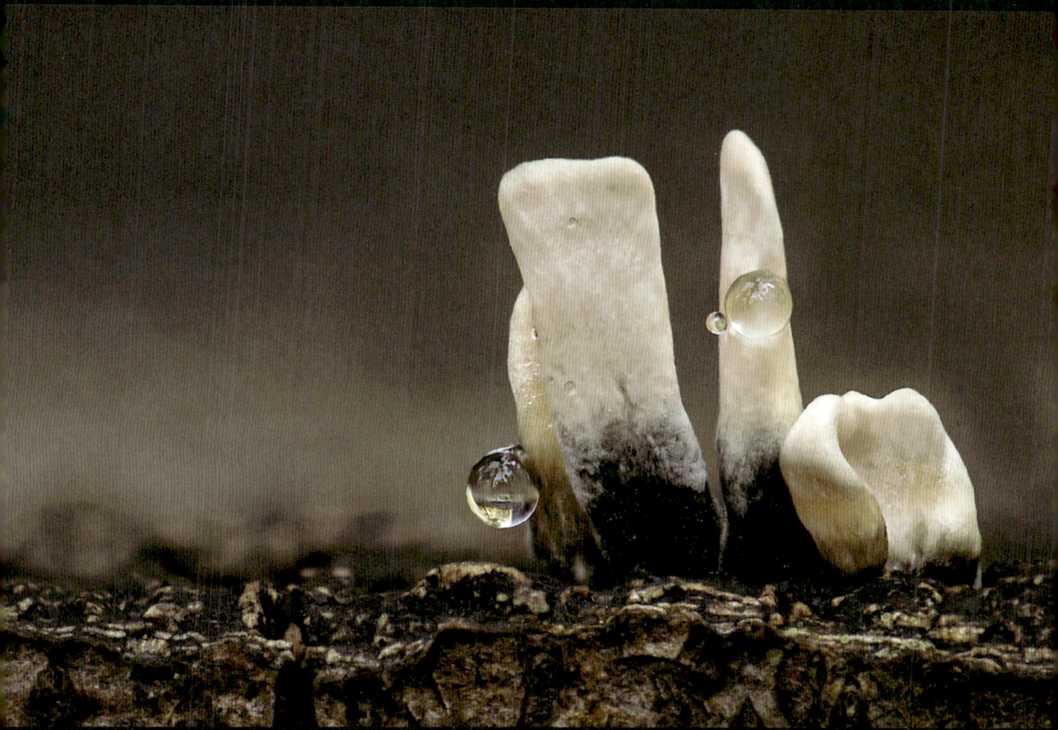

Ein Pilz mit einer ungewöhnlichen Form
Canon EOS 7D Mark II | 150 mm | ISO 100 | f/2.8 | 1/20 s

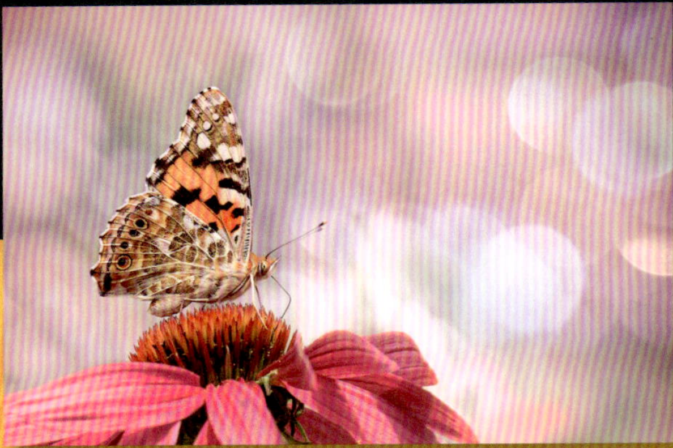

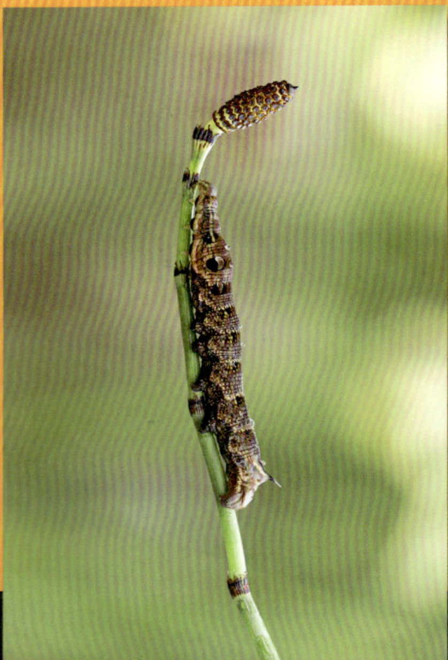

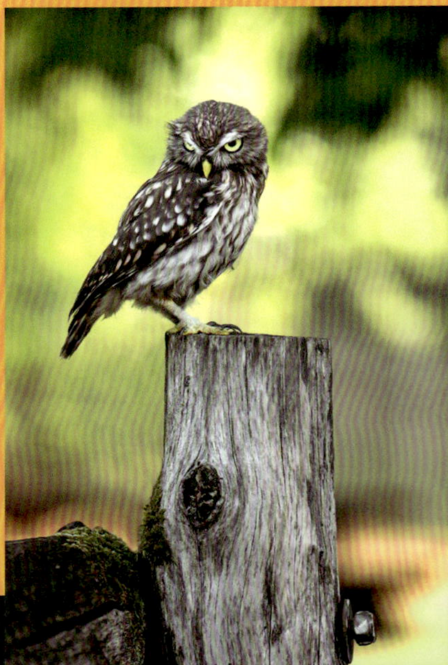

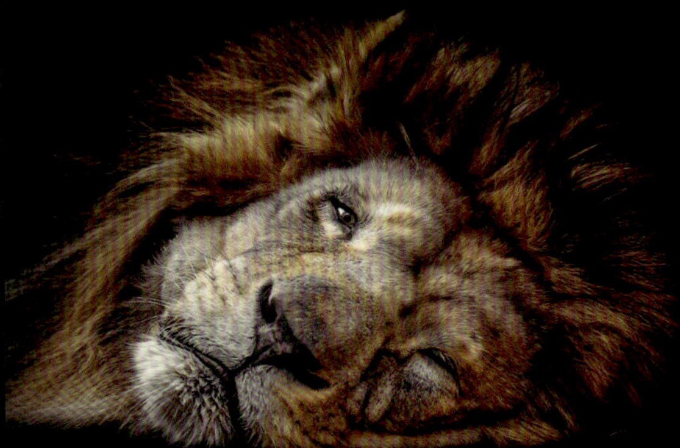

KREATIVE TIERPORTRAITS

Tieraufnahmen fordern dich als Fotografen besonders und sind eine ganz eigene Disziplin. Nur mit viel Geduld und Einfühlungsvermögen gelingen Aufnahmen, die den Charakter des Tieres zeigen und im Betrachter die beabsichtigten Emotionen wecken.

Ein gutes Tierportrait erfordert etwas Übung. Für ein paar erste Erfahrungen sind Versuche mit Haustieren gar nicht verkehrt. Da sie immer greifbar sind, eignen sie sich für erste Studien und Probeaufnahmen.

Nur wer die Lebensgewohnheiten der Tiere kennt, kann sie in freier Wildbahn gezielt aufstöbern, um sie typgerecht zu portraitieren. Als Wildlife-Fotograf solltest du wissen, wann sich welche Tiere wo aufhalten, wann sie sich fortpflanzen, zu welcher Zeit sie Junge haben und wie sie jagen.

In dieser Hinsicht ist eine kleine Fototour im Zoo sicherlich einfacher. Ganzjährig werden dir die unterschiedlichsten Tiere praktisch auf dem Serviertablett präsentiert. Doch auch die Fotografie im Zoo hat ihre Tücken: Während du in der freien Natur automatisch den passenden Lebensraum auf dem Bild hast, kämpfst du im Zoo mit Zäunen, Betonwänden, dicken Gitterstäben und verschmierten Glasscheiben.

Doch es gibt noch eine Welt zwischen den Extremen, und die findest du in deinem Garten, an einem Angelsee oder in einer schönen Parkanlage. Hier kannst du dich nach Herzenslust an jeder Menge Libellen, Schmetterlingen, Nutrias, Enten, Störchen, Fröschen, Molchen, Mäusen, Igeln, Eidechsen und vielem mehr austoben. Lediglich ein Gorilla wird dir dort vermutlich eher nicht begegnen.

Ein gelungenes Tierportrait zeigt im Idealfall immer den Charakter oder das typische Verhalten des gezeigten Tieres. Ein hüpfender Hase, ein schleichender Fuchs oder ein brüllender Löwe – das sind die Bilder, die wir mit dem Tier verbinden und die uns ansprechen. Ausnahmen bestätigen allerdings auch hier die Regel. Auf Seite 238 findest du beispielsweise einen schlafenden Löwen.

Besonders possierlich sind Aufnahmen von Tierkindern. Eine Affenmutter, die ihr Junges in den Armen hält, lässt kein Mutterherz unberührt. Aber auch ein grimmig dreinschauender Gorilla löst in uns eine Regung aus – und sei es nur, dass wir an unseren Vorgesetzten denken müssen. Kommen wir nun aber zu den konkreten Tipps, wie sich das alles ganz einfach umsetzen lässt.

Zubehör

Zwei Objektive sind für Tierfotografen interessant: Das Teleobjektiv und das Makroobjektiv. Während im Garten oft bereits eine Brennweite von 200 mm ausreichen kann, gilt für Wildlife-Aufnahmen: Je mehr, desto besser. Für diese Art der Fotografie solltest du dir also ein Teleobjektiv ab einer Brennweite von 300 mm zulegen. Und selbst das ist oft nicht ausreichend.

Ich rate zudem dringend zu lichtstarken Objektiven, da du sonst wegen einer zu schlechten Erfolgsquote schnell den Spaß verlierst – und das wollen wir ja nicht. Im Zweifelsfall greife lieber zu einer bezahlbaren 300-mm-Optik als zu einem zweifelhaften 500- oder 1000-mm-Objektiv.

Ob du dich für eine Festbrennweite mit gleichbleibender Lichtstärke oder für ein Telezoomobjektiv entscheidest, wird sich nach deinem Vorhaben richten. Bedenke vor dem Kauf, dass hochwertige Telezoomobjektive mit langen Brennweiten sehr schwer sind. Fotografieren aus freier Hand kann da leicht zum Abenteuer werden.

Auch bei Makroobjektiven sind lange Brennweiten wegen der Fluchtdistanz von Tieren sinnvoll. Eine Festbrennweite von 150 mm erlaubt zum Beispiel das Fotografieren von Eidechsen aus für die Reptilien noch angenehmer Distanz. Auch scheue Insekten wie Schmetterlinge lassen sich mit einer Brennweite von 150 mm oder 180 mm leichter einfangen als mit einem 100-mm-Objektiv.

Der Einsatz eines Bildstabilisators ist zudem eine enorme Arbeitserleichterung. Für die Tierfotografie lasse ich mein Stativ meistens zu Hause. Tiere ändern ihre Richtung oft und schnell, da ist mir ein Dreibein einfach zu unflexibel. Ich arbeite lieber mit kurzen Verschlusszeiten und einer Ausrüstung, die ich gewichtstechnisch auch noch nach zwei Stunden Fotosafari tragen und halten kann.

Bei häufigem Objektivwechsel kann sich schon mal das eine oder andere Staubkorn in den Kamerabody verirren. Selig ist derjenige, der für solche Fälle einen Blasebalg parat hat, um den Staub vom Sensor zu pusten. Und: Wenns mal wieder länger dauert, ist der Campingstuhl dein bester Freund. Wer von morgens bis abends in der Wildnis unterwegs ist, freut sich zudem über eine Thermoskanne mit Kaffee und ein leckeres Butterbrot.

Was alles in deinen Fotorucksack gehört

- Kamera
- Objektive
- Blasebalg
- Isomatte
- Bohnensack (für Makroaufnahmen)
- Evtl. Reflektor (für Makroaufnahmen)
- Campinghocker
- Evtl. Verpflegung

Kameraeinstellungen

Für Nahaufnahmen von Tieren gelten prinzipiell die gleichen Regeln, die ich bereits im Kapitel „Kreative Makrofotografie" beschrieben habe. Für alle anderen Tieraufnahmen empfehle ich folgendes Vorgehen: Der Bildstabilisator sollte beim Fotografieren von Tieren immer aktiviert sein, da du vorwiegend Freihand arbeiten wirst. Der Autofokus ist eine weitere wichtige Einstellung. Bei Portraitaufnahmen – egal ob Mensch oder Tier – muss der Fokus immer auf dem Auge sitzen. Sollte deine Kamera über einen Autofokus mit Augenerkennung verfügen, solltest du das unbedingt nutzen! Laut Erfahrungsberichten funktioniert dieser spezielle Tiermodus bei den meisten Kameras sehr zuverlässig.

Da sich Tiere mitunter sehr schnell bewegen und ihre Richtung ändern, brauchst du oft sehr kurze Verschlusszeiten. Diese vermindern bei langen Brennweiten zusätzlich die Gefahr, das Bild zu verwackeln. Um herauszufinden, welche Verschlusszeit du wählen musst, um noch Freihand fotografieren zu können, halte dich an folgende Regel:

KEHRWERTREGEL

Die Belichtungszeit sollte mindestens dem Kehrwert der Brennweite entsprechen.

Brennweite von 200 mm = Verschlusszeit von mindestens 1/200 s

Für Tieraufnahmen lohnt sich außerdem das Aktivieren von Serienbildaufnahmen. So kannst du, zum Beispiel bei Flugaufnahmen von Vögeln, unter einer ganzen Reihe von Bildern das beste Motiv aussuchen. Die Blende sollte für ein schönes Bokeh (siehe Seite 143) zudem so weit wie möglich geöffnet werden.

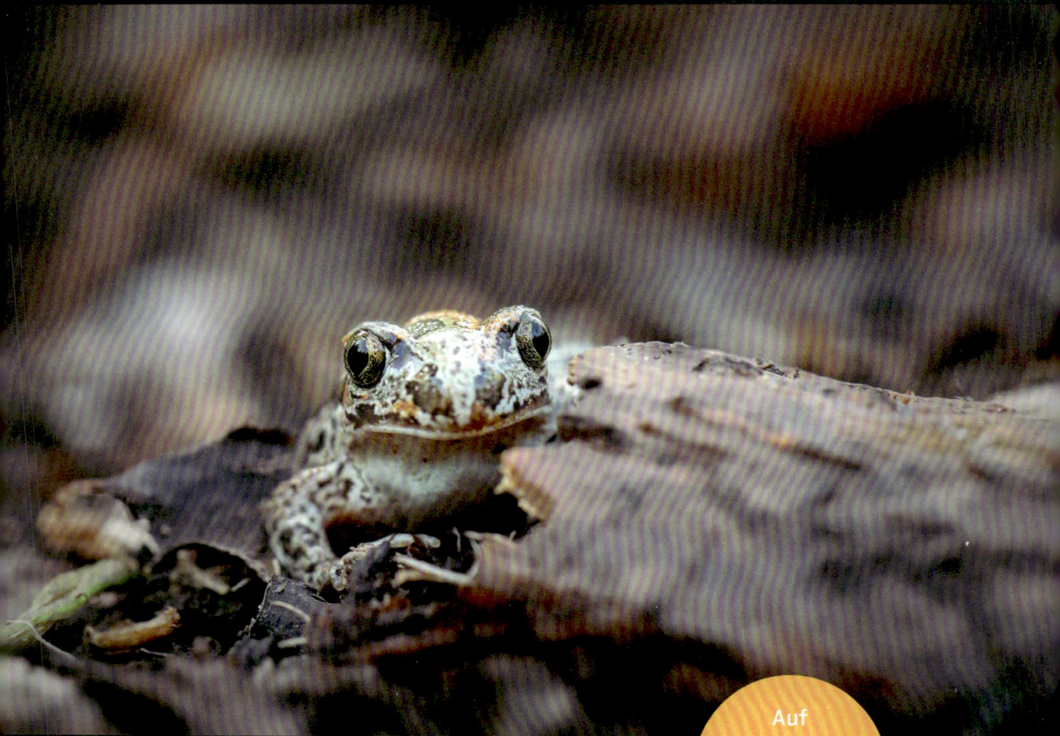

Auf Tuchfühlung mit einer Knoblauchkröte

WORKSHOP TEICH & TÜMPEL

Nutria

PACKLISTE

- Kamera
- Telezoom 70–200 mm
- Karotten

Zum Bild

In vielen Gewässern haben mittlerweile Nutrias Einzug gehalten. Da sie oft von Spaziergängern gefüttert werden, sind sie sehr zutraulich und lassen sich mit ein paar Möhren vor die Kamera locken. Bitte verfüttere im Sinne der Tiere keine verdorbenen Lebensmittel, wie z. B. schimmliges Brot.

Umsetzung

Gehe mit einer Ladung Karotten bewaffnet an ein Gewässer, in dem sich die geselligen Wasserratten niedergelassen haben. Meist watscheln die Nager dem kommenden Futterspender bereits freudig entgegen. Du musst ihnen eigentlich nur eine Möhre anbieten. Während sie genüsslich das Gemüse mümmeln, legst du dich auf den Boden, um sie in Augenhöhe abzulichten. Aber Vorsicht: Es gibt sehr freche Exemplare, die Futternachschub einfordern, sobald das erste Gemüse verputzt ist.

Achte auf einen ruhigen Hintergrund, damit du die Nutria gut freistellen kannst. Abhängig von deiner Entfernung zum Motiv wählst du dafür eine Blendenöffnung von f/4 bis f/6.3.

Bei Bedarf wird der Hintergrund in Photoshop mit dem Weichzeichner noch ein wenig abgesoftet und mit einer dunklen Vignette (siehe Seite 56) versehen, um den Blick des Betrachters auf das Hauptmotiv zu lenken.

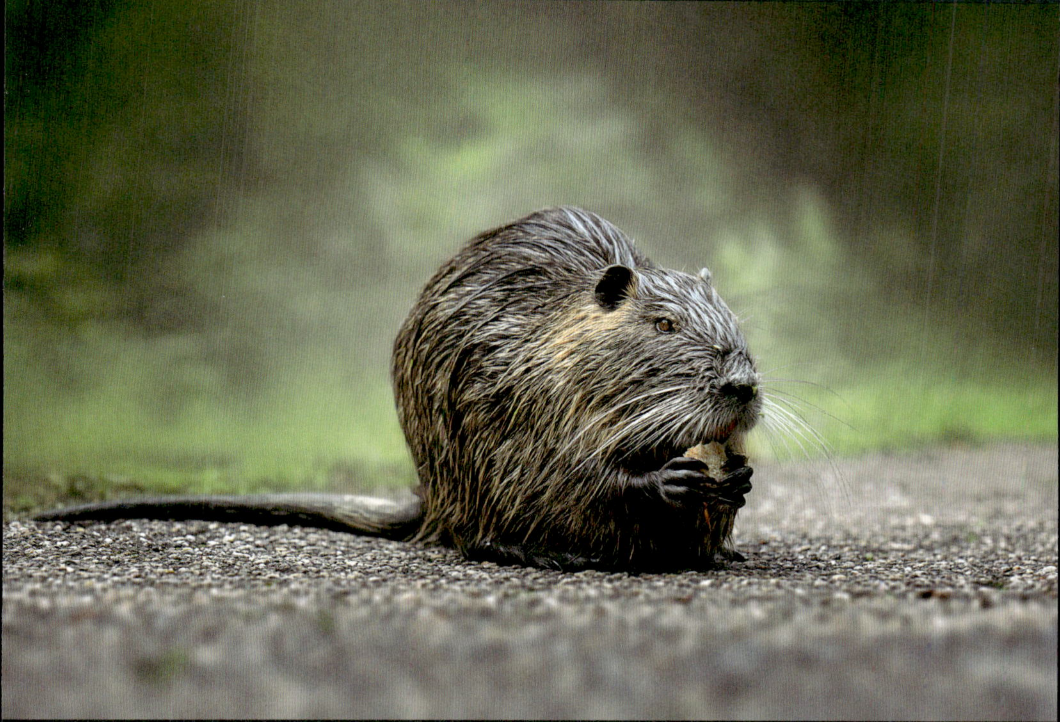

„Raubtierfütterung“
Canon EOS 5D Mark IV | 123 mm | ISO 640 | f/6.3 | 1/200 s

Grasfrosch am Laich

PACKLISTE

- Kamera
- Telezoom 150–600 mm
- Bohnensack

Zum Bild

Grasfrösche bevorzugen kleine Stillgewässer und sind deshalb oft auch in Gartenteichen anzutreffen. Frösche im Wasser fängt man am besten mit langen Brennweiten ab 500 mm ein. Nach den ersten regenreichen Nächten im März treffen sie in ihren Laichgewässern ein und sind dankbare Motive.

Umsetzung

Positioniere das Teleobjektiv auf einem Bohnensack. Den Body behältst du in der Hand, um schnell umschwenken zu können. Halte Ausschau nach Froschlaich ohne störende Gräser im Hintergrund. Warte, bis ein Froschmännchen in Richtung Laich schwimmt. Es wird sich knapp davor niederlassen.

Da die Frösche dort erfahrungsgemäß sehr lange still ausharren, hast du alle Zeit der Welt für die Bildkomposition. Die Spiegelung wird perfekt, wenn sich die Wasseroberfläche vollständig beruhigt hat. Versuche so offenblendig wie möglich zu fotografieren.

Hebe bei der Entwicklung der Fotografie die Kontraste des Frosches, des Laichs und der Spiegelung an, um dem Motiv mehr Brillanz zu verleihen.

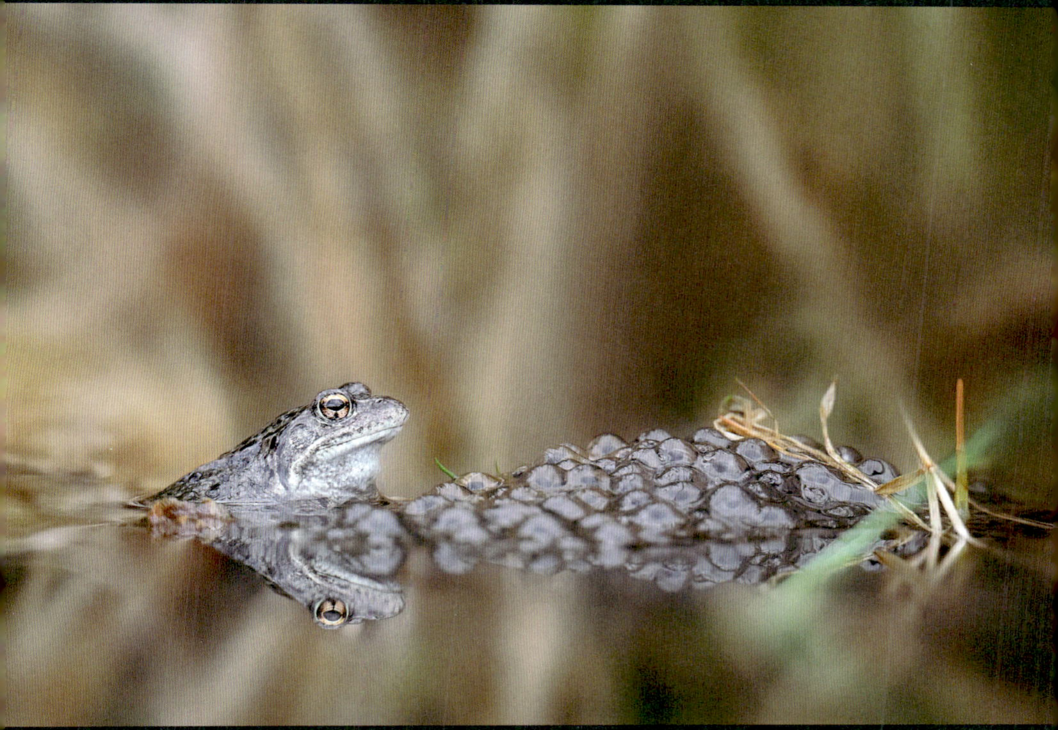

Security am Laich
Canon EOS 5D Mark IV | 600 mm | ISO 1.250 | f/6.3 | 1/320 s

Grasfrosch beim Sonnenbad

PACKLISTE

- Kamera
- Makroobjektiv
- Bohnensack

Zum Bild

Wenn der Grasfrosch nicht gerade seinen Laich bewacht, nimmt er auch gerne mal ein ausgiebiges Sonnenbad. Man muss ihn eventuell eine Weile beobachten, um herauszufinden, wo sich sein Lieblingsplatz befindet.

Umsetzung

Einen Frosch mit dem Makroobjektiv beim Sonnen einzufangen braucht meist ein wenig Zeit. Natürlich wird er ins Wasser springen, sobald du dich näherst. Schon eine schwache Bodenerschütterung treibt ihn in die Flucht. Lege dich deshalb – wenn möglich – hinter Gräsern versteckt auf die Lauer. Dazu legst du dich bäuchlings auf den Boden und bringst die Kamera auf einem Bohnensack schon mal in Position.

Achte auf einen freigestellten Hintergrund und entferne notfalls störende Gräser. Wähle einen Blendenwert zwischen f/5.6 und f/6.3. Wenn der Frosch seinen Platz eingenommen hat, fokussiere auf das vordere Auge. Dieses wird in der Nachbearbeitung auch noch einmal gut nachgeschärft. Um das Auge leuchtender darzustellen, als es die Kamera einfangen kann, erhöhe sowohl die Luminanz als auch die Sättigung der Augenfarbe.

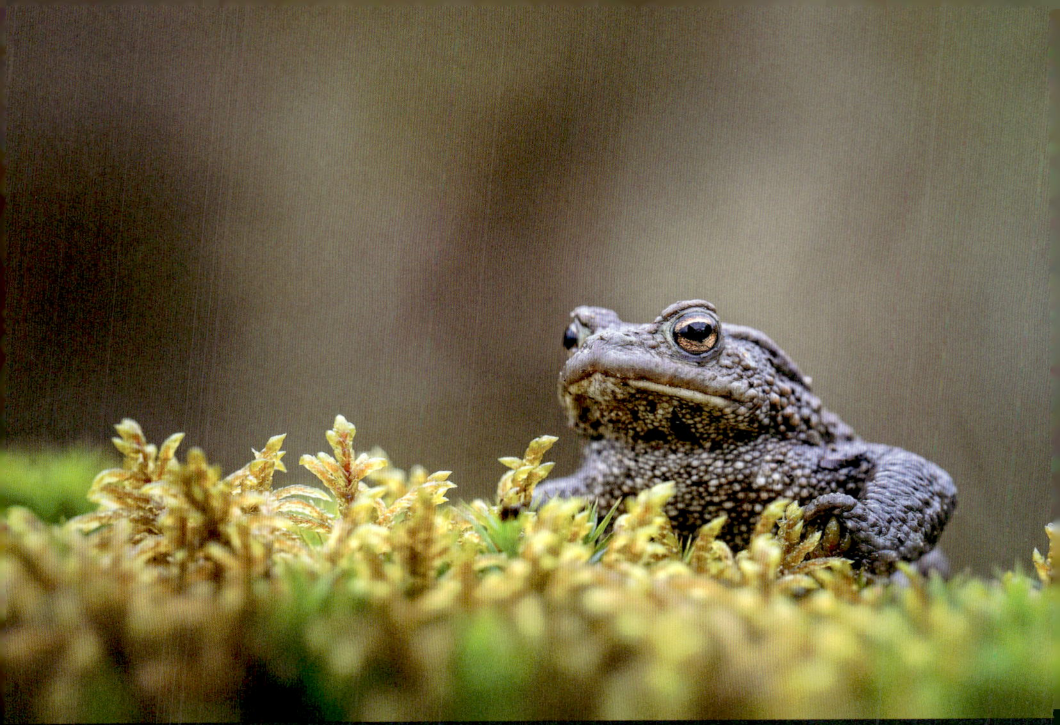

Sonnenbad im Moos

Canon EOS 5D Mark IV | 150 mm | ISO 500 | f/5,6 | 1/60 s

Bergmolch

PACKLISTE

- Kamera
- Makroobjektiv
- Bohnensack

Zum Bild

Der zierliche Bergmolch hat den wohl schönsten Bauch all unserer Teichbewohner. In Wassertracht sind die Männchen am Rücken blau und am Bauch leuchtend rot gefärbt. Wenn du den farbenfrohen Lurch portraitierst, achte unbedingt darauf, dass die Bauchunterseite auf der Fotografie sichtbar ist.

Umsetzung

Bergmolche in Wassertracht findest du ab Februar/März in gewässerreichen Wäldern oder naturnahen Gärten mit Teich an. Ab Mai, wenn die Laichzeit zu Ende geht, entwickeln sich die prächtigen Farben wieder in die unscheinbare Landtracht zurück.

Da Molche sehr klein sind und sich gerne am Uferrand aufhalten, bietet sich die Verwendung eines Makroobjektivs an. Warte, bis ein Bergmolch aus dem Wasser ans Ufer steigt. Pirsche dich vorsichtig an ihn heran und lege dich samt Kamera auf den Boden.

Fotografiere aus Augenhöhe oder noch besser leicht schräg von unten nach oben. So erwischst du die Bauchunterseite sicher. Fokussiere auf eines der Augen. Wähle eine Blende zwischen f/4 und f/6.3, um den Kopf und einen kleinen Teil des Körpers scharf abzubilden.

Hebe bei der RAW-Entwicklung der Datei die Sättigung und Luminanz der Farben Blau und Rot etwas an, um sie noch stärker leuchten zu lassen.

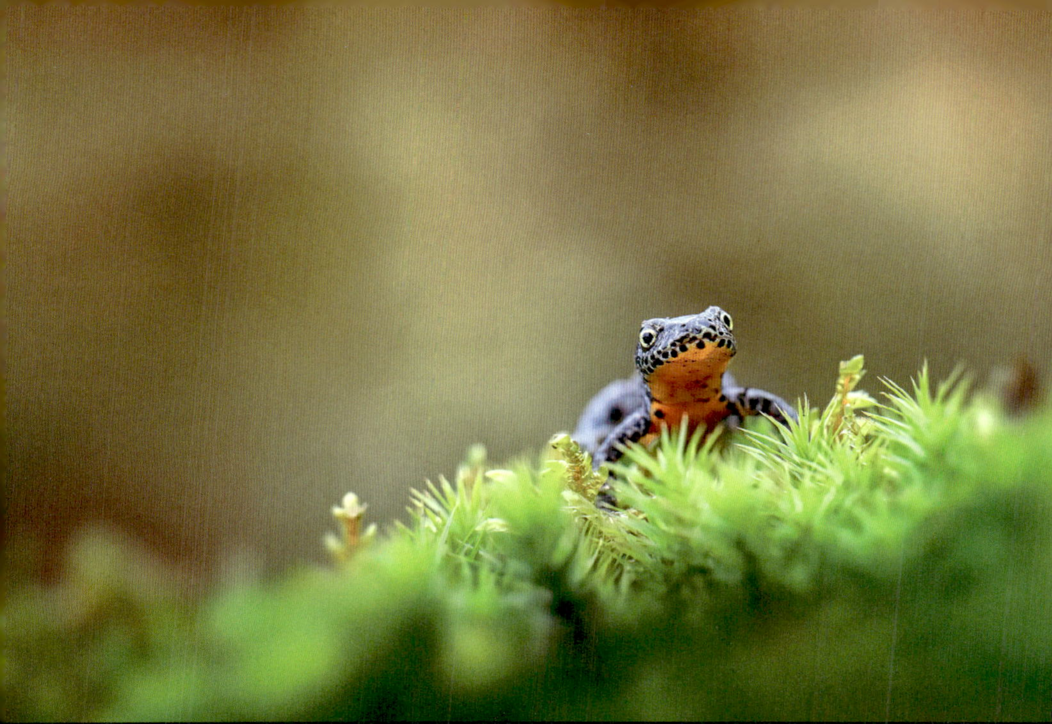

Farbenfroher Lurch in Wassertracht

Canon EOS 5D Mark IV | 150 mm | ISO 1.000 | f/6,3 | 1/50 s

Klapperstorch

PACKLISTE

- Kamera
- Telezoom 70–200 mm oder mehr
- Campinghocker

Zum Bild

Dank ambitionierter Wiederansiedlungsmaßnahmen gibt es heute wieder zahlreiche bewohnte Horste. Im März, wenn die Balz- und Brutzeit beginnt, kann man Weißstörche gut beim Klappern und Kopulieren beobachten.

Umsetzung

Zugegeben, das Bild hat mehrere Anläufe und sehr viel Zeit benötigt, bis ich es im Kasten hatte. Frau Storch war nicht von den Qualitäten ihres Partners überzeugt und zierte sich tagelang. In erster Linie brauchst du also eines: viel Glück oder viel Zeit!

Dafür ist dir wegen der hoch gebauten Nester eine gute Freistellung meist sicher. Um das Gleichgewicht beim Kopulieren zu halten, schlagen Störche sehr schnell mit den Flügeln. Den perfekten Moment erwischst du nur mit einer kurzen Verschlusszeit (hier 1/2500 Sekunden) und im Serienbildmodus.

Um beide Störche scharf abzulichten, hatte ich einen relativ hohen Blendenwert von f/5.6 gewählt. Leider zog das einen hohen ISO-Wert nach sich. Bei der Entwicklung der RAW-Datei musste das Bild deshalb ein wenig entrauscht werden. Der Hintergrund wurde für einen schöneren Effekt mit dem Filter „Gaußscher Weichzeichner“ noch etwas abgesoftet und zudem partiell aufgehellt.

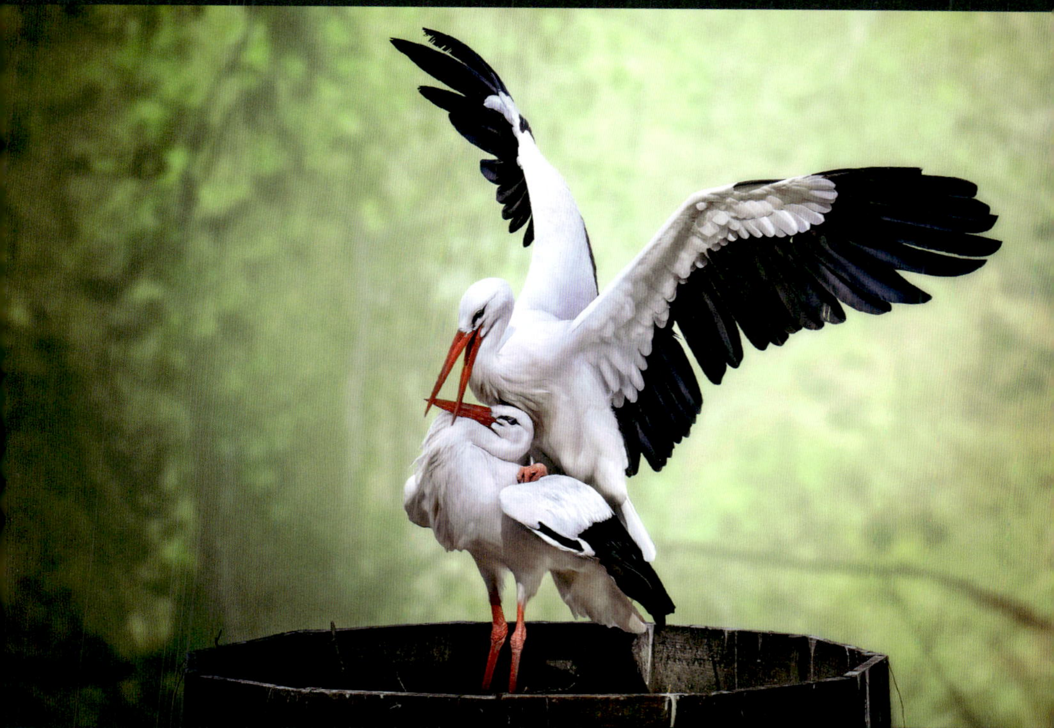

Es klappert im Storchennest.
Canon EOS 5D Mark IV | 180 mm | ISO 1.250 | f/5.6 | 1/2500 s

Mittlerer Weinschwärmer

PACKLISTE

- Kamera
- Makroobjektiv

Zum Bild

Die Raupen des Mittleren Weinschwärmers ernähren sich unter anderem von Blutweiderich. Du findest sie deshalb zumeist in der Nähe von Gewässern. Warum es sich die Raupe meiner Fotografie auf einem Stiel des Schachtelhalms bequem gemacht hatte, hat sie mir leider nicht verraten.

Umsetzung

Raupen sehen besonders interessant aus, wenn sie sich in voller Länge zeigen. Warte deshalb, bis sie sich ganz ausgestreckt hat. Wenn die Raupe nach oben klettert, wähle das Hochformat, läuft sie auf einem Blatt, dann halte die Kamera quer.

Achte zudem auf die Freistellung. Im Hintergrund sollten sich keine anderen Gräser oder Halme befinden. Da man bei Tieren in Bewegung kein Focus-Stacking nutzen kann, schließe die Blende auf einen Wert von etwa f/4 bis f/6.3.

Fokussiere auf den Kopf der Raupe und wähle eine kurze Verschlusszeit, damit sie dir nicht davonrennt. Es ist wichtig, die Kamera parallel zum Raupenkörper zu halten. Andernfalls bilden sich wegen unterschiedlicher Abstände zur Kamera unscharfe Stellen.

Hebe bei der Bildbearbeitung die Kontraste sowie die Sättigung der Raupe etwas an.

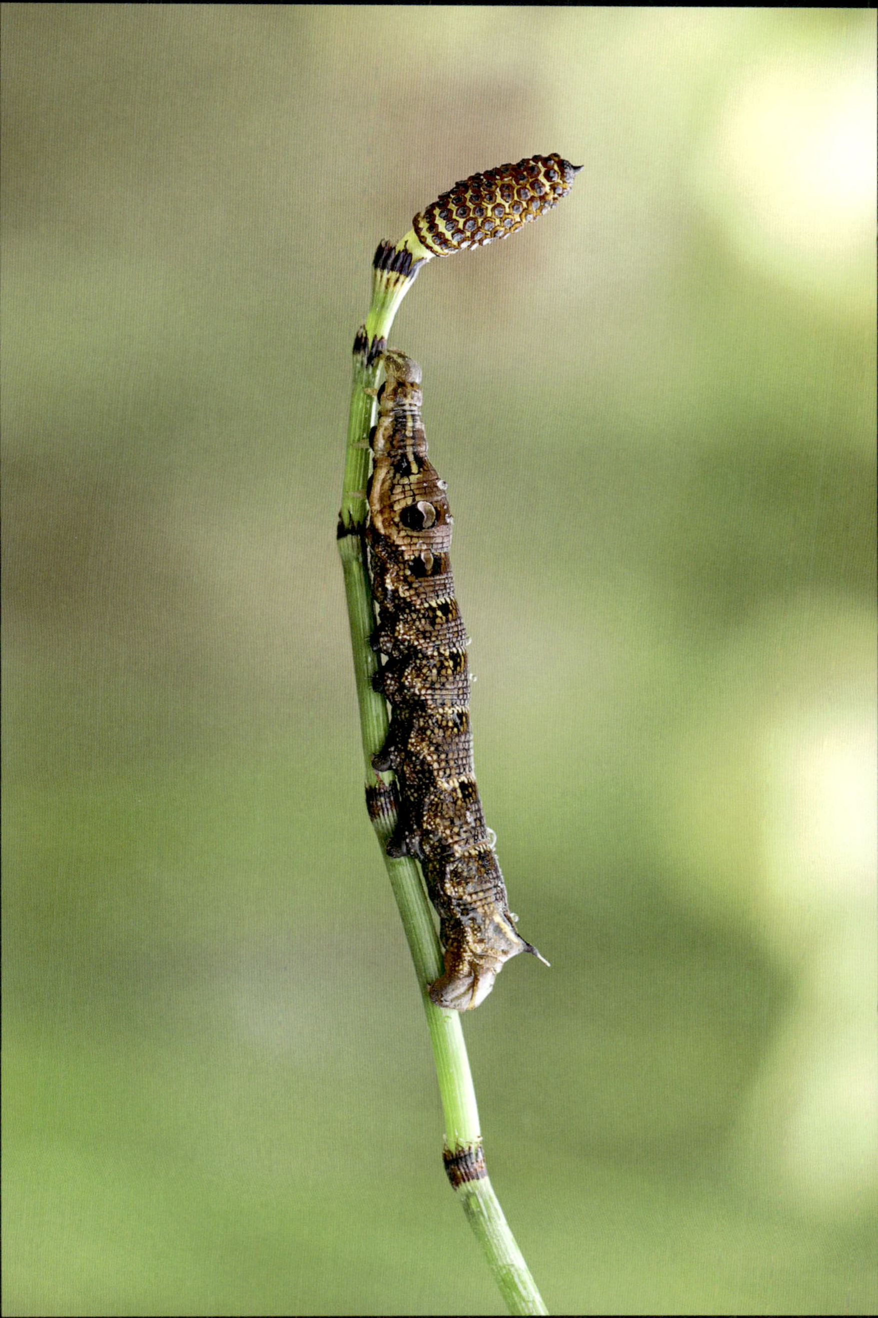

Eine Raupe auf Wanderschaft
Canon EOS 5D Mark IV | 150 mm | ISO 1.000 | f/4 | 1/250 s

Laubfrosch

PACKLISTE

- Kamera
- Makroobjektiv

Zum Bild

Einen Laubfrosch anzutreffen ist nicht selbstverständlich. Durch konsequente Wiederansiedlungsmaßnahmen wird die Population allerdings derzeit stetig ausgebaut. Am besten stehen die Chancen an sonnigen und fischfreien Kleingewässern.

Umsetzung

Wenn du einen Laubfrosch erspähst, musst du dich sehr vorsichtig annähern. Sowie er dich bemerkt, wird er es bevorzugen, weiterzuhüpfen. Wähle deshalb ein Makroobjektiv mit einer langen Brennweite ab 150 mm. Versuche den Frosch frontal anzuvisieren und fokussiere auf die Augen. Fotografiere von schräg unten gegen den Himmel, um den Hintergrund freizustellen. Damit ein Großteil des Kopfes scharf abgebildet wird, blendest du auf etwa f/6.3 ab. Nutze den Autofokus und deinen Bildstabilisator.

Achte zudem darauf, dass nicht zu viele Farben das Bild beherrschen. Ein grüner Frosch, ein brauner Ast und ein gelbes Blatt wirken nicht harmonisch. Für pastellige Farben sollte der Frosch sich im Schatten aufhalten und der Hintergrund keine Spitzlichter (siehe „Das Bokeh“) aufweisen. Um den Laubfrosch besser herauszustellen, wurden das Grün des Hintergrundes bei der Bildbearbeitung entsättigt und die Tiefen in dem Bereich etwas angehoben.

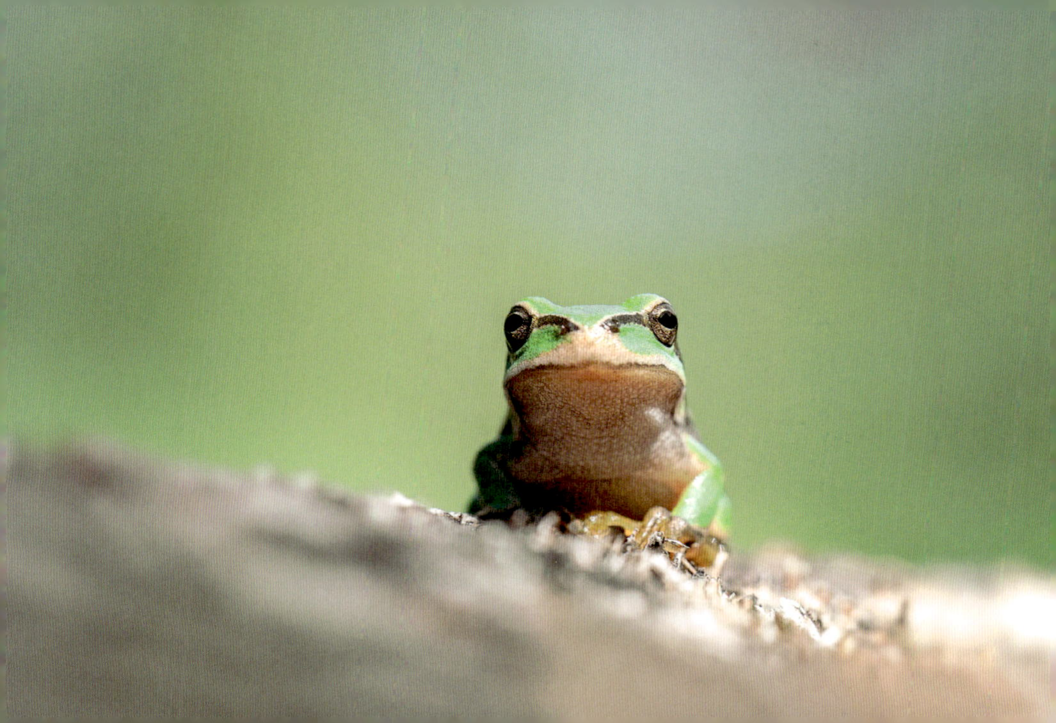

Krötenpaarung

PACKLISTE

- Kamera
- Makroobjektiv
- Bohnensack

Zum Bild

Kröten bevorzugen zur Fortpflanzung kleine und mittelgroße Stillgewässer. Im März kannst du sie gut dabei beobachten – und das nicht nur im Wasser. Auch am Ufer gibt es das eine oder andere Liebespaar zu entdecken.

Umsetzung

Erdkröten beim Geschlechtsakt zu fotografieren ist ein leichtes Unterfangen. Meist sind die Tiere derart dem Hormonrausch verfallen, dass du dich ihnen nähern kannst, ohne sie zu stören.

Achte darauf, dass die Umgebung farblich zu den Amphibien passt. Lege dich bäuchlings vor sie und positionierte die Kamera auf einem Bohnensack. Richte die Kamera so aus, dass ein Teil der Körper von Laub bedeckt ist. Mit einer Blende von etwa f/6.3 stellst du auf die Augen der Kröte scharf, die dir am nächsten ist. Lege ein paar Blätter direkt vor das Objektiv – sie werden weitgehend unscharf abgelichtet und bildet einen schönen Rahmen.

Erhöhe bei der Nachbearbeitung den Kontrast der Tiere. Während die Augen etwas nachgeschärft werden, bearbeitest du das Laub eher mit dem Weichzeichner. Verringere beim Laub zudem die Schwarzwerte, um die Farben des Bildes harmonischer zu gestalten.

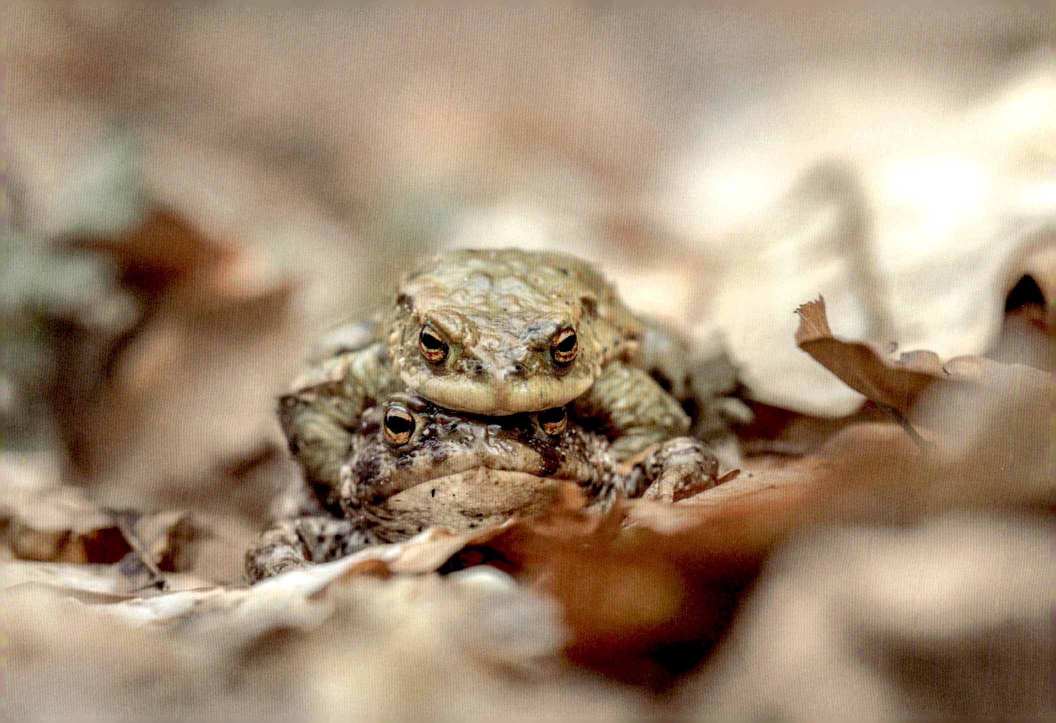

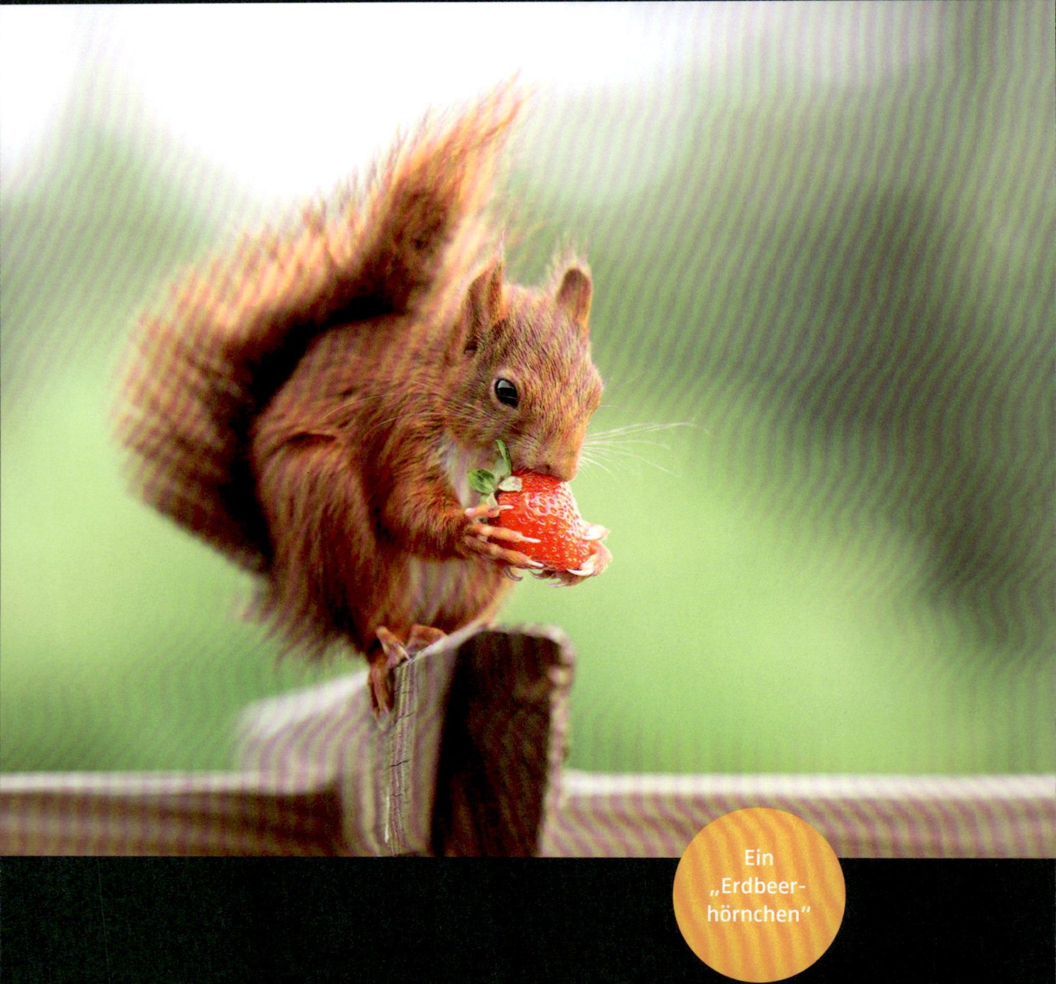
Ein
„Erdbeer-
hörnchen“

WORKSHOP TIERE IM GARTEN

Igel

PACKLISTE

- Kamera
- Standardzoom 24–70 mm

Zum Bild

Wenn du einen Igel im Garten anfütterst, dankt er dir den gedeckten Tisch mit Besuchen bei Tageslicht. Dieses Bild war eines meiner ersten Tierfotografien und gehört immer noch zu meinen Lieblingsbildern. Obwohl der Igel Stammgast bei mir war, erstarrte er bei meinem Anblick entweder zur Salzsäule oder er rollte sich zusammen. Diese Position dauerte nur einen Augenblick, den ich zum Auslösen nutzte.

Umsetzung

Um den Igel im Garten freizustellen, legst du dich bäuchlings ins Gras und fotografierst knapp über die Rasenkante hinweg. Du kannst ein Standardobjektiv genauso gut verwenden wie ein Makroobjektiv. Je formatfüllender du ihn erwischst, desto detailreicher werden die schönen Stacheln und feinen Härchen abgebildet. Eine Blende ab f/5.6 unterstützt dies zusätzlich. Achte bei der Bildkomposition darauf, dass sich keine anderen Objekte im Bild befinden, die vom eigentlichen Motiv ablenken.

Je nach Tageslicht kann das Grün des Grases auf der Fotografie etwas zu grell wirken. Meist hilft das Entsättigen der gelben Farbe im Bildbearbeitungsprogramm, damit die Wiese nicht so präsent ist. Im Bereich der Stacheln habe ich zudem die schwarze Farbe etwas herausgenommen, um mehr Details zu erhalten.

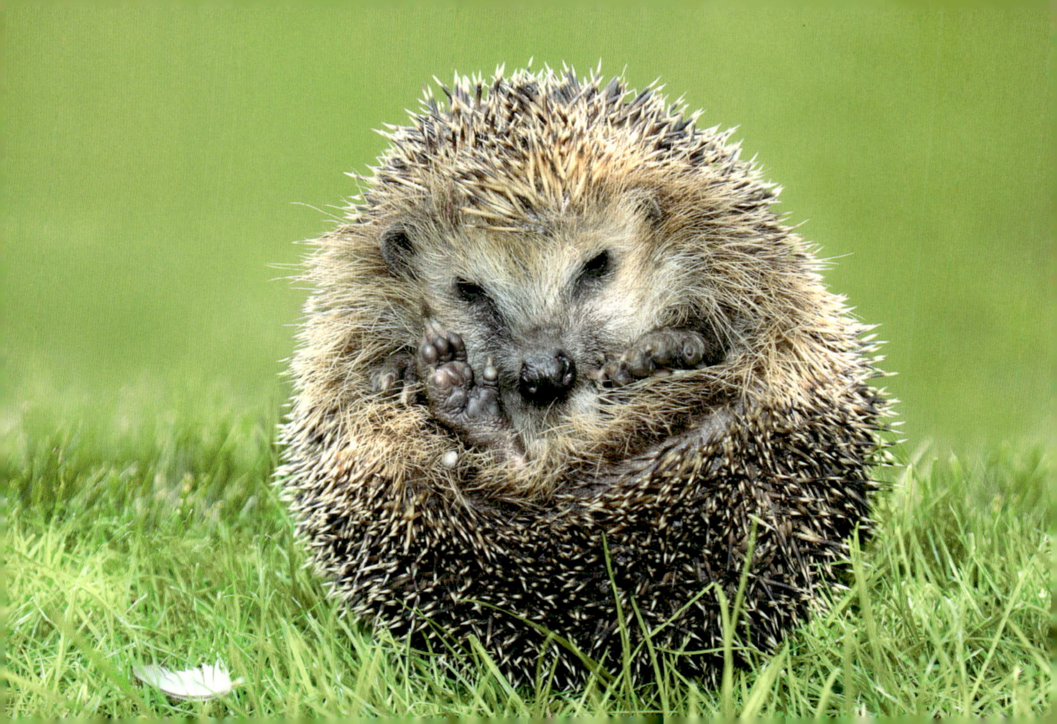

Bläuling

PACKLISTE

- Kamera
- Makroobjektiv

Zum Bild:

Bläulinge kannst du in nahezu jedem blühenden Garten antreffen. Auch wenn diese Fotografie keine Blüte als Rastplatz zeigt, halten sich die Falter meistens an meinen Lavendelbüschen auf.

Umsetzung:

Wenn du ein schönes Schmetterlingsbild einfangen möchtest, stehen die Chancen in den frühen Morgenstunden oder spät am Abend am besten. Das sind die Zeiten, in denen die Tiere am wenigsten aktiv sind. In der Mittagssonne sind Schmetterlinge zu umtriebig und flattern von einer Blüte auf die nächste. Oft gelingt das Fokussieren in den Mittagsstunden weder manuell noch mithilfe des Autofokus.

Fotografiere Schmetterlinge generell mit leicht geschlossener Blende. Ich habe die Erfahrung gemacht, dass bei der Verwendung von weit geöffneten Blenden immer eine Spitze des Flügels unscharf abgebildet wird.

Gräser und Blüten, auf denen sich die Tiere niederlassen, wackeln im Luftzug oft hin und her. Wähle deshalb eine kurze Verschlusszeit, auch wenn du dafür den ISO-Wert etwas erhöhen musst.

Die schönsten Aufnahmen gelingen dir am Wegesrand, weil du nicht in die Wiese hineinfotografieren muss. Bei der Entwicklung kannst du die Farben des Bläulings etwas anheben, um seine volle Pracht zu zeigen.

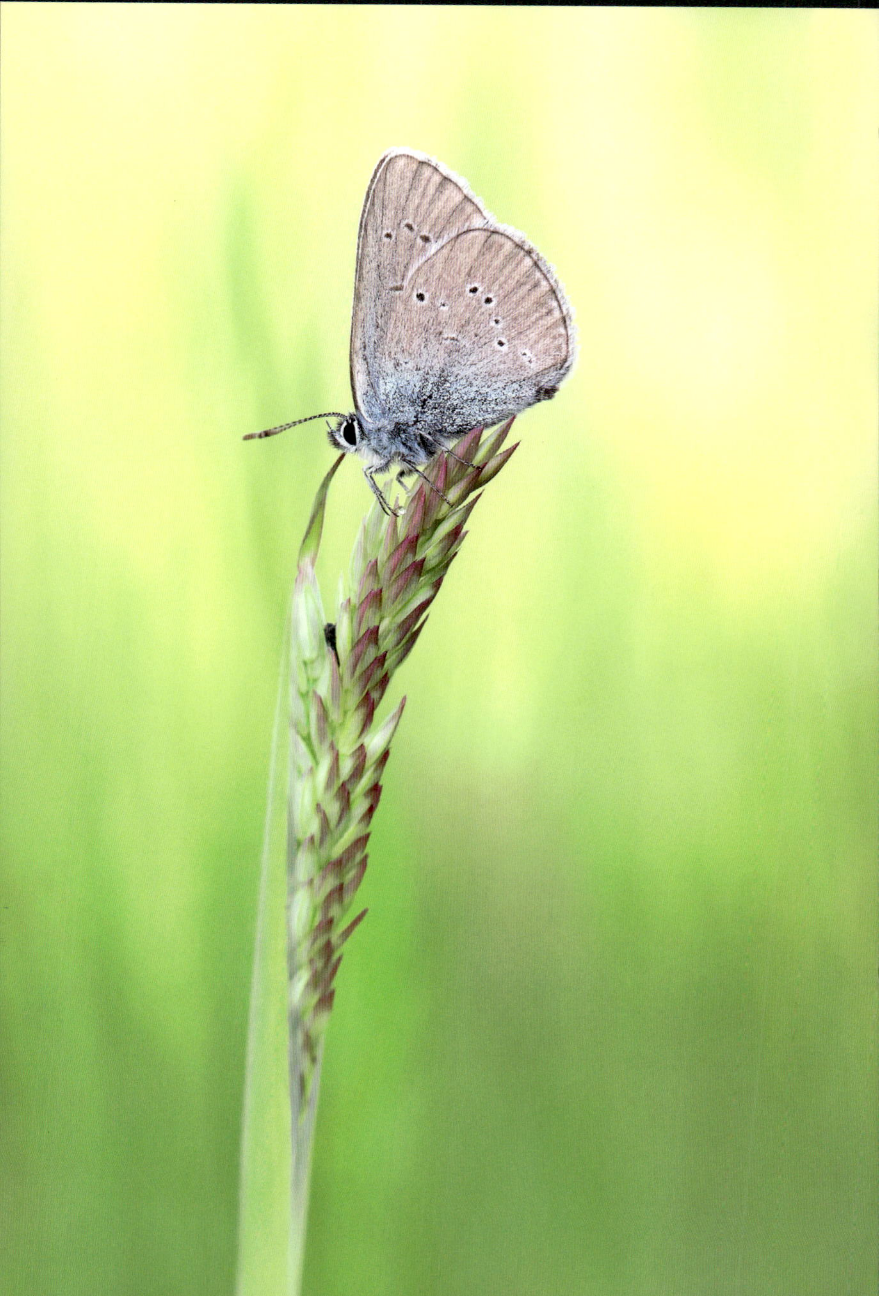

Kurze Verschnaufpause
Canon EOS 5D Mark IV | 150 mm | ISO 500 | f/6.3 | 1/500 s

Mauereidechse

PACKLISTE

- Kamera
- Makroobjektiv

Zum Bild

Mauereidechsen trifft man häufig auf Trockenmauern im Garten oder auf Burgruinen an. Sie sind zwar sehr flink, aber nicht unbedingt scheu. Oft verschwinden sie beim ersten Annäherungsversuch, kriechen aber spätestens nach zehn Minuten wieder aus der Mauerspalte hervor. Das Warten lohnt sich!

Umsetzung

Wenn im Hochsommer die Hitze alle Rekorde bricht, wird es auch der wärmeliebenden Eidechse zu heiß. Ich habe die Erfahrung gemacht, dass sich die Tiere zwischen 9 und 11 Uhr am besten beobachten und fotografieren lassen.

Setze dich geduldig vor eine bewohnte Mauer und beobachte das Verhalten der Eidechsen. Wenn sich die Reptilien nicht gerade sonnen, wuseln sie permanent hin und her. Hast du herausgefunden, aus welcher Mauerspalte sie kriechen, dann kannst du deine Kamera schon mal knapp vor dem Ausgang positionieren. Nun musst du nur ein paar Minuten warten.

Wenn du unsicher bist, verwende den Autofokus. Wähle einen Blendenwert zwischen f/6.3 und f/8, um den gesamten Kopfbereich scharf abzulichten. Erhöhe bei der Entwicklung der RAW-Datei die Sättigung im Bereich der Eidechse und softe die Farben des Hintergrundes etwas ab.

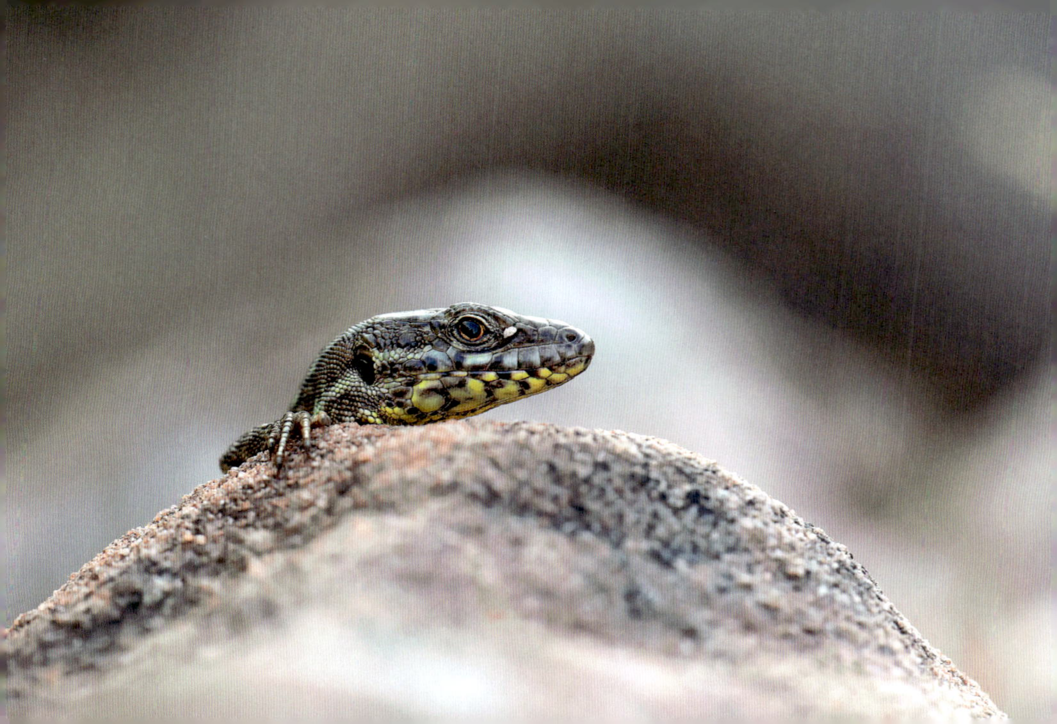

Eichhörnchen

PACKLISTE

- Kamera
- Festbrennweite 135 mm oder Telezoom

Zum Bild

Eichhörnchen sind willkommene Gartengäste und leicht anzufüttern. Sie werden schnell (hand-)zahm, was sie zu idealen Fotomotiven macht. Wenn du keinen Garten hast, triffst du sie auch in Parkanlagen, Blumengärten oder auf Friedhöfen an. Am besten hast du immer ein paar Nüsse oder Apfelstückchen in der Tasche, wenn du sie aufsuchst.

Umsetzung

Eichhörnchen an der Futterstelle sehen nicht sonderlich ansprechend aus. Viel schöner sind Fotografien im natürlichen Umfeld. Um es anzulocken, lege ein paar Nüsse auf die Wiese. Da Eichhörnchen sehr gut riechen, wird es den Gabentisch bald bemerken. Es wird sich eine Nuss holen, um sie auf der Wiese zu verspeisen.

Verfüttere nur Nüsse mit Schale. Abgesehen davon, dass sich das Hörnchen beim Öffnen der Schale die Zähne abwetzen kann, dauert es auch eine ganze Weile, bis die Nuss geknackt ist. Wertvolle Zeit, in der du fotografieren kannst.

Wähle den Serienbildmodus und fotografiere auf Augenhöhe mit dem Eichhörnchen. Die kleinen Tiere drehen die Nüsse possierlich in ihren Händen hin und her – auf Bildern sieht das entzückend aus. Ich hatte für diese Aufnahme eine Festbrennweite im Einsatz, die mir eine Blendenöffnung von f/2.2 erlaubte. Dadurch konnte ich das Motiv auch im dicht bepflanzten Garten gut freistellen.

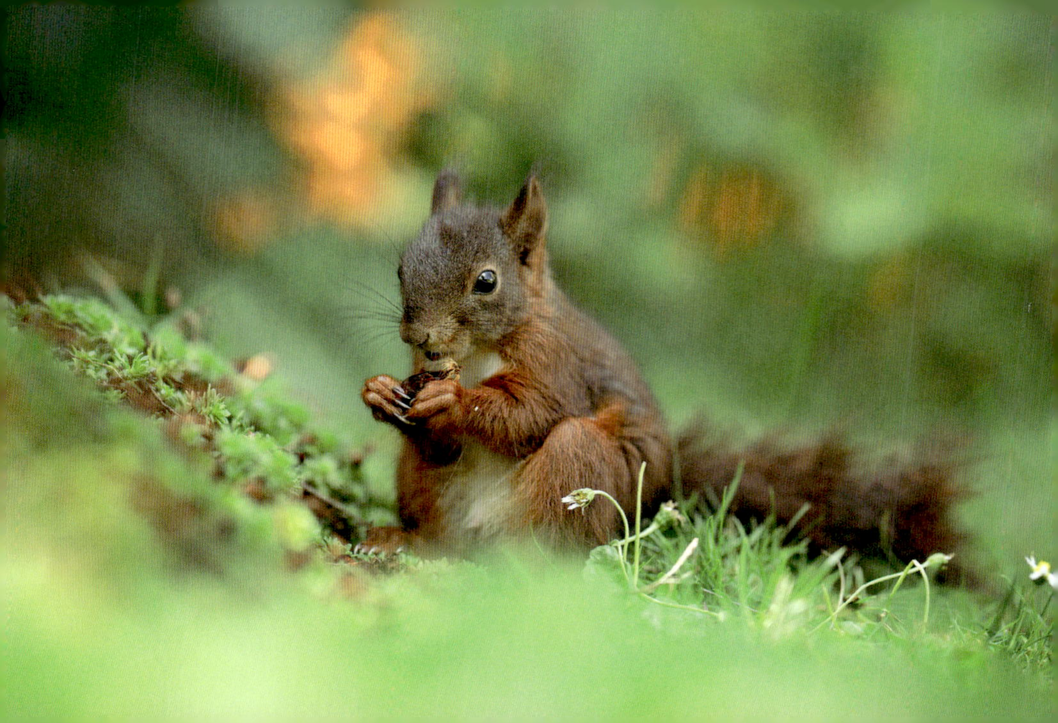

Distelfalter

PACKLISTE

- Kamera
- Makroobjektiv

Zum Bild

Diesen wundervollen Edelfalter findest du nicht nur an Disteln. Auch von Sonnenhut und Schmetterlingsflieder werden Distelfalter magisch angezogen. Zudem sind sie weit weniger flatterhaft als zum Beispiel Bläulinge und deshalb für Fotografieanfänger bestens geeignet.

Umsetzung

Wegen der Fluchtgefahr empfehle ich ein Makroobjektiv mit mindestens 150 mm Brennweite. Dir gelingen schönere Aufnahmen, wenn du nicht in den Busch, sondern in den blauen Himmel hinein fotografierst. Warte, bis der Schmetterling beginnt, Nektar zu trinken.

Wenn die Flügel zusammengeklappt sind, richtest du die Kamera parallel dazu aus. Wähle den Bildausschnitt nicht zu symmetrisch, sondern schneide die Blume am unteren Rand etwas an. Da du mit einer großen Brennweite genug Distanz zum Motiv aufbauen kannst, ist der Einsatz des Autofokus sinnvoll. Mit einer Blende von etwa f/8 kannst du dir sicher sein, dass alle Flügelteile und der Kopf scharf abgelichtet werden. Für scharfe Fühler empfehle ich, noch weiter abzublenden. Je nach Licht und Distanz können diese Werte etwas variieren.

Dieses Bild habe ich im Anschluss in Photoshop noch etwas aufgepeppt. Dafür habe ich die Blauwerte des Himmels in Richtung Lila gezogen. Für das Bokeh kam ein Overlay mit Lens Flares (siehe Seite 51) zum Einsatz.

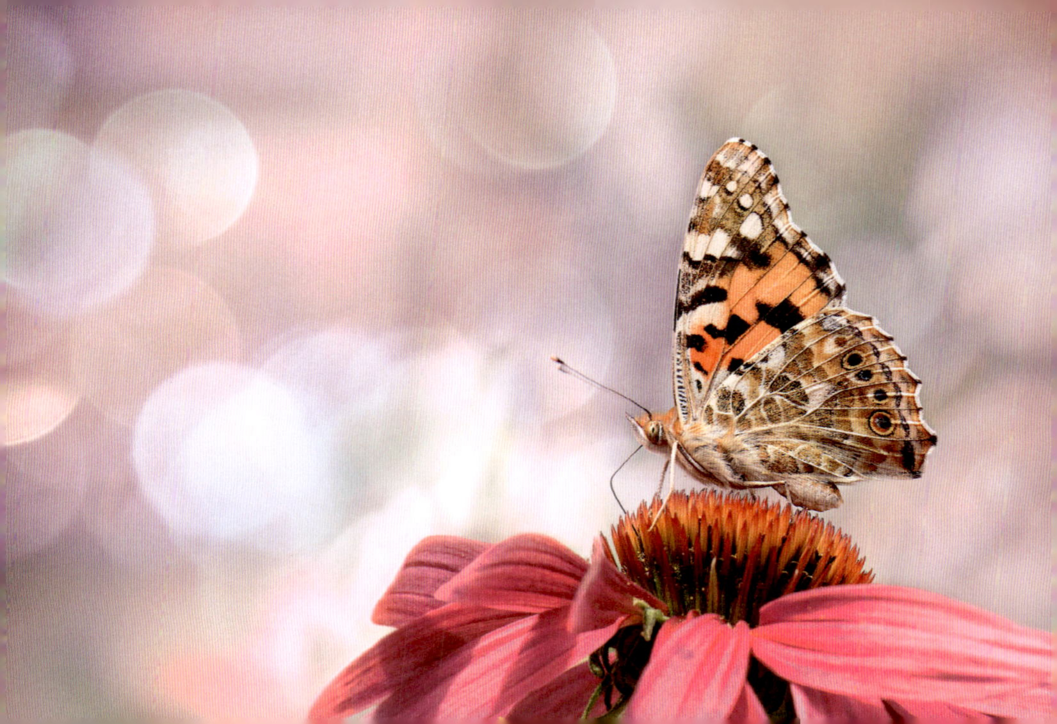

Wespe

PACKLISTE

- Kamera
- Makroobjektiv
- Obstsaft, Pipette, Blütenblatt

Zum Bild

Wespen mögen ungebetene Gäste sein, aber sie eignen sich prima als Fotomotiv. Meine Aufnahme sollte nicht den ganzen Körper, sondern nur die hübsche Zeichnung und das Gesicht zeigen. Weil ich ein großer Fan von weichen Vorder- und Hintergründen bin, hatte ich mich entsprechend vorbereitet.

Umsetzung

Wenn du eine Wespe entspannt mit dem Makroobjektiv ablichten möchtest, musst du sie beschäftigen. Am besten funktioniert das mithilfe süßer Nahrungsmittel.

Ton in Ton sollte das Bild sein, weswegen ich im Garten der Nachbarn eine gelbe Blüte stibitzt habe. Diese Blüte legte ich auf den Gartentisch und präparierte sie (für die Kamera nicht sichtbar) mit einem Tropfen Obstsaft. Du kannst stattdessen auch ein Stückchen Fleisch in der Blüte verstecken. Drehe die Blume mit aktiviertem Live-View etwas hin und her, bis du eine Position gefunden hast, in der die Blütenränder schöne Linien bilden.

Es wird nicht lange dauern, bis der erste Gast die Blüte anfliegt. Wähle einen Blendenwert von f/2.8 und warte, bis die angelockte Wespe frontal in die Kamera schaut. Fokussiere die Augen und löse aus. Am besten gelingt dir das über den Live-View.

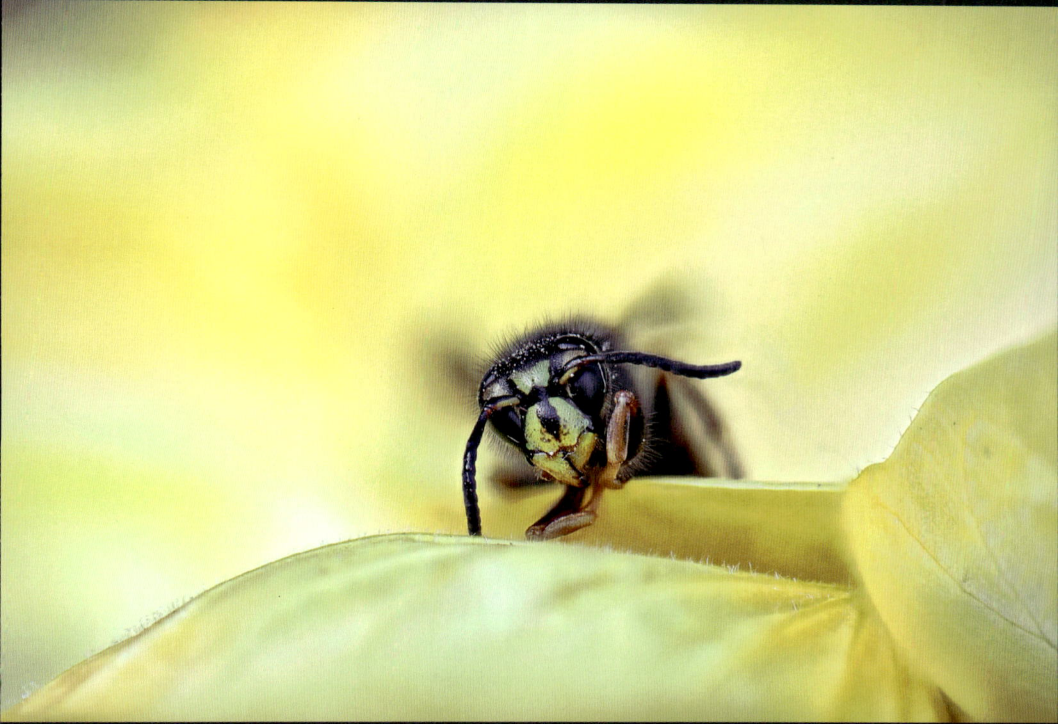

Kleiner Frostspanner

PACKLISTE

- Kamera
- Makroobjektiv
- Stativ
- Fernauslöser

Zum Bild

Diese kleine Raupe fand ich auf einem Blatt meiner Hainbuchenhecke vor. Durch die dichten Äste wäre mir keine schöne Freistellung gelungen, weshalb ich sie auf ein größeres Blatt umgesetzt habe. Es handelt sich bei dieser Aufnahme um einen Focus-Stack aus insgesamt 14 Einzelaufnahmen.

Umsetzung

Kleine Raupen sitzen oft an einer fotoungünstigen Stelle. Wenn du vorsichtig bist, kannst du sie umsetzen und danach wieder an ihren Ursprungsplatz zurückbringen.

Für die Aufnahme habe ich das große Blatt hinter der Raupe etwas nach oben gebogen. Ich wollte unbedingt einen Hinter- und Vordergrund von gleicher Farbe und Struktur. Da ich nur den Raupenkörper gestackt habe, verschwimmt das Blatt im Vordergrund ebenso schön wie im Hintergrund.

Die Aufnahme erfolgte mit Stativ und Fernauslöser. Für das Stacking wurde der Fokus durch Drehen am Fokusring Stück für Stück nach hinten verlagert. Hinterher habe ich zudem das Grün des Blattes und das der Raupe in Photoshop aufeinander abgestimmt, um eine harmonische Wirkung zu erzielen.

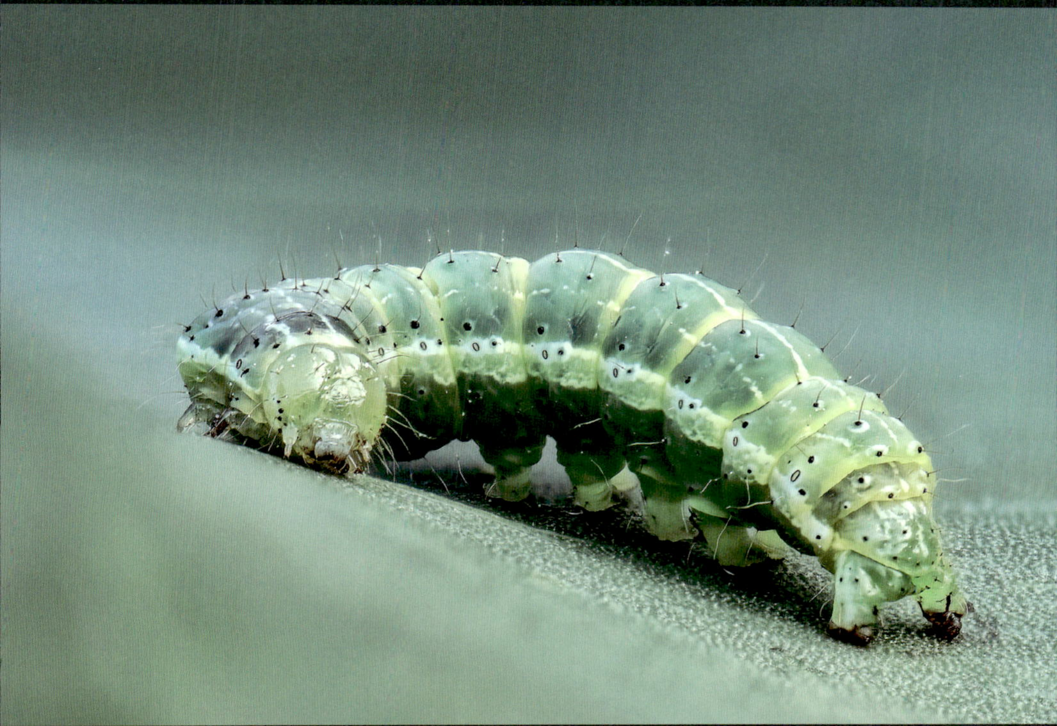

Die Raupe des Kleinen Frostspanners
Canon EOS 7D Mark II | 150 mm | ISO 100 | f/2,8 | 1/80 s

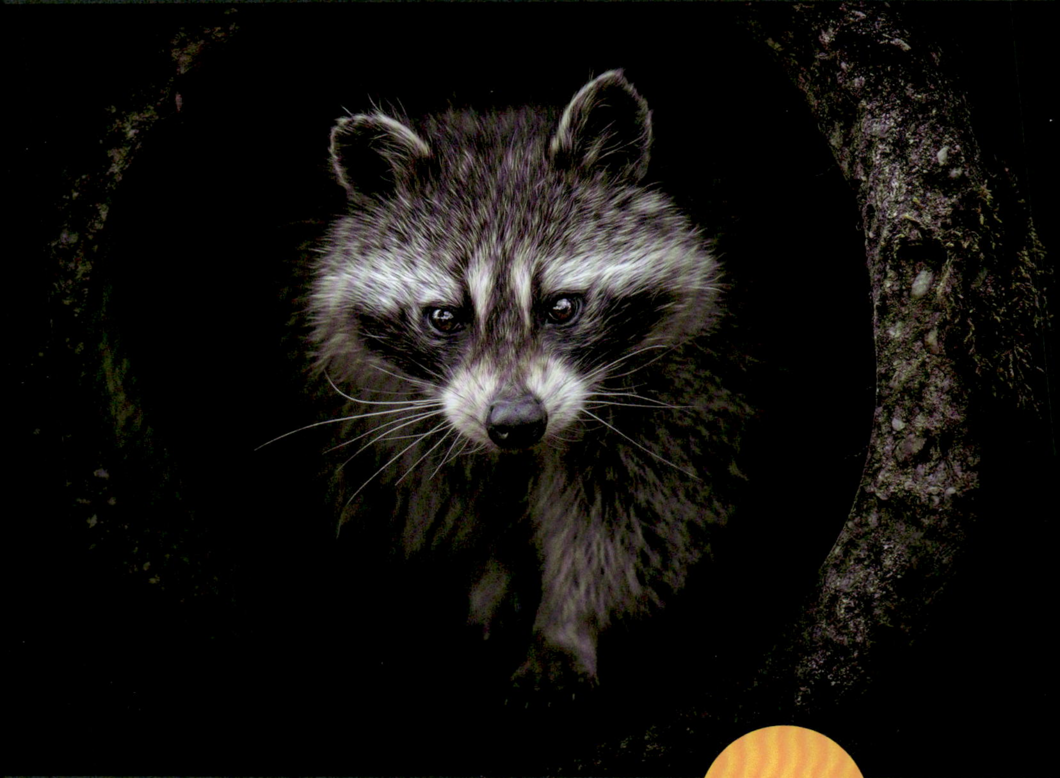

Auf Zoosafari

WORKSHOP ZOOTIERE

Katta

PACKLISTE

- Kamera
- Telezoom 70–200 mm

Zum Bild

Lemuren sind recht zutrauliche Primaten. Einige Exemplare sind sehr neugierig und suchen von sich aus Kontakt zu Zoobesuchern. Durch ihre hellen Augen haben sie einen geradezu hypnotischen Blick.

Umsetzung

Der schöne Katta ist nur ein Bild wert, wenn er in sich in einer gepflegten Außenanlage aufhält. Die Möglichkeiten sie dort abzulichten sind vielfältig. Dieser hübsche Kerl hielt auf einem Holzzaun Siesta und schaute aufmerksam in die Kamera. Auf einen solchen Moment solltest du unbedingt warten.

Nutze die Gelegenheit, wenn der Lemur sich dir zuwendet, und fotografiere auf Augenhöhe. Lege den Fokus auf die Augen und wähle eine Blende zwischen f/5.6 und f/6.3. Möchtest du das Tier formatfüllend fotografieren, wird es schwierig, den schönen Schwanz komplett auf das Bild zu bekommen.

Der Hintergrund des Bildes war wegen des geringen Abstandes und des relativ hohen Blendenwertes leider viel zu unruhig. Nach der Entwicklung des Bildes habe ich den Katta deshalb manuell freigestellt und den Hintergrund mit dem Filter „Gaußscher Weichzeichner“ vollständig abgesoftet. Um diesen Effekt noch zu verstärken, habe ich zudem eine weiße, radiale Verlaufsebene im Modus „Aufhellen“ über die Hintergrundebene gelegt.

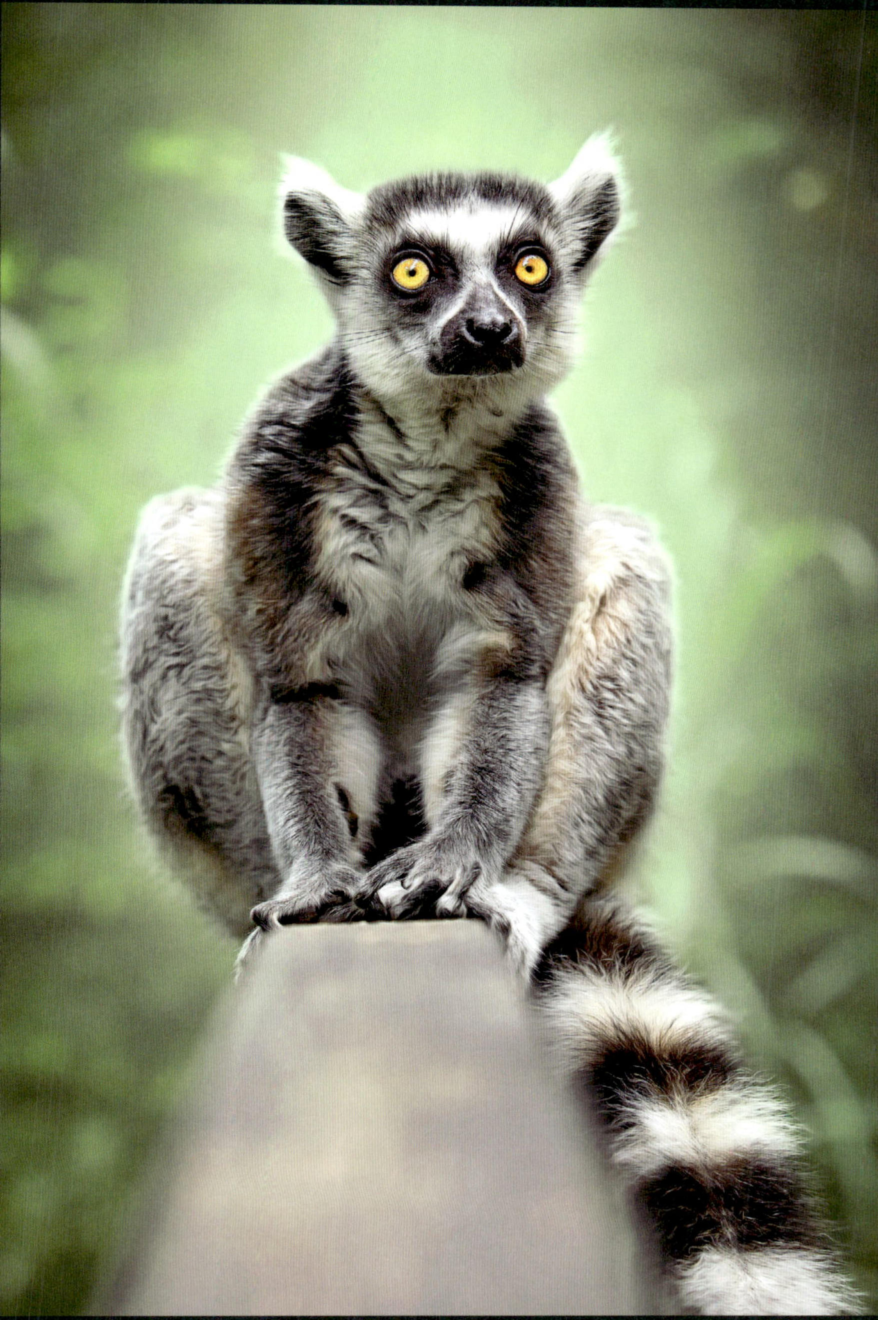

Ein zutraulicher Lemur
Canon EOS 5D Mark IV | 88 mm | ISO 500 | f/6.3 | 1/200 s

Löwe

PACKLISTE

- Kamera
- Telezoom 150–600 mm

Zum Bild

Wer Löwen im Zoo fotografieren möchte, wartet meist vergebens auf Action. Oft dösen die Tiere gemütlich in der Ecke und sind durch nichts aus der Ruhe zu bringen. Du hast also alle Zeit der Welt, um ein hübsches Portrait anzufertigen.

Umsetzung

Ganz so einfach wird es dir dann doch nicht gemacht: Viele Zoos sind dazu übergegangen, die großen Raubtiere hinter Glasscheiben zu präsentieren. Du kämpfst gegen fettige Fingerabdrücke, Kratzer oder Regentropfen. Suche deshalb zunächst eine möglichst saubere Stelle am Fenster. Halte die Kamera in der Hand und gehe so nah wie möglich an die Scheibe heran. Lege den Rand der Gegenlichtblende direkt auf die Scheibe auf, um Spiegelungen zu vermeiden.

Wenn du gegen die Sonne fotografierst, achte außerdem darauf, dass sich keine ungewollten Lens Flares (Linsenreflexionen) bilden. Die Blendenöffnung ist von der Entfernung zum Tier abhängig. Ich hatte für das gezeigte Bild einen Wert von f/6.3 gewählt, so konnte ich das Gesicht (bis auf die Nasenspitze) scharf abbilden.

Für den schwarzen Look legst du in Photoshop eine zweite (leere) Ebene im Modus „Weiches Licht“ über die Hintergrundebene. Male mit einem schwarzen, weichen Pinsel um den Löwen herum, bis der Hintergrund verschwunden ist. Spiele dabei mit der Deckkraft und der Pinselgröße.

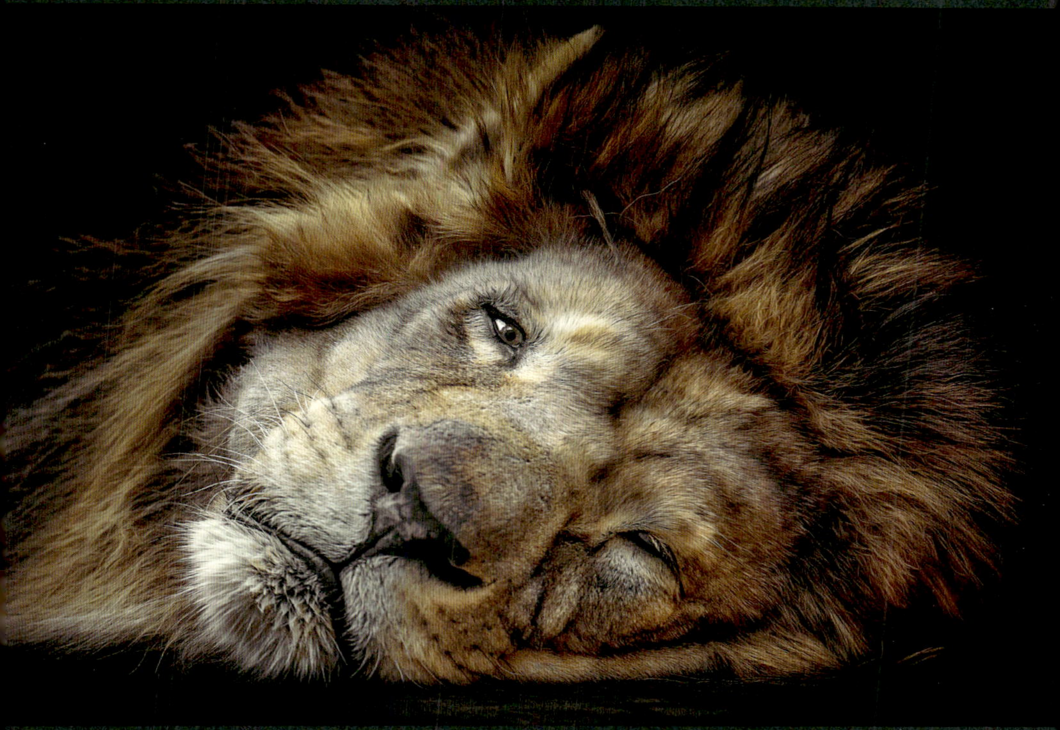

Entspannter Tierkönig
Canon EOS 5D Mark IV | 350 mm | ISO 500 | f/6.3 | 1/320 s

Gorilla

PACKLISTE

- Kamera
- Telezoom 150–600 mm

Zum Bild

Gorillas sind Weltmeister im Miese-Laune-Gesicht-Machen. Das wollte ich unbedingt so festhalten. Mein Portrait sollte Dominanz und Überlegenheit ausstrahlen. Auf die passende Pose musste ich eine ganze Zeit lang warten.

Umsetzung

Gorillas halten sich im Zoo oft in der Innenanlage auf. Schön zum Beobachten, nicht so schön zum Fotografieren. Informiere dich, wann die Tiere gefüttert werden. Zur Bespaßung der Zoobesucher findet das Ereignis meist in der Außenanlage statt. Wenn sich der Silberrücken sein Gemüse geschnappt hat, sucht er sich einen Platz zum Fressen. Dieses Zeitfenster solltest du nutzen, denn oft verziehen sie sich danach wieder ins Affenhaus. Versuche ihn nach Möglichkeit auf einer freien Wiese zu erwischen.

Da die Freistellung von in Gehegen lebenden Tieren selten gelingt, musst du in Photoshop wieder ein wenig nachhelfen. Dupliziere hierzu die Hintergrundebene und wende auf der neuen Ebene den Filter „Gaußscher Weichzeichner“ an. Nun maskierst du auf dieser Ebene den Gorilla und verwendest das „Farbe ersetzen“ Werkzeug, um die Grünwerte der Wiese anzugleichen.

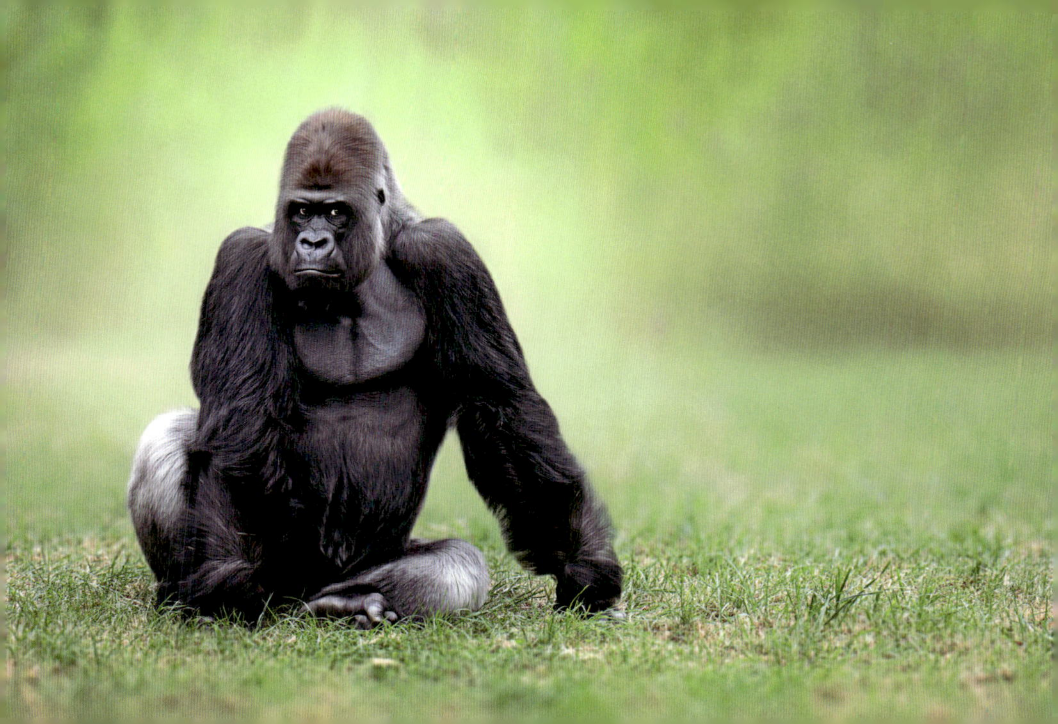

Steinkauz

PACKLISTE

- Kamera
- Telezoom 70–200 mm

Zum Bild

Was hier auf den ersten Blick wie eine Wildlife-Aufnahme aussieht, entstand in Wirklichkeit in einer Zoofalknerei. Nach der Flugshow stand dieser kleine Steinkauz noch einmal für alle Fotografen Modell.

Umsetzung

Informiere dich, zu welcher Uhrzeit die Zoofalknerei ihre Flugshow anbietet. Gegen ein kleines Trinkgeld stellen dir die netten Falkner nach der Show oft deinen Traumkandidaten als Fotomodel zur Verfügung. Die Vögel werden dazu in der Regel auf Sitzstangen oder Holzpfosten präsentiert.

Um Vögel von Kopf bis Fuß formatfüllend abzulichten, verwendest du am besten das Hochformat. Achte auf einen freien Hintergrund, damit du ausreichend abblenden kannst. Ein hoher Blendenwert hilft, die feinen Details der Federn einzufangen.

Schärfe das Federkleid bei der Bildbearbeitung ordentlich nach und zeichne den Hintergrund etwas weicher. Eine ovale Vignettierung trägt dazu bei, dass der Blick noch mehr auf das Hauptmotiv gelenkt wird. Die Erstellung einer Vignette erkläre ich dir im Kapitel „Fünf-Minuten-Rezepte für bessere Bilder“.

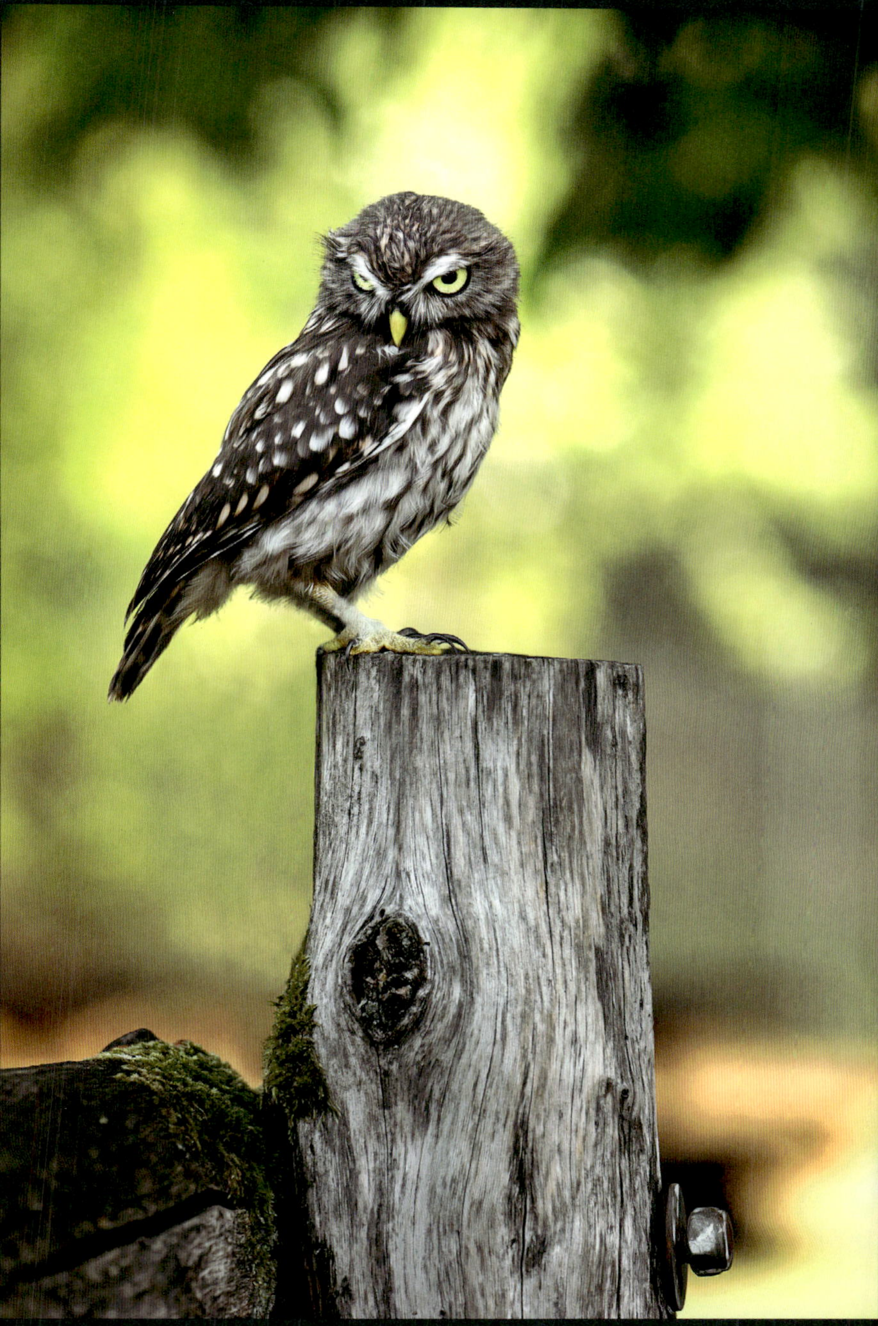

Böser Blick
Canon EOS 5D Mark IV | 200 mm | ISO 640 | f/6.3 | 1/400 s

Paviane

PACKLISTE

- Kamera
- Telezoom 150–600 mm
- Bohnensack

Zum Bild

Was für ein Pascha! Bei diesen Affen ist immer eine Showeinlage zu erwarten. Dieser Herr lässt sich von seinen Damen ausgiebig verwöhnen. Ein wunderbar klischeehaftes Motiv.

Umsetzung

Am Pavianfelsen herrscht immer reges Treiben. Beobachte die Tiere zunächst nur, um dir ein Bild von den Hierarchien und Beziehungen zu machen. Motive gibt es ausreichend: von Müttern mit ihren Kindern über streitende und kämpfende bis hin zu sich lausenden Affen.

Ein Objektiv mit langer Brennweite lässt sich nur bedingt gut halten. Lege das Objektiv deshalb auf einen Bohnensack auf die Mauer der Affenanlage. Die Kamera hältst du mit der Hand fest. Verwende die Serienbildfunktion und fotografiere mit einem Blendenwert ab f/6.3, um auch mehrere Tiere gleichzeitig scharf zu bekommen.

Wenn dir eine Freistellung nicht möglich ist, dupliziere in Photoshop die Hintergrundebene und wende auf das ganze Bild den Filter „Gaußscher Weichzeichner“ an. Erstelle nun eine weiße Ebenenmaske und male mit einem schwarzen Pinsel die Affen wieder frei. Variiere beim Freimalen der Konturen Deckkraft und Pinselstärke, um auch die feinen Haare zu erwischen.

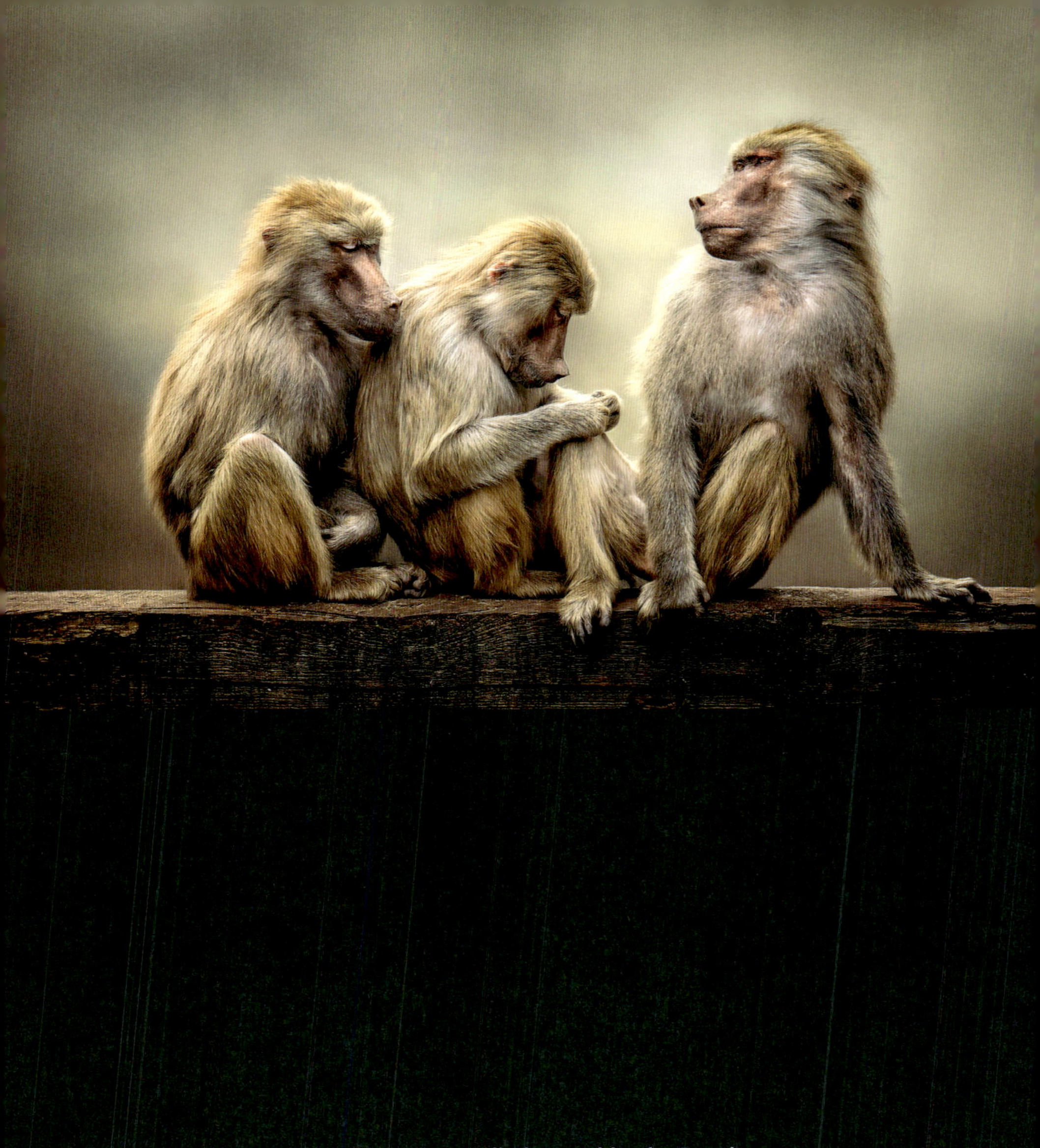

Man erkennt direkt, wer hier der Boss ist.
Canon EOS 5D Mark IV | 400 mm | ISO 500 | f/6,3 | 1/400 s

Berberäffchen

PACKLISTE

- Kamera
- Telezoom 70–200 mm

Zum Bild

Die Aufnahme dieser fürsorglichen Affenmutter mit dem noch hilflosen kleinen Affenjungen weckt selbst beim pragmatischsten Betrachter Emotionen. Szenen, die wir von uns selbst kennen und nachempfinden können, berühren uns besonders. Deshalb lohnt es sich, auf den passenden Moment zu warten.

Umsetzung

Die Schwierigkeit des Bildes lag in der Beschaffenheit der Affenanlage. Mit dicken Drahtstäben eingezäunt, war es unmöglich, vom Weg aus in das Gehege zu fotografieren. Bei störenden Zäunen gelingt es manchmal, das Gitter mit einer offenen Blende von f/2.8 auszublenden. Durch die Offenblende verschwinden die Stäbe derart in Unschärfe, dass sie praktisch nicht mehr sichtbar sind. Aber auch das half hier nicht. Also nahm ich die Gegenlichtblende meines Telezooms ab und legte die Linse direkt auf das Gitter.

Die Mutter und das Jungtier waren mir bereits aufgefallen, aber auf diese rührende Szene musste ich gute 30 Minuten warten. Um beide in durchgehender Schärfe zu erwischen, wählte ich eine Blende von f/7.1.

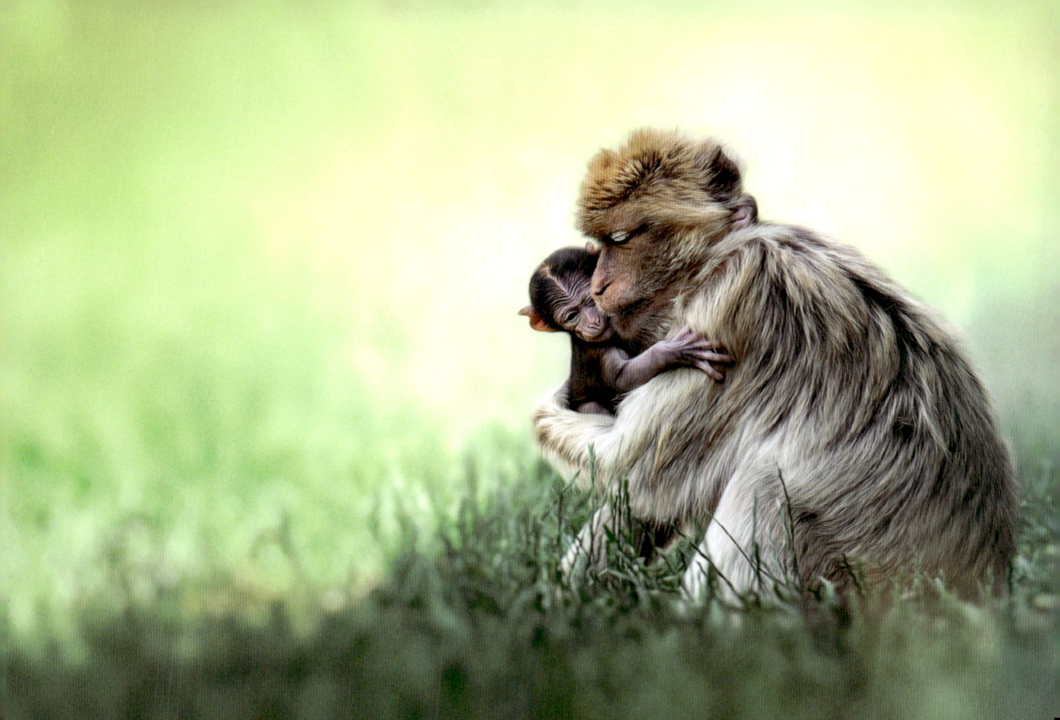

Wahre Mutterliebe

Canon EOS 5D Mark IV | 200 mm | ISO 320 | f/71 | 1/320 s

Waschbär

PACKLISTE

- Kamera
- Standardobjektiv 24–70 mm

Zum Bild

Waschbären sind frech und verfressen. Das macht sie zu dankbaren Models. In den meisten zoologischen Gärten stehen Futterautomaten mit passenden Leckerlis für die niedlichen Banditen bereit. Vorbereitend kaufst du am besten gleich ein paar Tüten.

Umsetzung

Dieses Motiv gelingt am besten zu zweit. Waschbären sind schlaue Tiere und kriechen aus allen Ecken hervor, wenn sie Besucher mit Futtertüten entdeckt haben. Mit herzerweichendem Blick stehen sie an der Wand, strecken die Arme in die Luft und betteln um Futter.

Das ist der Einsatz für deine Begleitung. Während der eine das Futter nach unten wirft, kann der andere von oben Bilder schießen. Lass die Waschbären dafür ruhig ein bisschen zappeln, denn umso ergreifender wird ihr Blick. Du musst dich deswegen nicht schlecht fühlen – du „bezahlst" sie ja im Anschluss gut!

Fotografiere mit kurzer Brennweite und halbwegs geschlossener Blende. Achte darauf, dass sich nicht noch andere Waschbären mit auf das Bild schummeln, die dann angeschnitten wären.

Den Hintergrund des Bildes habe ich in Photoshop fast vollständig entsättigt und den Waschbären in seiner Originalfarbe belassen. Um den Bären noch mehr zu betonen, habe ich den Hintergrund außerdem weichgezeichnet und mit einer dunklen Vignette versehen (Anleitung auf Seite 56). Das steigert die dramatische Wirkung.

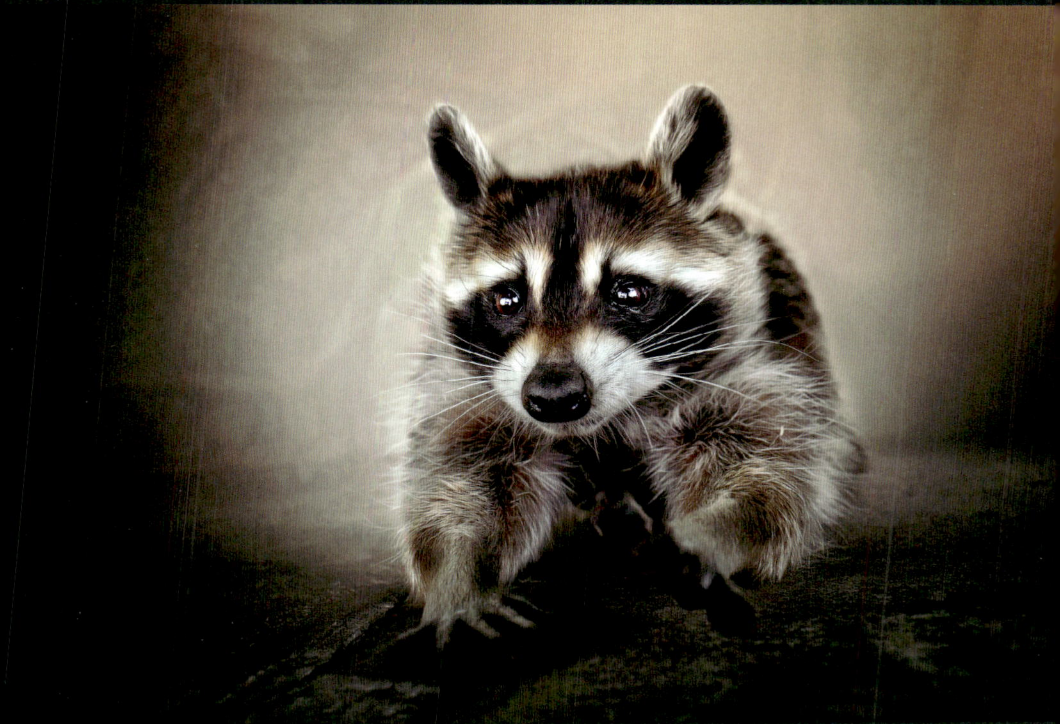

Was für ein Blick ... einfach unwiderstehlich!
Canon EOS 5D Mark IV | 40 mm | ISO 640 | f/8 | 1/200 s

Gänsegeier

PACKLISTE

- Kamera
- Telezoom 150–600 mm

Zum Bild

Ich mag Tiere mit ausdrucksstarken Gesichtern. Dieser Gänsegeier hat derart unfreundlich geschaut, dass ich von ihm magisch angezogen wurde. Durch eine geschickte Darstellung wollte ich den Eindruck des Miesepeters noch verstärken.

Umsetzung

Meistens sitzen die Vögel in der Falknerei vor Holzwänden. Benutze zur Ermittlung der Belichtung die Spotmessung deiner Kamera (siehe Seite 70). Da du auf den Geier fokussierst, wird die Kamera den Vogel richtig, aber die Holzwand dahinter unterbelichten. Das ist genau das, was wir wollen. Der Hintergrund wird fast vollständig schwarz und das Motiv ist so gut wie freigestellt. Schärfe den Geier bei der Entwicklung der RAW-Datei gut nach.

Nebel und Regen zauberst du mithilfe zwei verschiedener Overlays ins Bild. Öffne die Bilddateien und lege sie im Modus „Negativ multiplizieren“ als neue Ebenen über die Hintergrundebene. Wenn du möchtest, kannst du nun mit einem Pinsel noch ein paar Wassertropfen auf die Federn malen. Passende Pinselspitzen für Photoshop kannst du im Internet in allen erdenklichen Ausführungen kaufen.

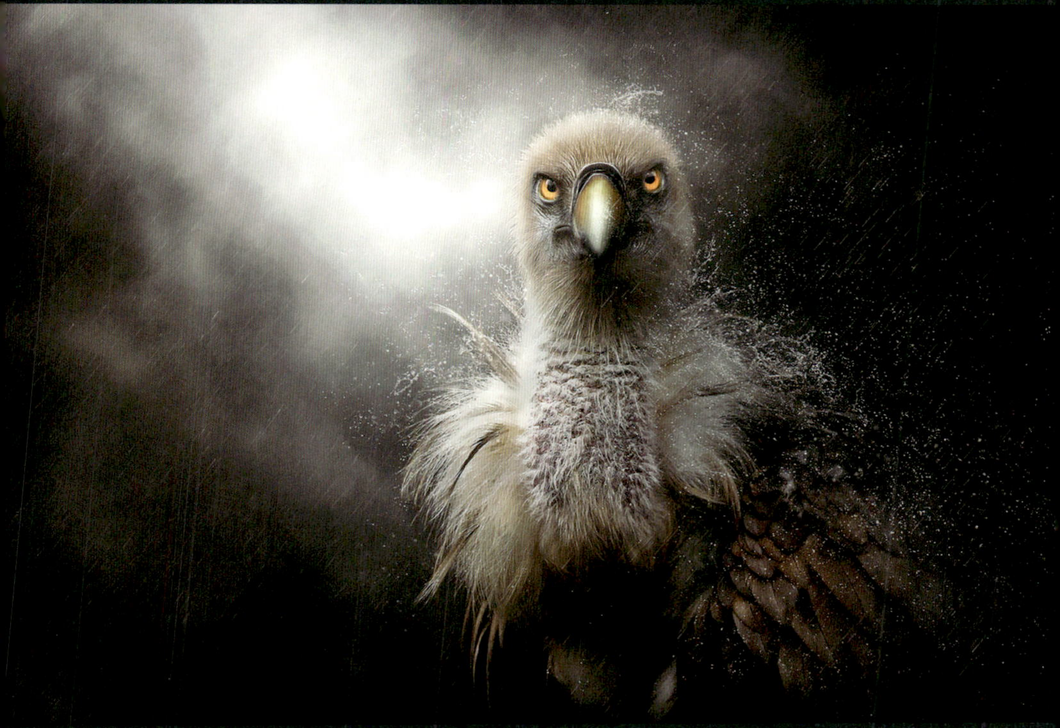

Kreative Interpretation eines miesepetrigen Gänsegeiers
Canon EOS 7D Mark II | 225 mm | ISO 250 | f/8 | 1/400 s

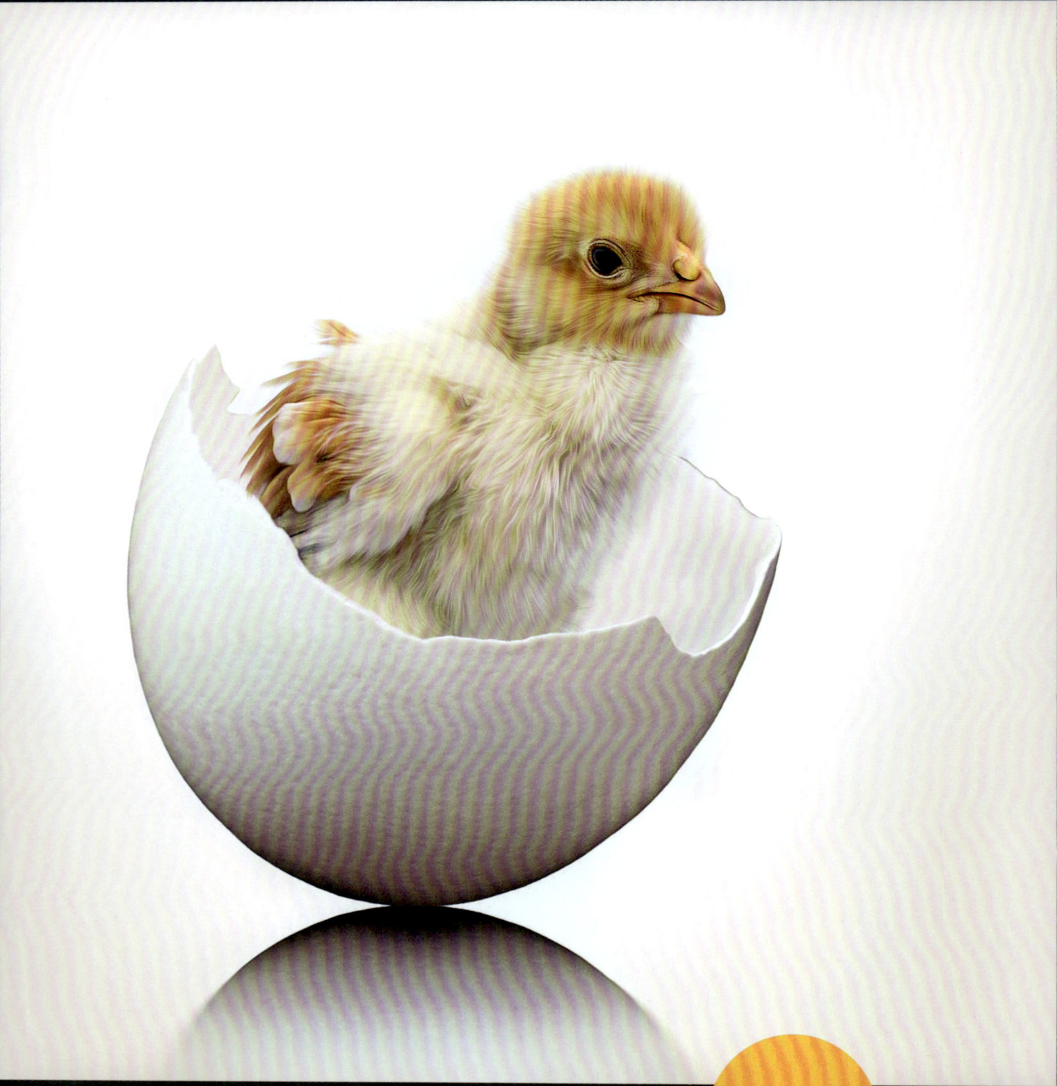

Frisch
geschlüpft

WORKSHOP BAUERNHOF & KOPPEL

Kaninchen

PACKLISTE

- Kamera
- Telezoom 70–200 mm

Zum Bild

Das graue Fell dieser hübschen Kaninchendame fiel mir sofort ins Auge. Um die Farbe hervorzuheben, habe ich darauf geachtet, dass Vorder- und Hintergrund nur aus Grün- bzw. Gelbabstufungen bestehen. Nichts sollte farblich vom Hauptmotiv ablenken.

Umsetzung

Kaninchen sind sehr umtriebig und bleiben nur selten still sitzen. Hole dir deshalb Hilfe. Während du dich etwa drei bis vier Meter von dem Hoppler entfernt ins Gras legst, sollte jemand anders das Kaninchen bespaßen und im Notfall einfangen können.

Eine lange Brennweite in Kombination mit mehreren Metern Entfernung zum Motiv erlauben das Fotografieren mit weit geöffneter Blende. Lege dich sehr flach ins Gras und fokussiere auf die Augen des Kaninchens. Je geduckter deine Haltung ist, desto unschärfer wird der Boden, da sich Gräser dicht vor das Objektiv schieben. Lediglich die Grasspitzen direkt vor dem Kaninchen werden scharf abgebildet.

Achte bei der RAW-Entwicklung auf die Fellfarbe. Grau und Weiß werden oft zu blaustichig dargestellt. Das kannst du beheben, indem du die Sättigung bei Blau herausnimmst und bei Gelb evtl. etwas anhebst. Stimme danach die Grün- und Gelbwerte des Bildes aufeinander ab und füge eine weiche Vignette hinzu. Wie das geht, erfährst du im Kapitel „Fünf-Minuten-Rezepte für bessere Bilder“.

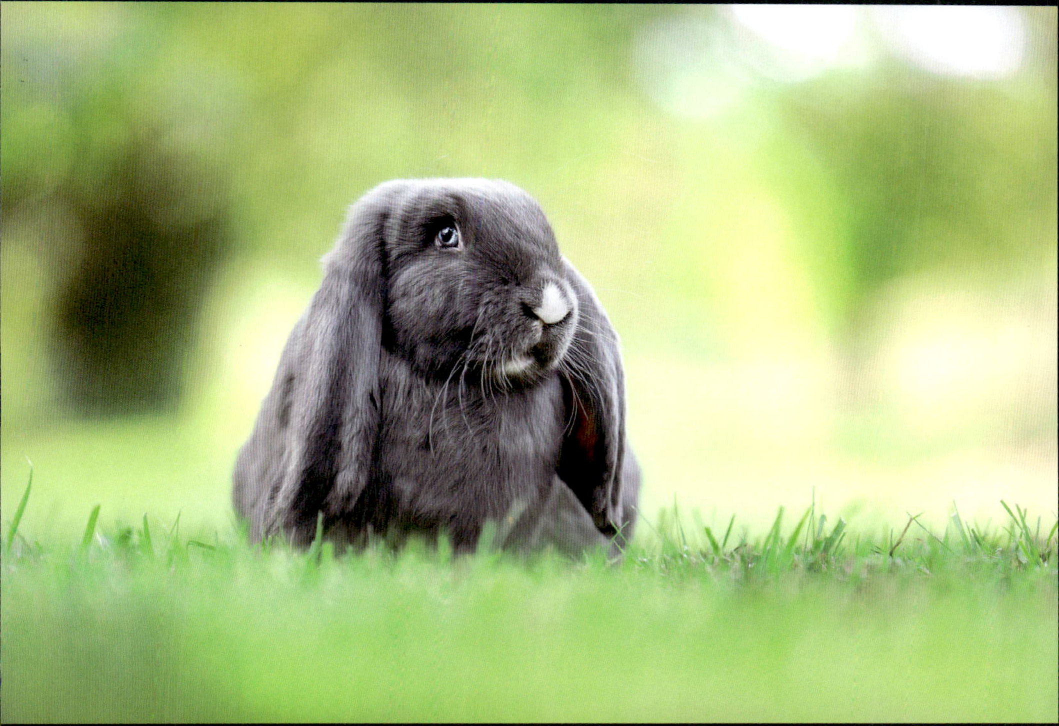

Widder

PACKLISTE

- Kamera
- Telezoom 70–200 mm

Zum Bild

Das schöne Geweih eines Widders lädt zu einem symmetrischen Bildaufbau ein. Dabei ist es unerheblich, ob das Geweih ein paar Kampfspuren trägt. Es muss nicht perfekt sein – ganz im Gegenteil. Ein paar Ungleichmäßigkeiten lockern die strenge Symmetrie der Fotografie auf und machen das Motiv umso interessanter.

Umsetzung

Schafe, Heidschnucken und Ziegen sind allesamt neugierig. Egal ob du ihnen im Streichelzoo, auf dem Bauernhof oder auf der Alm begegnest: Sie schauen gerne in die Kamera. Sollte es dennoch einmal nicht gelingen, spiele ihnen mit dem Handy Tierstimmen von Artgenossen vor.

Auch wenn die Tiere direkt an den Zaun kommen, solltest du zum Fotografieren ein wenig Abstand einhalten. Nur so profitierst du von einer gewissen Freistellung, denn du musst leider etwas abblenden, um Kopf und Hörner scharf zu bekommen. Achte für die gewünschte Symmetrie auf eine absolut mittige Ausrichtung.

Nach der Entwicklung der RAW-Datei stellst du den Widder vollständig frei. Dank der glatten Hörner geht dies relativ leicht. Lege unter der Ebene des Widders eine neue Ebene an. Fülle diese mit einem radialen Farbverlauf von Weiß nach Braun. Verbinde beide Ebenen zu einer neuen Ebene und füge dieser eine schwarze Vignette hinzu (Anleitung auf Seite 56). So bekommt dein Bild eine durch und durch fesselnde Wirkung.

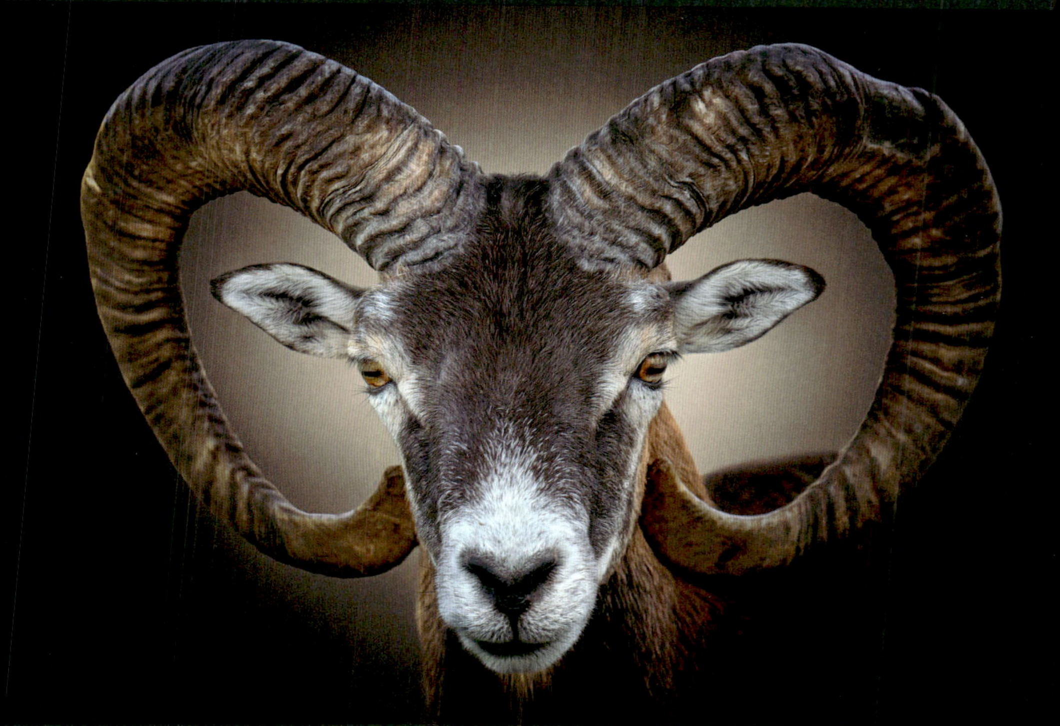

Mit dem Kopf durch die Wand?
Canon EOS 5D Mark IV | 190 mm | ISO 160 | f/6.3 | 1/250 s

Pfau

PACKLISTE

- Kamera
- Makroobjektiv

Zum Bild

Dieser Pfau gehört zu den ersten Bildern, die ich aufgenommen und bearbeitet habe. Von den schillernden Farben fasziniert, wollte ich ihn ohne Beiwerk zeigen.

Umsetzung

Obwohl es sich bei diesem Pfau eigentlich gar nicht um eine Makroaufnahme handelt, war der Einsatz des Objektivs goldrichtig. Einem Pfau, dem Menschen nicht fremd sind, kannst du dich bis auf wenige Zentimeter nähern. Genau das richtige Einsatzgebiet für ein Makroobjektiv, welches die feinen Federn im Detail einfangen kann.

Wenn der Pfau sein Rad schlägt, knie dich vor ihm hin, um ihn auf Augenhöhe zu erwischen. Ich hatte – weil ich es damals nicht besser wusste – eine sehr offene Blende gewählt, um schlechtes Licht zu kompensieren. Heute würde ich mich für einen Wert zwischen f/6.3 und f/8 entscheiden und notfalls lieber die ISO-Empfindlichkeit etwas erhöhen. Die höheren Blendenwerte stellen sicher, dass alle Augen des Federkleids scharf werden.

Um die Details der Federn herauszuarbeiten, habe ich bei der Entwicklung Struktur und Kontrast deutlich angehoben. Leuchtende Farben entstehen durch die Anhebung der Sättigung und Luminanz der einzelnen Farbtöne.

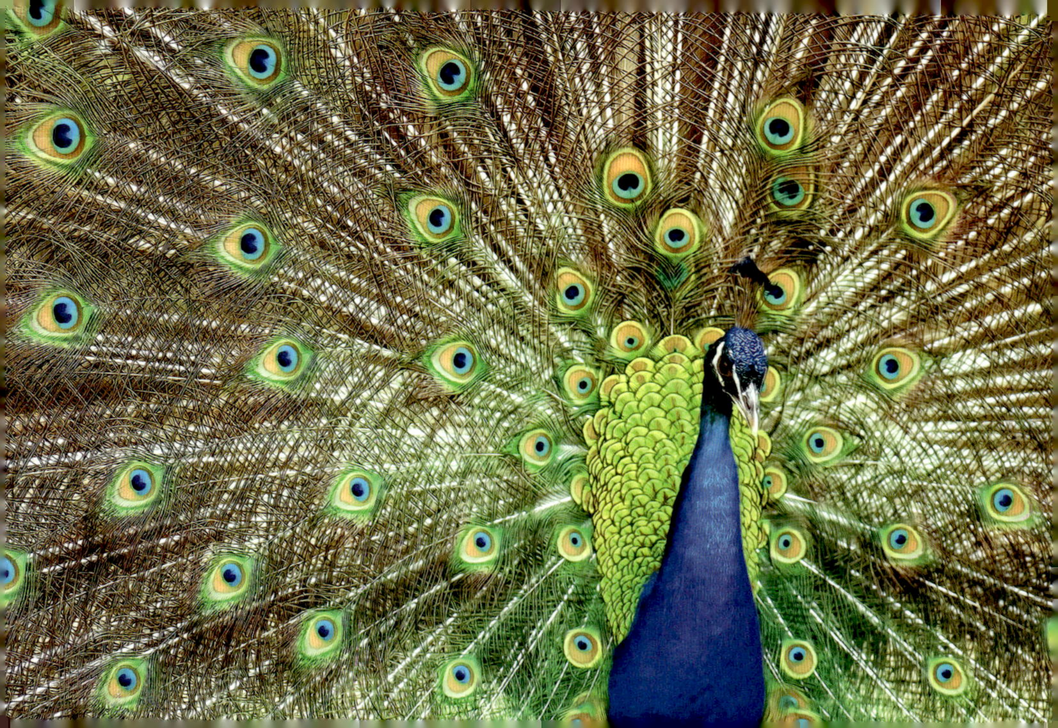

Pferd

PACKLISTE

- Kamera
- Telezoom 70–200 mm

Zum Bild

Pferde wirken in Bewegung und als Portrait wunderschön. Am besten gefallen mir die edlen Tiere vor schwarzen Hintergrund, da dieser die Fellfarbe schön zum Leuchten bringt.

Umsetzung

Um den Hintergrund schwarz zu bekommen, muss das zu fotografierende Pferd mit den vorderen Hufen genau an der Türschwelle der Scheune stehen. Der Kopf darf etwas weiter herausschauen. Fotografiere für schöne Kontraste nur im Schatten. Wähle die Spotmessung vor (siehe Seite 70) und fokussiere auf das vordere Auge des Pferdes.

Da du zu den großen Tieren ohnehin etwas mehr Abstand benötigst, erreichst du auch mit offener Blende eine hervorragende Schärfe im gesamten Kopfbereich. Der Hals darf bereits in Unschärfe verschwinden, um sich besser in den schwarzen Hintergrund einzufügen.

Bei der Nachbearbeitung kannst du die Tiefen im Hintergrund noch etwas abdunkeln. Lege zudem über die Hintergrundebene eine neue Ebene im Modus „Weiches Licht“. Auf dieser kannst du durch das Malen mit einem weichen, schwarzen Pinsel den Halsansatz noch ein wenig ausblenden.

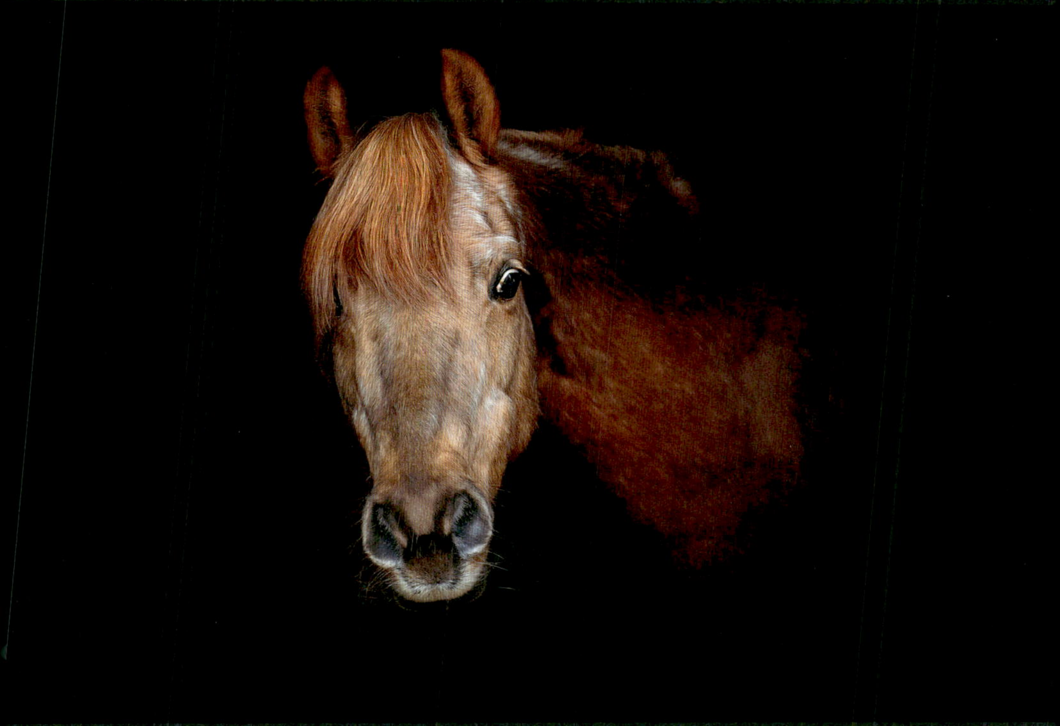

Leuchtende Farben vor schwarzem Hintergrund
Canon EOS 5D Mark IV | 200 mm | ISO 640 | f/2.8 | 1/400 s

Wilder Hengst

PACKLISTE

- Kamera
- Telezoom 70–200 mm

Zum Bild

Manchmal drehen auch Tiere durch. Dieser wilde Hengst war so hormongeladen, dass er wie irre über die Koppel galoppierte und dabei immer wieder den Kopf hin und her schmiss. Ich ahnte bereits, dass dieses Pferd mir ein lustiges Foto bescheren konnte.

Umsetzung

Entweder du wartest an einer Koppel auf den rechten Moment, oder aber du bittest einen Reiter darum, sein Pferd etwas anzutreiben. Junge Hengste mit Starallüren eignen sich besonders gut. Während das Pferd im Galopp läuft, wartest du in sicherer Entfernung, bis es frontal auf dich zukommt.

Wähle für eine größere Trefferquote bezüglich der Schärfe lieber eine Blendenstufe höher als nötig und schalte auf Dauerfeuer. Sicherlich gehört ein bisschen Glück dazu, so einen Moment zu erwischen, aber ich bin mir sicher, dass auch du ein lustiges Bild bekommen wirst. Nasse, sich schüttelnde Hunde führen zu ähnlich amüsanten Ergebnissen.

Solch ein Schuss schreit in der Nachbearbeitung förmlich nach einer Freistellung. Wenn du das Pferd vom Hintergrund gelöst hast, hinterlege es mit einem einfarbigen Hintergrund. Noch schöner wirkt es, wenn die Farbebene zusätzlich mit einem weißen Verlauf versehen wird.

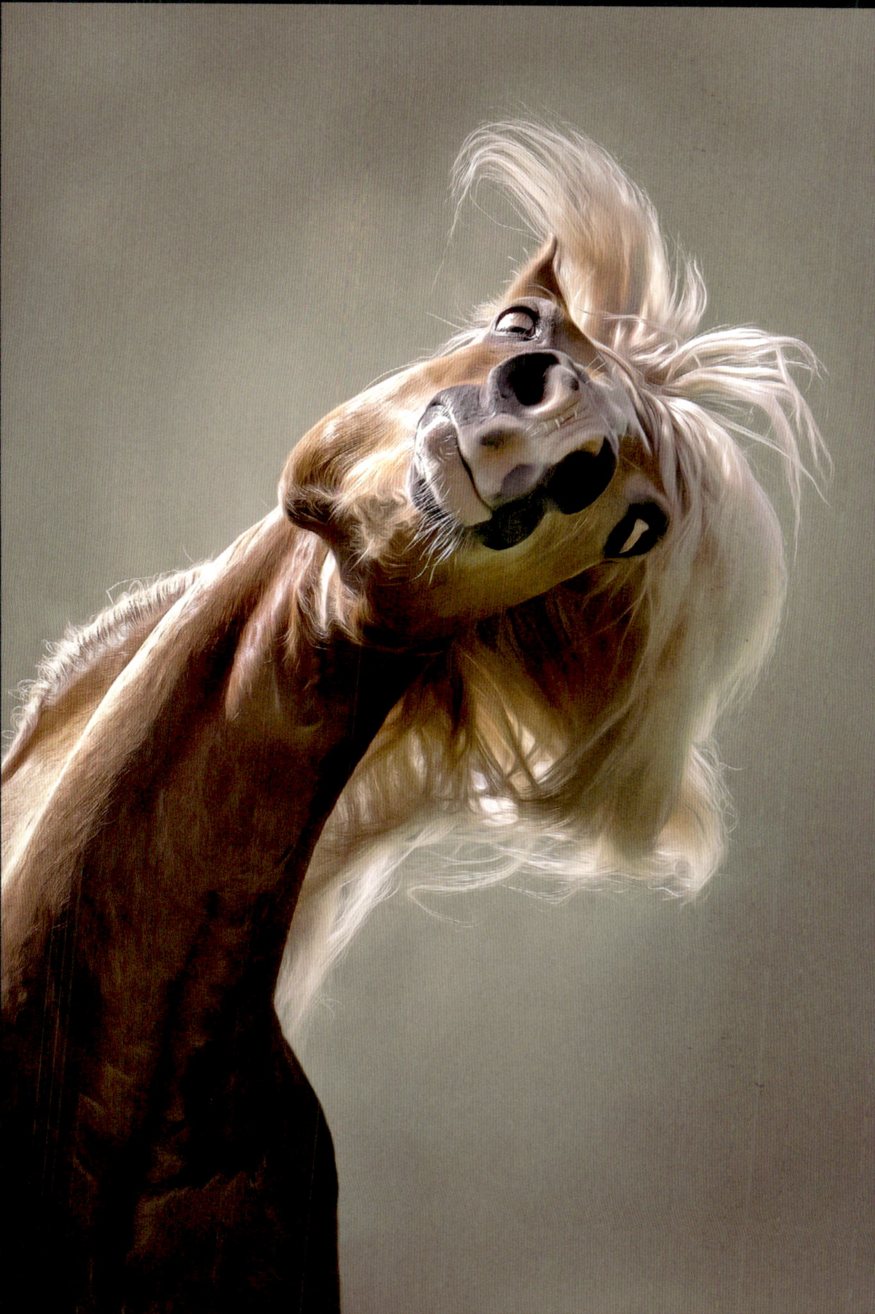

Völlig abgedreht
Canon EOS 5D Mark IV | 200 mm | ISO 320 | f/6.3 | 1/250 s

ZUM SCHLUSS

Zunächst möchte ich mich bei dir für den Kauf dieses Buches bedanken. Vielleicht ist die Fotografie Neuland für dich, vielleicht denkst du aber auch darüber nach, dich mit deinem Hobby selbstständig zu machen. Egal aus welchen Beweggründen du die Kamera in die Hand nimmst: Folge deinem Herzen! Fotografiere nur das, was dich berührt. Lass dich nicht verbiegen und probiere dich aus, bis du dein persönliches Themengebiet gefunden hast. Nur wenn du mit ganzem Herzen dabei bist, werden dir Aufnahmen gelingen, mit denen du andere begeistern kannst.

Mein Dank gilt zudem all den lieben Menschen, die dieses Buch zu dem gemacht haben, was es ist – insbesondere dem Team vom humboldt Verlag. Danke für die tolle Zusammenarbeit!

Als ich den Schritt in die Selbstständigkeit wagte, begann für mich eine turbulente Zeit. Ohne zu wissen, wohin der Weg mich führen würde, begann ich zunächst mit der Hochzeitsfotografie. Mir wurde allerdings schnell klar, dass mich diese Art der Fotografie nie erfüllen würde. Mein Schlüsselerlebnis hatte ich, als ich einen wunderschönen Dackel portraitierte. Seither liegt mein fotografischer Schwerpunkt in der Natur- und Tierfotografie.

Mein zweites Steckenpferd ist die Bildbearbeitung. Oft möchte ich eine bestimmte Aussage transportieren und muss den Bildern dafür ein wenig nachhelfen. Auch das Erschaffen künstlerischer Welten lässt mich meine Kreativität ausleben und füllt mich aus.

Wenn du mehr von mir sehen möchtest, dann wirf doch einfach einen Blick in die Galerien meiner Website: www.pixelartistin.de. Du bist herzlich eingeladen, zu stöbern, mitzumachen und Anregungen, Lob oder auch Kritik zu hinterlassen.

Ich freue mich auf dich!

Deine Bettina

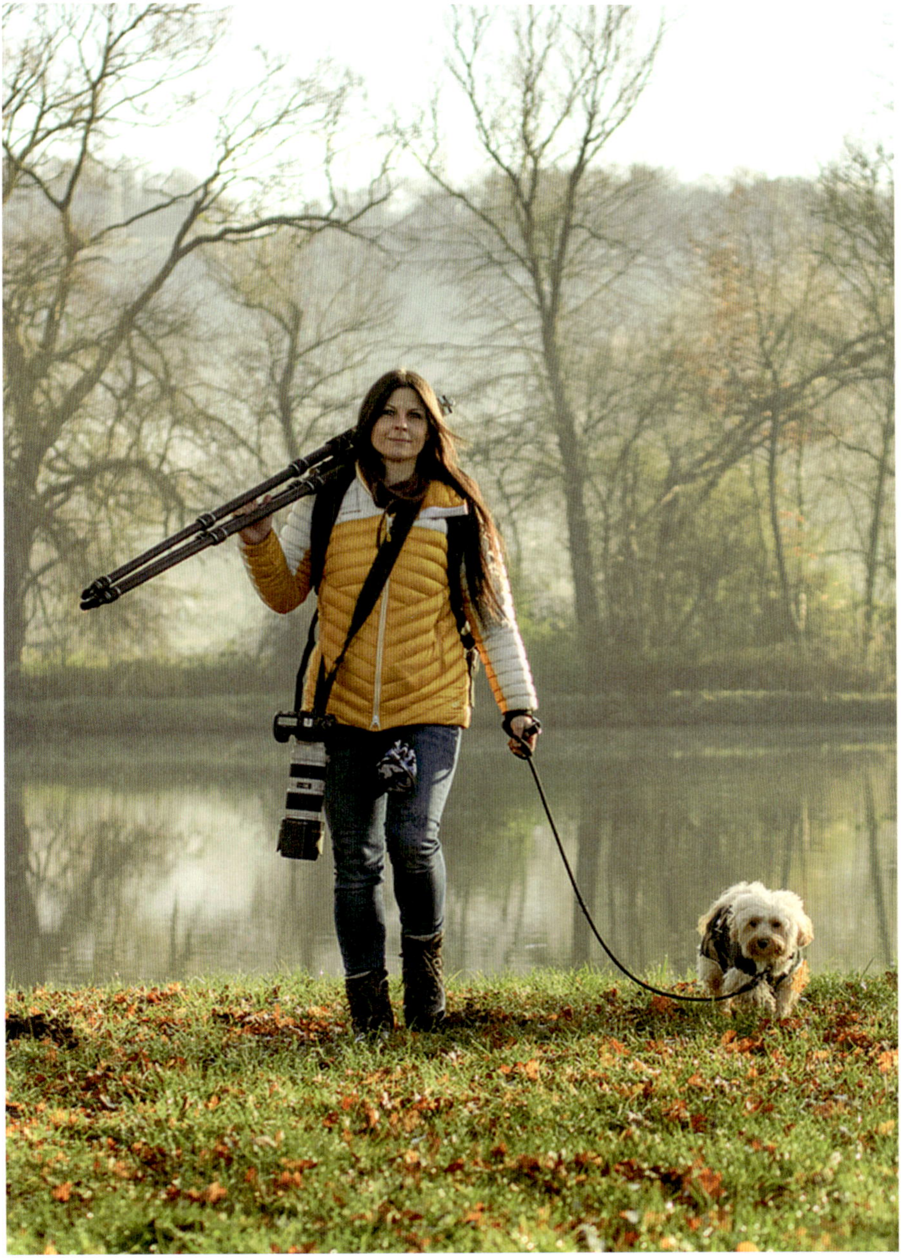

REGISTER

So macht fotografieren lernen Spaß!

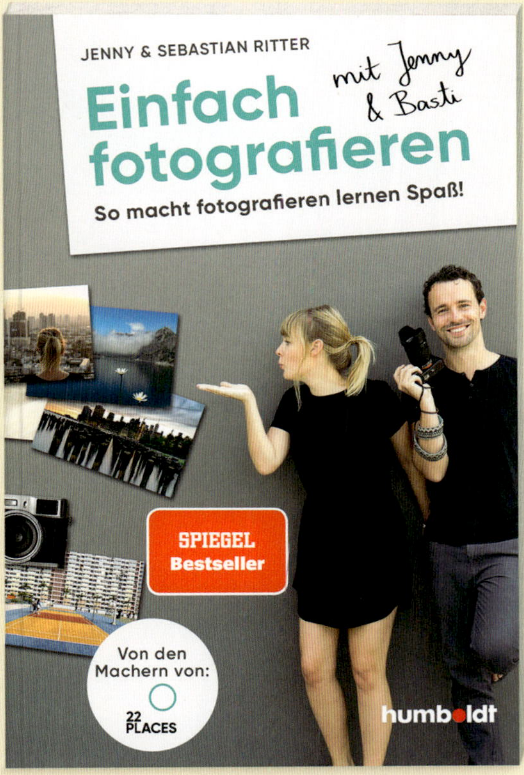

- Der Fotoratgeber von den Machern von 22places – dem beliebtesten Reise- und Fotografieblog Deutschlands mit 400 000 Lesern pro Monat
- Garantiert anfängertauglich: das wichtigste Fotowissen verständlich und locker erklärt
- Mit vielen Beispielbildern, Tricks und Fotoübungen

Stand 2021. Änderungen vorbehalten.

Jenny & Sebastian Ritter

Einfach fotografieren mit Jenny & Basti

248 Seiten, Softcover
ISBN 978-3-8426-5528-7
€ 28,00 [D] / € 28,80 [A]

Der Ratgeber ist auch als eBook erhältlich.

humboldt
…bringt es auf den Punkt.

Bibliografische Information der Deutschen Nationalbibliothek
Die Deutsche Nationalbibliothek verzeichnet diese Publikation in der deutschen Nationalbibliografie; detaillierte bibliografische Daten sind im Internet über https://dnb.de abrufbar.

ISBN 978-3-8426-5540-9 (Print)
ISBN 978-3-8426-5541-6 (PDF)
ISBN 978-3-8426-5542-3 (EPUB)

Originalausgabe

Die Ratgebermarke der Schlüterschen Verlagsgesellschaft mbH & Co. KG
Hans-Böckler-Allee 7, 30173 Hannover
www.humboldt.de
www.schluetersche.de

Aus Gründen der besseren Lesbarkeit wurde in diesem Buch teilweise die männliche Form gewählt, nichtsdestoweniger beziehen sich Personenbezeichnungen gleichermaßen auf Angehörige des männlichen und weiblichen Geschlechts sowie auf Menschen, die sich keinem Geschlecht zugehörig fühlen.

Lektorat: Meike Key, KeyTextwork, Rueil-Malmaison
Covergestaltung: ZERO, München
Covermotiv: Bettina Dittmann
Satz: PER MEDIEN & MARKETING GmbH, Braunschweig
Druck und Bindung: gutenberg beuys feindruckerei GmbH, Langenhagen